Es *totalmente falso* que las iglesias ... guir cantidad, que deban escoger ... disciplinado, o que no puedan ten... tiempo. *¡Es absurdo!* De hecho, la c... genuinamente transformadas siemp... ...erquen a Cristo. Pocos demuestran mejor esta realidad, que el ministerio de mi querido amigo Andy Stanley, quien ha hecho crecer a la North Point Community Church *de manera deliberada* y *con pasión*. Ningún líder cristiano se puede permitir el perderse este libro.

—Rick Warren, pastor de la Saddleback Church,
autor de *Una vida con propósito*

Todos admiramos lo que Andy ha logrado en North Point, pero pocos valoramos el precio que tuvo que pagar hasta lograrlo. *Amplio y profundo* nos abre la cortina para que todos podamos ver lo que se necesita detrás del escenario para levantar una iglesia que prevalezca. Este libro me ha desafiado e inspirado al mismo tiempo.

—Bill Hybels, fundador y pastor principal de la
Willow Creek Community Church

No me podría sentir más orgulloso de mi hijo Andy. Y tampoco me podría sentir más emocionado acerca del contenido de este libro. Cuando yo estaba comenzando en el ministerio, habría querido que existiera un recurso como este.

—Dr. Charles Stanley, fundador de Ministerios En Contacto

La pregunta que me hacen los pastores con mayor frecuencia es esta: «¿Cómo logro que la gente de mi iglesia esté abierta al cambio?». A partir de ahora, mi respuesta será: «Lee *Amplio y profundo*, de Andy Stanley». Gracias, Andy. ¡Excelente libro!

—Craig Groeschel, pastor de LifeChurch.tv
y autor de *El cristiano ateo*

Andy Stanley se halla en primera línea en una gran transformación relacionada con la forma en que tanto los cristianos como los no cristianos experimentan en los Estados Unidos lo que es la «iglesia». En *Amplio y profundo*, Andy abre su libro de estrategias sobre cómo la North Point Community Church creció hasta convertirse en una de las iglesias más eficaces de la nación, comparte abiertamente sus victorias y sus fracasos, y nos muestra la forma de conducir a nuestra propia iglesia con más profundidad en la Palabra y con más amplitud en su atractivo. ¡Se trata de una oportunidad de atisbar detrás de la cortina que no te conviene perderte!

—Dave Ramsey, autor de éxito del *New York Times*
y anfitrión de un programa radial a nivel nacional

Nadie me ha dado recursos más prácticos para el establecimiento de una visión centrada que Andy Stanley. *Amplio y profundo* es un valioso recurso destinado a ayudarnos a mantener continuamente una posición deliberada con respecto a lo principal: levantar una iglesia que alcance a las personas que se hallan alejadas de Dios.

—Steven Furtick, pastor principal, Elevation Church

Amplio y profundo debería venir acompañado de una etiqueta de advertencia: ¡Nunca vas a volver a ver a tu iglesia local de la misma manera que antes!

—Perry Noble, pastor principal de la NewSpring Church

Amplio y profundo, debido a su pura sinceridad y franqueza, muy bien te podría llevar a experimentar lo que yo experimenté: detrás del escenario de las iglesias nos encontramos con la realidad del pecado, las dificultades en las relaciones humanas y la magnitud absoluta de la maravillosa gracia de Dios, que usa a pecadores como tú y yo para exhibir ante nuestro mundo las maravillas de Jesucristo.

—Scot McKnight, autor de *The King Jesus Gospel* y *The Jesus Creed*

A lo largo de todas estas páginas irás adquiriendo la sensación de que Andy ha estado escribiendo este libro durante la mayor parte de su vida. Eso se debe a que así ha sido. Este libro te invita a pasar tras el escenario para entrar al peregrinaje personal de Andy en la formación de un equipo y una iglesia que se tomen en serio la Gran Comisión.

—Reggie Joiner, fundador y director administrativo, Orange

Liz y yo hacemos que nuestra semana gire en torno a nuestra asistencia a la Buckhead Church. La experiencia da energía, va más allá del domingo y conecta lo profundo con lo práctico; la inspiración con la acción. Andy y su equipo han creado algo poderoso que vale la pena estudiar y comprender.

—Frank Blake, presidente y director administrativo, The Home Depot

En *Amplio y profundo*, Andy muestra una transparencia que es refrescante, y una generosidad de espíritu que lo lleva a querer compartir todo lo que ha aprendido con aquellos que lo quieran saber. Lo que vas a hallar no es un plan ingenioso o hábil, sino un caer en una grandeza nacida de la claridad de propósito y de la disposición a cambiar. Créeme: ¡en el extraordinario peregrinaje en el que Andy se encuentra haciendo historia, hay algo que aprender para todos los líderes, pastores y fundadores de iglesias!

—Louie Giglio, amigo de Andy desde hace mucho, mucho tiempo

Mi familia y yo amamos a la North Point Community Church. Una vez que leas *Amplio y profundo*, comprenderás por qué.

—Jeff Foxworthy, comediante y actor

AMPLIO Y PROFUNDO

Edificando iglesias de las que
todos quisieran ser parte

ANDY STANLEY

AMPLIO Y PROFUNDO
Edición en español publicada por
Editorial Vida – 2013
Miami, Florida

© **2013 por Andy Stanley**

Este título también está disponible en formato electrónico.

Originally published in the U.S.A. under the title:
Deep and Wide
Copyright ©2012 by Andy Stanley
Published by permission of Zondervan, Grand Rapids, Michigan 49530

Traducción: *Andrés Carrodeguas*
Edición: *Marta Díaz*
Diseño interior: *Grupo Nivel Uno, Inc.*

ISBN: 978-0-8297-6540-3

CATEGORÍA: Iglesia cristiana / General

IMPRESO EN ESTADOS UNIDOS DE AMÉRICA
PRINTED IN UNITED STATES OF AMERICA

13 14 15 16 17 ❖ 6 5 4 3 2 1

Amplio y profundo
está dedicado a los 708 miembros fundadores de la
North Point Community Church
(en el Apéndice E hallarás sus nombres).

¿Quién lo hubiera pensado?
¡Gracias!

Andy

Contenido

Reconocimientos

Por lo general, los libros se le acreditan a un solo autor, pero no hay ninguno que sea producto del esfuerzo individual. Y ciertamente, este libro no es la excepción. *Amplio y profundo* refleja la labor, la creatividad y la generosidad de miles de hombres, mujeres y niños que se tomaron un riesgo con un sueño, y lo convirtieron en realidad. En la punta de lanza se encuentra un grupo de amigos queridos que literalmente arriesgaron su carrera para crear el contenido de este libro. Les estaré por siempre agradecido a Julie Arnold, Rick Holliday, Reggie Joiner, Lane Jones, Bill Willits y Kevin Ragsdale, por haber dejado unos trabajos perfectamente buenos, con unas compensaciones económicas predecibles, para abrazar una idea que no tenía un resultado garantizado.

En el aspecto de la producción, este proyecto nunca habría despegado sin los incansables esfuerzos de Suzy Gray, mi agente. Suzy, gracias por mantenerte siempre vigilante de los detalles. Gracias por haber leído, releído y después vuelto a leer. Tu dedicación a la calidad y la claridad se refleja en el producto terminado. Mientras yo quería que quedara *hecho*, tú querías que quedara *mejor*. Y gracias a ti, así quedó.

Para John Raymond, de Zondervan, mi gratitud por el interés personal que manifestaste en este libro desde el principio. Tu pasión por su contenido fue la que nos convenció de que Zondervan era, de hecho, nuestra mejor oportunidad para hacerles llegar nuestro mensaje a los líderes de las iglesias en el mundo entero. Gracias por asociarte conmigo.

A Diane Grant, mi ayudante por más de trece años, mi gratitud por manejar todos esos asuntos que yo ni siquiera conozco, porque tú decidiste que yo no los tenía que saber. Eso es lo que mejor haces. No es ningún misterio el motivo por el cual tantos pastores envían a sus ayudantes para que se sienten a tus pies a aprender. Desempeñaste un papel decisivo en la creación del margen necesario para la redacción y el desarrollo de este libro.

Como estás a punto de descubrir, este libro refleja una especie de recorrido personal. Un viaje que nunca habría querido ni podido hacer sin el apoyo, la inspiración y el aliento de Sandra, mi mejor amiga de por vida. No hay palabras. Así que ni siquiera lo voy a intentar. Gracias. Te amo con todo el corazón.

Introducción

Bienaventurado el hombre que recibe la oportunidad de dedicar su vida a algo más grande que él mismo, y que se encuentra rodeado de amigos que comparten su pasión. En este sentido, he sido bendecido de una manera desproporcionada.

Este libro habla de la edificación de iglesias a las cuales les encante asistir a los hombres, las mujeres y los niños que no tienen iglesia. Concretamente, es un libro que trata sobre la forma en que unos cuantos amigos y un servidor hemos hecho las cosas para crear este tipo de iglesias. Esto no es todo lo que hace falta saber acerca del tema. Solo es lo que *nosotros* sabemos. Como líderes, nunca tenemos la responsabilidad de llenarle la copa a otra persona. Nuestra responsabilidad consiste en vaciar la nuestra. Así que, durante las próximas trescientas y tantas páginas, voy a derramar hasta la última gota sobre el tema de la edificación de iglesias a las cuales les encante asistir a los que no tienen iglesia.

Sin embargo, antes de sumergirnos en el contenido del libro, hay algo que necesito que conozcas acerca de mi persona. A mí no me entusiasma lo grandioso. Siempre he asistido a iglesias grandes y he trabajado en ellas. Cuando estaba en la escuela primaria, nuestra familia asistía a una iglesia grande en Miami, Florida. En el nivel medio y el superior, asistí a la iglesia más grande de Atlanta. Durante mis estudios de postgrado, hice mis prácticas en una de las iglesias más grandes de Texas. ¡Texas! Además de todo esto, soy hijo de predicador, o como nos llaman en inglés, un PK (preacher's kid). Hace falta mucho para impresionar a los hijos de predicadores. Si también eres un PK, ya sabes a lo que me refiero.

Los hijos de predicadores que gravitan hacia el ministerio son buena materia prima. Yo contrato todos los que puedo. Nosotros vemos a la iglesia de una manera distinta a los demás. Todo lo vemos desde dentro hacia fuera. Sabemos que cuando la gente dice que «sintió que se movía el Espíritu», es probable que quiera decir que la iglesia estaba llena y había buena música. Sabemos que lo que pasa en el hogar es *la* prueba genuina de la forma en que camina con Dios un hombre o una mujer, y no lo bien que le vaya una vez que les sujetan el micrófono a la ropa. Conocemos la diferencia entre estar bien dotado y ser piadoso. Sabemos que estas dos cosas pueden ser mutuamente excluyentes. Sabemos que los que mejor hacen su papel suelen levantar las iglesias más grandes, pero no forzosamente las más saludables. No nos impresionan las luces en movimiento, las presentaciones impecables, el «Dios me dijo», «el Espíritu me dirigió», o las oraciones largas. ¡Vaya! Si todos los hombres que he conocido que han impresionado a todo el mundo con sus oraciones públicas largas y animadas, han tenido problemas morales. Por eso yo hago cortas mis oraciones. Tengo temor de que exista una correlación. En realidad, creo que Jesús dijo algo acerca de esto. En fin, que el tema de este libro no es la manera de hacer que tu iglesia sea más *grande*. Para eso no me necesitas a mí. Si tu meta es que tu iglesia sea más grande, solo tienes que comenzar a prometer cosas en el nombre de Jesús. A la gente religiosa le encantan esas cosas.

Este libro habla de la manera de hacer que tu iglesia sea más atractiva para la gente a la que no le interesan todos los trucos carnavalescos que le dan a la iglesia, y a las iglesias grandes en particular, una mala reputación. Esa gente que sabe que en la vida hay más de lo que ofrece esta vida, pero no se pueden imaginar que la iglesia tenga clave alguna al respecto. Y en caso de que te lo estés preguntando, sí, yo pienso que toda iglesia debe ser una iglesia a la cual le encante asistir a la gente que no es religiosa. ¿Por qué? Porque la iglesia es la expresión local de la presencia de Jesús. Somos su cuerpo. Y así como a la gente que no se parecía en nada a Jesús le caía bien Jesús, a la gente de hoy que no se parece en nada a Jesús le deberíamos caer bien nosotros también. No debería existir nada acerca de nosotros que hiciera que se reunieran en la periferia para quedarse mirándonos.

Muchas veces me preguntan si me siento sorprendido por lo mucho que ha crecido North Point. Cuando son líderes de iglesias los que me lo preguntan, les aseguro que no. He aquí el porqué. Cuando fundamos North Point, todas las demás iglesias de Atlanta estaban compitiendo por captar el mercado de la gente que asiste a la iglesia. Nosotros decidimos entrar al mercado de los que no asisten a iglesia alguna. Es un mercado mucho más grande, y en aquellos momentos no teníamos competencia alguna. Si a alguien le agradaba nuestra marca, nosotros éramos la única opción. Si alguien quería llevar a la iglesia a un amigo o pariente que nunca asistía a una iglesia, nosotros éramos el lugar de destino lógico. No éramos mejores que las demás iglesias de la ciudad. Sencillamente, éramos la única iglesia diseñada desde los cimientos para captar la imaginación de la gente sin iglesia. Seamos sinceros: si tienes el único puesto de perros calientes del pueblo, tus perros calientes no tienen que ser de la mejor calidad.

Tal como explicaré más tarde entrando en detalle, nuestro desafío continuo consiste en asegurarnos de *permanecer* dentro del mercado de la gente sin iglesia. No es fácil. Ahora que tenemos el tamaño que tenemos, ni siquiera es necesario. ¿Quién se habría de enterar? ¿A quién le importaría? Lo cierto es que solo nuestro núcleo central lo sabría. Sin embargo, todos renunciaríamos si pensáramos que permanecer significaría pasarnos el resto de nuestra vida productiva haciendo funcionar una gran iglesia, en lugar de marcar una gran diferencia.

A LA CAZA DE DATOS

Como descubrirás, nos sentimos un tanto paranoicos con respecto a la posibilidad de convertirnos sin proponérnoslo en una iglesia para gente de iglesia. Por eso andamos constantemente a la caza de maneras de descubrir quién viene, quién lo invitó, quién se está quedando y quién no. Al igual que a ti, nos encantan las historias. Sin embargo, las evidencias procedentes de las anécdotas apenas son evidencias. Llevas en el ambiente de la iglesia local el tiempo suficiente para saber que puedes hallar una historia que apoye casi cualquier idea. Hasta las malas ideas. En especial las malas. Por eso, aunque celebramos las historias de transformaciones en las vidas, seguimos buscando formas de reunir datos sólidos sobre si realmente somos una iglesia a la que le encanta asistir a la gente de nuestras diversas comunidades que no tiene iglesia.

Por fortuna, en nuestra iglesia tenemos a un caballero llamado Brian Kaznova, quien nos ha ayudado mucho en este aspecto. Durante los últimos años, Brian ha invertido en nuestra organización diseñando sondeos y después proporcionándonos análisis objetivos y recomendaciones basadas en sus hallazgos. Brian tiene una amplia experiencia como consultor de corporaciones privadas en los aspectos de desempeño y excelencia de las organizaciones. Varias de las compañías con las que ha trabajado han ganado el Premio Malcolm Baldrige.[1] Uno de los instrumentos creados por Brian es un sondeo que distribuimos dos o tres veces al año en nuestros cultos de fin de semana. En el Apéndice A encontrarás la tarjeta de sondeo real que utilizamos, y también un muestreo de la forma en que se hace el conteo de los resultados. La magia que tiene este instrumento en particular es que nos permite captar información, tanto de las personas que asisten de manera regular, como de las que han asistido cinco veces o menos.

Según nuestro sondeo, el cuarenta por ciento de los que asisten de manera regular a nuestro ambiente de adoración para los adultos se describe como alguien que no tenía iglesia antes de comenzar a asistir a nuestra iglesia (definimos como *personas sin iglesia* a las que no han asistido a una durante cinco años como mínimo). En cualquier fin de semana, el diez por ciento de los adultos que asisten se identifican a sí mismos como visitantes (un *visitante* es alguien que ha asistido cinco veces o menos). Más del cuarenta por ciento de ese grupo se identifican a sí mismos igualmente como personas sin iglesia. Una de las cosas en las que más interesados estamos, es en el grado de facilidad que les estamos dando a las personas que asisten a la iglesia para que inviten visitantes. Más del ochenta y tres por ciento de los que asisten regularmente señalaron que habían invitado por lo menos a una persona a la iglesia en los últimos doce meses. Los niveles de satisfacción siempre se hallan alrededor del noventa y siete por ciento, tanto en los que asisten de manera regular, como en los visitantes. Según Brian, nuestras respuestas son entre tres y cuatro veces la cantidad necesaria para conseguir una lectura exacta.

¿Por qué te estoy diciendo esto? Bueno, yo le dije a la casa editora que la introducción tendría por lo menos dos mil palabras, y necesitaba llenarla. No; te lo estoy diciendo porque quiero que sepas que en realidad, nuestra energía no gira alrededor del tamaño. Tenemos la genuina aspiración de convertirnos en una red de iglesias que la gente sin iglesia encuentre irresistibles. No nos calificamos a base del tamaño. Nos calificamos a base de lo atrayentes que somos para las personas que queremos alcanzar. Ahora, antes de que te vuelvas demasiado teológico conmigo, y nos eches a un lado como un simple espectáculo barato, quiero que tengas en cuenta lo siguiente:

> Somos una iglesia. Nuestra meta no es crear un *espectáculo* al que le encante asistir a la gente sin iglesia. Estamos edificando *iglesias*.

Una última cosa acerca de mi persona: no me considero fundador de iglesias. Como describiré en el segundo capítulo, la North Point Community Church fue fundada a raíz de un divorcio sonado y la división de una iglesia. Un modelo no muy fácil de imitar y sin duda algo que yo no recomendaría. Pero así fue como comenzó todo. De no haber sido sacado a la fuerza de mi zona de comodidad, no estoy seguro de que alguna vez me hubiera dedicado plenamente a aquello que mi corazón me estaba diciendo que necesitaba hacer. Es por eso que nunca me he sentido tentado a atribuirme el mérito por lo que hemos logrado. Muchas veces me preguntan cómo hago para mantenerme humilde. Es una pregunta curiosa. Si es cierto que soy humilde, se debe en gran parte al hecho de que nada de esto fue idea mía. Como estás a punto de descubrir, la mayor parte de lo que ha sucedido, ha sucedido a pesar de mí, y no gracias a mí.

COSAS Y MÁS COSAS

Amplio y profundo está organizado en cinco secciones. Siéntete con libertad para saltar de un lado a otro. No obstante, si alguna vez has pensado en contratar a uno de tus hijos, necesitas leer la **Primera sección**. En ella describo lo que fue crecer como hijo de ministro, trabajar para mi padre durante diez años y después renunciar en el momento más inoportuno que te podrías imaginar. Esta sección contiene una gran cantidad de detalles acerca de mi familia, y en particular de mi relación con mi padre. Tanto es así, que sabía que tendría que conseguir su permiso para publicarla. En lugar de enviársela para que la leyera, tomé mi auto y me fui hasta su casa, me senté con él a la mesa de la cocina y se la leí. Reímos. Lloramos. Después lloramos un poco más. Como verás, el hecho de que llegara incluso a permitir que yo contara nuestra historia lo convierte a él en el héroe.

En la **Segunda sección** doy la justificación bíblica para nuestra manera de enfocar la iglesia. Desde el primer día he tenido críticos. Eso no me preocupa. Todos mis críticos son gente religiosa. (Tal vez sea la única cosa que yo tenga en común con Jesús). Somos atrayentes, y no pedimos excusas por serlo. En nuestra búsqueda de un terreno en común con la gente sin iglesia, hemos descubierto que ellos, al igual que nosotros, son consumidores. Por tanto, aprovechamos sus instintos de consumidores. Dicho sea de paso, si tu iglesia tiene calefacción y aire acondicionado, tú también lo estás haciendo. Cuando se leen los Evangelios, es difícil pasar por alto el hecho de que Jesús *atraía* a grandes multitudes dondequiera que iba. Él estaba aprovechando constantemente los instintos de consumidor de sus multitudes. Digamos la verdad: No era el contenido de sus mensajes el que atraía a las masas. La mayoría de las veces ni siquiera entendían de qué les estaba él hablando. Vaya, pero si nosotros mismos no siempre estamos seguros de saberlo. La gente acudía en grandes multitudes a Jesús porque él los *alimentaba*, los *sanaba*, los *consolaba* y les *prometía* cosas.

Además, ¿qué es lo opuesto a atrayente? ¿Misionero? No lo creo. La **Tercera sección** es la parte profunda. En esta sección revelo nuestra salsa secreta. Y no tiene nada que ver con escenarios especiales y piruetas. En ella explico e ilustro nuestro modelo de formación espiritual. En los viejos tiempos lo llamaríamos modelo de discipulado. Todo lo que hacemos en cuanto a programas le señala a la gente cinco dinámicas para la edificación de la fe, o la compromete con ellas. Programamos en el supuesto de que una fe creciente, que se traduce en obediencia, es el catalizador para el crecimiento personal. Y el crecimiento personal terminará produciendo la madurez personal. Desde el primer día hemos rechazado el modelo de aula, así como el enfoque de un plan de estudios con una secuencia para lograr el desarrollo espiritual. Aunque valoramos el aprendizaje como componente de la madurez espiritual, creemos que hay otros cuatro componentes que son igualmente necesarios.

Si estás involucrado en algún programa de servicio orientado hacia algún grupo de edad determinado dentro de tu iglesia, la **Cuarta sección**, la parte más amplia, fue escrita teniéndote a ti en mente. En esta sección bosquejo los tres ingredientes esenciales de los ambientes irresistibles. Además de esto, explico con detalle lo que nosotros llamamos nuestras «Reglas del Combate». Esta es la primera vez que las imprimimos. Son la plantilla que utilizamos cada vez que creamos ambientes en los cuales va a haber presente alguien que no tenga iglesia. Después, para los comunicadores, he escrito todo un capítulo sobre la forma de predicarles en nuestro lugar de reunión a las personas sin iglesia. Aquí bosquejo lo que he aprendido a lo largo de los años en cuanto a dirigirme a este tipo de audiencia dual con el mismo mensaje.

La **Quinta sección**, *Volviéndonos profundos y amplios*, contiene tres capítulos sobre la forma de guiar a una iglesia local a través de los cambios. Tengo la esperanza de que algo de lo que he escrito te inspire, o tal vez te provoque a buscar la manera de aumentar el nivel de compromiso entre tu iglesia y las personas sin iglesia de tu comunidad. Si es ese el resultado del tiempo que pasaremos juntos, yo estaré encantado, pero a ti te quedará en las manos la enorme tarea de convencer a los miembros de tu congregación para que se te unan en tu misión. Por eso me pareció adecuado dejarte con lo que he aprendido acerca de la introducción del cambio en la institución que se resiste más ante los cambios que todas las demás.

Ah, sí, en cuanto al título, todos los buenos títulos ya alguien los había usado.

En serio, estoy seguro de que en alguna parte del mundo hay una verdadera «fuente que fluye amplia y profundamente». Pero eso no tiene nada que ver con la razón por la cual escogí este título. Para cuando termines de leer el libro, espero que estés tan convencido como lo estoy yo de que las iglesias locales saludables pueden, y deben, ser *amplias* y *profundas* al mismo tiempo. No se trata de *una cosa u otra*. Se trata de *una cosa y la otra*. Las iglesias locales se deben caracterizar por unas raíces profundas *y* un alcance amplio. Deben ser teológicamente sólidas *y* culturalmente relevantes. Debemos ser valientes en nuestra proclamación *y* agradables en nuestro enfoque. En los Evangelios hallamos en Jesús la encarnación de ambas cosas. Por ser su cuerpo, nosotros también deberíamos serlo. Y aquí tienes un enfoque sobre cómo lograrlo.

¡Qué lo disfrutes!

MI HISTORIA

Comenzar y volver a comenzar

Capítulo uno

No tan profundo

Mi primer recuerdo relacionado con la iglesia es el de mi padre bautizándome cuando tenía seis años. Todavía recuerdo lo que dijo: «Un pastor no puede tener un privilegio mayor que el de bautizar a sus propios hijos».

Tenía razón.

Ya yo he bautizado a los tres míos.

Como hijo de pastor, nunca hubo en mi vida un momento en el que no estuviera involucrado en algo en la iglesia. Sin embargo, a diferencia de muchos hijos de pastores, no recuerdo que se me obligara nunca a ir. Me gustaba. La iglesia siempre era el centro de mi vida social. Allí fue donde encontré a los que serían mis amigos para toda la vida, y con algunos de ellos aún sigo relacionado en el día de hoy.

Mis padres comenzaron juntos su ministerio en 1957, en las Smoky Mountains de Carolina del Norte. Después de graduarse en el seminario, mi padre aceptó un llamado a pastorear la iglesia bautista de Fruitland. Además de pastorear la iglesia, fue invitado a dar clases en el Instituto Bíblico Bautista de Fruitland, situado al otro lado del estacionamiento de la iglesia. El IBBF fue fundado en 1946 para ayudar a los pastores locales que carecían de oportunidades o de medios para obtener un entrenamiento teológico. Así que allí estaba él, con todos sus veinticuatro años de edad, dándoles clases a hombres que casi le doblaban la edad, los cuales habían estado pastoreando durante años, pero carecían de un entrenamiento formal. Y le encantaba hacerlo.

Por fortuna para mí, no había hospital en Fruitland. Igual de afortunado fue el hecho de que mi madre no quiso darme a luz en la casa. Así que técnicamente, no soy de Fruitland. Nací en Hendersonville, allí mismo, al doblar de la esquina.

De Fruitland nos mudamos a Fairborn, Ohio, donde nació mi hermana. Entonces mi padre aceptó un llamado a pastorear en la Primera Iglesia Bautista de Miami, Florida. Vivimos siete años en Miami antes de hacer la transición a la Primera Iglesia Bautista de Bartow, a unos sesenta kilómetros al este de Tampa, en la Florida. Solo llevábamos allí quince meses cuando llamó un amigo llamado Félix y le pidió a mi padre que orara sobre la posibilidad de ir a la Primera Iglesia Bautista de Atlanta como pastor principal asociado. Él no sintió el más mínimo interés. Nos encantaba Bartow. Sin embargo, le aseguró a Félix que oraría acerca de aquello, con la esperanza de que no lo volviera a llamar. Pero lo llamó. Y siguió llamando. Y al parecer, también lo hizo Dios.

En 1969, nuestra familia se mudó a Atlanta. La transición fue difícil. Miami y Bartow eran el paraíso comparados con aquello. La iglesia de Atlanta no era una iglesia saludable. Pero claro, eso nadie se lo dice a uno en medio de un proceso de entrevistas. Tal vez ni lo supieran. Lo otro era que no se molestaron en decirle que nadie sabía dónde estaba la llave de su escritorio.

Dos años después de mudarnos a Atlanta, los diáconos le pidieron al pastor principal que dejara su puesto, lo cual él hizo. Entonces cometieron el error de pedirle a mi padre que atendiera el púlpito mientras ellos formaban un comité de búsqueda de pastor para comenzar a buscar un reemplazante. Como tal vez sepas, mi padre sabía un par de cosas acerca de la predicación. No pasó mucho tiempo antes de que la iglesia comenzara a crecer. Aquello era un poco perturbador para los que manejaban el poder. No sentían que mi padre reuniera las cualidades necesarias para ser el pastor principal debido a su edad, sus estudios y su irritante propensión a predicar acerca del pecado, el arrepentimiento y la salvación personal. Imagínate semejante cosa. No pasó mucho tiempo antes de que decidieran que era necesario que mi padre dejara el púlpito. Pero aquello iba a ser un poco delicado. La iglesia estaba experimentando una vida nueva. La clase para los miembros nuevos estaba repleta. El bautisterio era usado todos los domingos por la noche. Las ofrendas iban en aumento.

Estaba claro que él no era el hombre que debía realizar aquel trabajo.

A pesar de todas las cosas buenas que estaban sucediendo, ejercieron presión sobre él para que renunciara. Al principio lo hicieron con sutileza. Le explicaron lo difícil que iba a ser para la iglesia encontrar al hombre «adecuado» mientras él estuviera allí. Le hicieron promesas. Le aseguraron que le darían un pago final. Escribirían cartas de recomendación favorables. Daban por seguro que él se marcharía silenciosamente, como los pastores que se habían marchado antes que él. Pero mi padre no estaba cortado de la misma tela que los otros. Como explicaré con mayor detalle en el capítulo dos, él había crecido en una atmósfera cuyo único componente predecible e inmutable era la soberanía de Dios. Descubrir y cumplir la voluntad de Dios lo era todo. Todo. Ese impulso interminable era el que había puesto orden en el caos de su niñez. O sea, que no estaba dispuesto a permitir que un grupo de diáconos redactara de nuevo el guión de su vida. Él creía entonces, como aun cree ahora, que las decisiones se deben tomar de rodillas, y no en una reunión de diáconos. Así que, después de cada uno de sus encuentros con los manipuladores del poder, respondía diciendo: «Voy a mi casa para orar acerca de ese asunto».

Ellos no tenían manera de clasificar algo así. Con el tiempo, el tono de aquellas reuniones cambió. Puedo recordar cómo comparaba las reuniones de diáconos con el foso de los leones. Él mismo dice: «En aquellos días, cuando yo miraba a las circunstancias que me rodeaban, todo me decía: "¡Vete!". Sin embargo, cuando me ponía de rodillas, sentía que Dios me decía: "Tú viniste aquí por obedecerme a mí. Yo te diré cuándo es hora de que te vayas"».

Cuando se hizo evidente que él no estaba dispuesto a dejarse dominar por la junta de diáconos, las cosas se pusieron realmente feas. Lo que había comenzado bajo la forma de sutiles sugerencias se convirtió en amenazas no tan sutiles. Se le dijo que si no renunciaba, nunca volvería a trabajar en una iglesia de los Bautistas del Sur. En nuestra casa recibíamos desagradables cartas anónimas. En mi pequeño libro *Las acciones dicen mucho más que las palabras*[2], relato en detalle la noche en que un miembro de la junta le llegó a dar un verdadero puñetazo en la cara a mi padre durante una reunión de negocios. Aquella cuestión de «poner la otra mejilla» tomó un significado totalmente nuevo. Pero yo, sentado en el tercer banco, niño de octavo grado cuyo ídolo era su padre, quería matar a ese tipo.

Mientras mis padres pasaban por una agonía en cuanto a si debían quedarse o no, lo que no pudieron calcular fue el impacto que su ejemplo estaba causando en sus hijos. Estos sucesos se produjeron hace más de cuarenta años, pero yo los puedo recordar como si fuera ayer. Puedo recordar a nuestra familia reunida en el cuarto de estar, alrededor de nuestra mesa de café hecha de madera de pacana barnizada, orando para pedir dirección. Puedo ver el rostro del hombre que le pegó el puñetazo a mi padre. Recuerdo dónde estaba yo de pie, y lo que estaba pensando. Recuerdo haber odiado a los hombres que le querían hacer daño a mi padre. Pero lo que más impacto causó en mí fue el valor de mis padres: el hecho de que estuvieran dispuestos a hacer lo que era correcto, aunque fuera duro; aunque les costara; aun cuando ni siquiera sabían hasta qué punto les costaría.

A los trece años, vi con mis propios ojos que la iglesia local era algo importante. Valía la pena pelear por ella. Valía el riesgo, el sacrificio e incluso el dolor físico. Vi a mi padre volver la otra mejilla, pero nunca lo vi dar media vuelta para salir corriendo. Hizo lo que era correcto. Obedeció a Dios, y Dios lo honró. Sin embargo, lo que yo no habría podido saber en aquellos momentos era que veinticuatro años más tarde, sería la firmeza que vi en él entonces la que me daría a mí la firmeza que necesitaba para tomar la decisión más difícil de mi vida.

Las guerras de iglesia

La transición de mi padre de *pastor asociado* a *pastor principal* se produjo durante una reunión de negocios de la iglesia, convocada con el propósito expreso de forzarlo a renunciar. Mis padres sabían cuando iban para aquella reunión que era posible que salieran de ella sin empleo y sin nadie que se lo quisiera dar. Debido a la hostil naturaleza de la reunión, me dieron instrucciones estrictas de permanecer dentro de la oficina de mi padre hasta que se acabara la misma.

Por fortuna para mí, tenía un amigo que trabajó tiempo extra aquella noche para asegurarse de que yo tuviera una descripción, golpe por golpe, de todo lo que sucediera en el auditorio de la iglesia. Tú ya lo conoces, es Louie Giglio. En aquellos tiempos todo el mundo lo llamaba Butch. Louie se escondía dentro del bautisterio vacío para escuchar, y después se escurría hasta la oficina de mi padre para informarme de lo que estaba sucediendo. La reunión duró más de tres horas. Asistieron a ella cerca de dos mil personas. Una persona tras otra pasaron al frente con historias sobre cómo la presencia de mi padre le había hecho daño a la iglesia, y cómo el que siguiera involucrado en ella sería un impedimento para el proceso de hallar un nuevo pastor principal que reuniera las cualidades necesarias.

Al final, se tomó un voto para determinar si se le permitiría a mi padre que permaneciera en su puesto de pastor asociado. Una mayoría abrumadora votó a favor de mantenerlo en ella. Y entonces, sucedió algo que tomó a sus enemigos totalmente por sorpresa. Alguien presentó la moción de elegir a mi padre como pastor principal. ¡El presidente de los diáconos, quien era el que dirigía la reunión, se fue corriendo al micrófono para presentar la moción de que se diera por terminada la reunión de inmediato! Uno de sus amigos apoyó su moción. Pero para su desdicha, un caballero llamado Henry Robert III estaba aquella noche en la audiencia. Henry es el nieto del fallecido General Henry M. Robert, quien escribió las *Reglas de Orden de Robert*. Como sabrás, las *Reglas de Orden de Robert* son el «libro básico» del procedimiento parlamentario; la palabra final en cuanto a la manera de llevar a cabo una reunión oficial, prácticamente de cualquier tipo. Puesto que se había decidido de antemano que todos los asuntos oficiales de negocios de la iglesia se tratarían de acuerdo a estas reglas, Henry se sintió obligado a pasar al frente para informarle al presidente de los diáconos que él no podía dar por terminada la reunión mientras hubiera una moción aún bajo consideración.

Bueno, las cosas se volvieron un tanto caóticas en la Primera Iglesia Bautista aquella noche. Pero al final, decidieron seguir las reglas, permitir la moción y votar. El presidente de los diáconos pidió que los votos fueran secretos. Otra persona presentó la moción de que se tomaran los votos de manera pública, a mano alzada. Así que tuvieron que votar en cuanto a la forma en que iban a votar. Me imagino que te encantará todo esto. Ya para entonces, los controladores del poder veían el escrito en la pared. De hecho, lo que vieron fue las manos que se agitaban en el aire. Cuando terminó la reunión, mi padre era el pastor principal de la Primera Iglesia Bautista de Atlanta. Pero cuando por fin mis padres regresaron a la oficina para darme la buena noticia, ya era una noticia vieja. Gracias a Louie.

En espera del llamado

La iglesia siguió creciendo con rapidez. Mientras tanto, yo terminé en la escuela secundaria y me matriculé en la Universidad del Estado de Georgia, donde (al final) recibí un título de periodismo. Durante el primer semestre de mi primer año en el colegio universitario, fue cuando me decidí a seguir el ministerio como vocación. Toda mi vida había oído hablar de ser «llamado» al ministerio. Varios de mis amigos sentían el «llamado» de Dios sobre su vida. Iban al frente después del culto del domingo por la noche y oraban con mi padre. Entonces, al terminar todo, él se los presentaba a la congregación y anunciaba que Dios los había llamado al ministerio. La gente aplaudía, y pasaba a felicitarlos después del canto final. Muchos de ellos aún son pastores, misioneros, líderes de ministerios paraeclesiales y profesores de seminario.

Sin embargo, en lo que a mí respecta, nunca sentí «el llamado». Puedes estar seguro de que traté de sentirlo. Pero por la razón que fuera, sencillamente, a mí nunca me sucedió nada así.

Así que una tarde, mientras mi padre y yo íbamos a algún lugar en el auto, le pregunté: «Papá, ¿una persona tiene que ser "llamada" al ministerio, o se puede ofrecer sin más?». Él lo pensó por un minuto. «Me parece que eso de ofrecerse sin más está bien». Entonces yo le dije que me gustaría ofrecerme. Pareció complacido. Y ahí terminó todo. Durante largo tiempo no se lo dije a nadie. No quería más presiones. Y sabía que eso podría limitar mis opciones en cuanto a relaciones; espero que me entiendas.

Después de terminar en el colegio universitario, me dirigí enseguida al Seminario Teológico de Dallas (STD) donde recibí mi título de Maestría en Teología (ThM). Me encantaba el seminario. Yo estuve en el STD durante los años de Charles Ryrie, Dwight Pentecost, Howard Hendricks y Norm Geisler. Recuerdo que mi padre asistió conmigo a una clase nocturna. En medio de una conferencia del doctor Ryrie, se volvió hacia mí, y me dijo: «No tienes ni idea de lo dichoso que eres al poderte sentar bajo esta clase de enseñanza». Durante el receso, el doctor Ryrie le preguntó a mi padre si le gustaría hablarle a la clase. Todavía recuerdo su respuesta: «¡De ninguna manera! Estoy aprendiendo demasiado».

Mientras terminaba mi último semestre en el STD, solicité el ingreso a la Universidad de Baylor para conseguir un PhD en religión. Me lo negaron. ¡Me dolió! Y aunque sin duda aquel rechazo hizo que volvieran a la superficie las heridas sin sanar de un determinado baile en la escuela intermedia, no tuve tiempo de complacerme en mi dolor. Si no iba a volver a los estudios, necesitaba conseguir un trabajo. Resultó que el director del ministerio con los estudiantes que había estado trabajando en la iglesia de mi padre había renunciado seis meses antes. Cuando el director de educación supo que yo estaba buscando un empleo que fuera significativo, me llamó para preguntarme si estaría interesado en ocupar la plaza mientras ellos buscaban un reemplazo permanente. A pesar del hecho de que todo aquello de «sirve mientras encontramos a la persona correcta» había terminado siendo una pesadilla para mi padre, yo acepté. Al fin y al cabo, como a mi amigo y mentor Charlie Renfroe le encanta decir: «Todo el mundo necesita comer y vivir bajo techo».

Lo que comenzó como un trabajo de verano se convirtió en una ocupación de diez años. No estoy seguro sobre cuándo fue que dejaron de buscar aquel «otro personaje». Todo lo que sé es que me enamoré del ministerio con los estudiantes. No me podría imaginar a mí mismo haciendo ninguna otra cosa. Junto con mis responsabilidades normales, tuve la oportunidad de predicar cuando mi padre no estaba en la ciudad. Sinceramente, no sé cómo era que la gente de la Primera Iglesia Bautista de Atlanta me tomaba en serio. El edificio conservaba todavía las cicatrices de mi adolescencia. Pero fueron bondadosos. Siempre tenían algo agradable que decirme. A cambio de su bondad, yo los dejaba salir de la iglesia a su hora.

Durante mis días en el ministerio con los estudiantes fue cuando conocí a Sandra. Ella estaba estudiando en el Georgia Tech. Nos presentaron en un estudio bíblico en el recinto del Tech. Muy adecuado. En realidad, no recuerdo haber conocido a Sandra aquella noche. Yo estaba sustituyendo al maestro regular. Gary, el patrocinador de la facultad, que era amigo mío, me había invitado a llenar el puesto vacío. El día después del estudio me llamó y me preguntó si recordaba haber conocido a una joven llamada Sandra Walker. Yo le dije que recordaba haber conocido a dos jóvenes. Ambas eran rubias. Él me aseguró que una de ellas era Sandra. Entonces insistió en que la llamara y la invitara a salir. A mí me pareció que aquello era de mal gusto, así que no quise hacerlo. Gary me siguió persiguiendo. Por fin cedí, y llamé al número que él me había dado. Cuando por fin llamé, Sandra había cambiado de dormitorio. Gary no se dio por vencido, sino que rastreó su nuevo número de teléfono hasta encontrarlo. Yo la llamé. Salimos. Y desde entonces hemos estado saliendo. Nos casamos el 6 de agosto de 1988.

CONVERSACIONES SOBRE EL FUTURO
Durante mis tiempos en el ministerio con los estudiantes, la gente me preguntaba con frecuencia sobre qué veía en mi futuro; cuánto

tiempo tenía pensado trabajar con «la gente joven». Mi pregunta favorita era esta: «Andy, ¿cuándo te vas a conseguir tu propia iglesia?». Mi respuesta a esas preguntas siempre era la misma. «Dios le ha dado a mi padre una plataforma extraordinaria, yo estoy aquí para servirle y para ayudarlo a terminar bien». Y esa era la verdad. No tenía aspiraciones más allá de lo que estaba haciendo. Me encantaba mi trabajo. Amaba a mi iglesia. Y una vez que mi padre comenzó a televisar mis sermones, le pude predicar a más gente en un solo domingo, que a cuanta le habría podido predicar en veinte años en una iglesia promedio. ¿Para qué querría irme a alguna otra parte? ¿A qué otro lugar habría querido ir?

La relocalización

En 1987, enfrentada a las limitaciones de espacio y a unas dependencias que se estaban haciendo viejas, la Primera Iglesia Bautista de Atlanta votó a favor de relocalizarse del centro de Atlanta a los barrios residenciales.

Mientras buscaba un comprador para nuestra propiedad del centro de la ciudad, la iglesia compró unas dependencias para el empaque de productos Avón, situadas al norte de la ciudad. Junto con las veinte hectáreas de tierra, había casi cuarenta mil metros cuadrados de espacio de almacén. Dentro del año siguiente al momento en que tomamos la decisión de trasladarnos, un grupo europeo firmó un contrato para comprar la propiedad del centro de la ciudad. Comprendiendo que aun con comprador, pasarían un par de años antes de que la iglesia pudiera edificar en el nuevo lugar y relocalizarse, los diáconos me preguntaron si yo estaría dispuesto a comenzar a celebrar cultos en una parte de nuestro recién adquirido complejo de almacenes. La razón que me dieron fue que esto aliviaría el exceso de asistentes a la iglesia del centro de la ciudad, además de establecer nuestra presencia en el lugar que ocuparíamos en el futuro.

En la reunión en la que se me pidió que aceptara esta nueva responsabilidad, el presidente de los diáconos me pidió disculpas varias veces por lo reducidas que serían las cosas. No habría coro ni orquesta. Él quería saber si yo estaría de acuerdo en usar un conjunto hasta que pudiéramos desarrollar un espacio más adecuado a un ambiente tradicional de adoración. Para ellos era importante que yo comprendiera en lo que me estaba metiendo. Un caballero me lo explicó de esta manera: «Probablemente no se sientan muy en iglesia». Y, por supuesto, todo lo que me venía a la mente era la frase de Brer Rabbit: «¡Por favor, no me tiren a ese zarzal!». Así que mantuve mi compostura y les dije que estaba dispuesto a colaborar con el equipo.

Es importante tener presente que en aquellos días no existían las iglesias multisitios. Unas cuantas iglesias estaban experimentando con la idea de un segundo recinto, pero incluso aquello era una novedad. Era un territorio sin explorar. No teníamos ni idea de lo que estábamos haciendo, pero no habríamos podido estar más llenos de entusiasmo. Nos nombraron a siete para que formáramos el equipo inicial. En ese grupo original estaban Julie Arnold, Lane Jones, Rick Holliday, Bill Willits y Reggie Joiner. Era un equipo estelar. Pero nosotros no lo sabíamos en aquellos momentos. Por qué nos escogieron a nosotros, nunca lo sabré. Me imagino que éramos considerados como personal no esencial en el sitio del centro de la ciudad, así que nos enviaron a las tierras baldías para que estableciéramos un puesto de avanzada. Nos sentíamos aturdidos.

Mi padre y su equipo corrieron un gran riesgo al darnos a nosotros la autoridad que nos dieron. Pusieron su reputación en nuestras manos. Para crédito suyo, apoyaron económicamente el proyecto sin dedicarse a microadministrarlo. Nos dijeron que alcanzáramos a nuestra nueva comunidad y después nos dieron una libertad total para soñar, diseñar y crear. Y eso hicimos. De manera que, aunque no sabíamos con exactitud lo que estábamos haciendo, sí sabíamos lo que no queríamos hacer. No queríamos crear de nuevo unos ambientes destinados a la gente de iglesia. Queríamos crear una iglesia a la cual le encantara asistir a la gente sin iglesia. No sabíamos si eso sería posible. De hecho, se nos dijo que alguien lo había intentado, y que *no era posible* en el Sur de la nación, tan repleto de iglesias. Pero nosotros creímos que valía la pena intentarlo. Así que nos lanzamos a captar la imaginación y, en última instancia, el corazón de la gente sin iglesia de aquella comunidad.

La sección de almacén de la cual nos apropiamos para nuestro centro de adoración tenía capacidad para ochocientas personas. No había recibidores ni vestíbulos. Desde fuera del edificio se entraba directamente al centro de adoración. Construimos una pequeña plataforma que tenía a los lados un andamiaje verde para pintores dedicado a sostener los altavoces de nuestro sistema de megafonía. El piso era de hormigón y mantenía la misma temperatura que hubiera afuera. La zona de los niños (zona, no aulas) era otro espacio de almacén renovado al cual se llegaba desde el exterior a través de otro conjunto de puertas. Esta zona tenía ventiladores; no tenía aire acondicionado.

Por decirlo con delicadeza, aquel ambiente carecía por completo de refinamiento. Y todo aquel complejo de edificios era simplemente feo.

Abrimos el domingo de Resurrección de 1992 con unas setecientas personas, la mayoría de las cuales procedían de la iglesia del centro de la ciudad. Una vez que se dieron cuenta de que aquella «adoración de almacén» se iba a alejar por completo de todo aquello a lo que estaban acostumbrados, alrededor de la mitad de ellos decidieron no regresar. Pero fueron reemplazados con rapidez por gente de la comunidad. Una gran cantidad de gente. A la tercera semana, ya estábamos rechazando gente. Estábamos rechazando tantos autos, que un comité de otra iglesia de aquella zona nos preguntó si ellos se podían poner a las entradas de nuestro estacionamiento para distribuir volantes en los que les dieran a conocer su iglesia a las personas que no pudieran entrar a nuestros cultos.

Añadimos un segundo culto y comenzamos a desarrollar espacio para los que no cabían en el auditorio. Al final del segundo mes nos estábamos acercando a los dos mil adultos en la adoración. Aquello era una locura.

Mientras Dios nos estaba usando para transformar la manera de pensar de la gente acerca de la iglesia local, también se estaba produciendo una transformación en nuestros corazones. Tomando prestada una frase de Bill Hybels, mi héroe y amigo, *estábamos echados a perder*. No había manera de regresar. Aquello era iglesia de una manera como nunca habíamos experimentado a la iglesia. Lo cierto es que yo ya estaba echado a perder en el mismo día de la inauguración. Después de mi primer mensaje, Sandra y yo íbamos caminando de vuelta al remolque de construcción que utilizábamos como una especie de camerino. Cuando llegamos a aquellos destartalados escalones de madera, me volví hacia ella con lágrimas en los ojos y le dije: «Eso es lo que quiero hacer durante el resto de mi vida». (¡Vaya! Se me aguaron los ojos mientras escribía esto).

Pero no era solo yo. Todos nos sentíamos así. No es de sorprenderse que cinco de los que formábamos aquel equipo original aún trabajemos juntos. Y si Reggie Joiner no se hubiera vuelto tan ocupado ayudando a las iglesias de todo el país a pensar de nuevo las culturas de sus ministerios con niños y estudiantes, es posible que también estuviera con nosotros. Todos estábamos echados a perder. Nos encantaba el ambiente. Nos encantaba la informalidad. Nos encantaba la libertad que nos daba para comunicarnos de maneras creativas. Nos encantaba lo cautivador que era nuestro poco refinado espacio de almacén para aquellos que se consideraban a sí mismos como personas que estaban de regreso, o que andaban buscando. La libertad de expresión que nosotros dábamos por sentada ahora, no existía entonces. Aquello era nuevo. Y nunca nos saciábamos de experimentarlo.

Advertencia de tormenta

Mientras tanto, en el centro de la ciudad las cosas no iban tan bien. La venta de la propiedad fracasó. El comprador se marchó seis meses antes del cierre y no había un contrato de respaldo. Para complicar más las cosas, la economía dio un giro negativo y el valor de las propiedades se desplomó en Atlanta. Se hizo dolorosamente evidente que la cantidad que la iglesia daba por seguro que podía conseguir por la propiedad estaba muy lejos de la realidad económica del momento. Así, lo que había comenzado como una transición de dos años se convirtió en un período de espera indefinido. Más tiempo significaba más oportunidad para que los dos recintos desarrollaran identidades diferentes y en mutuo contraste. No fue algo intencional. Aunque con lo que hoy sé, no estoy seguro de que se hubiera podido evitar.

Las familias que habían estado asistiendo a la iglesia del centro de la ciudad, pero que vivían en su extremo sur y no estaban haciendo planes para pasar al nuevo recinto, comenzaron a buscar iglesias nuevas. En lugar de esperar a que se produjera la reubicación real, se adelantaron e hicieron su transición a otras iglesias. Los primeros en irse fueron los solteros y las familias jóvenes con niños. Al parecer, de un día para otro la congregación del centro de la ciudad pareció haber envejecido. En cambio, el recinto del norte atraía solteros y familias jóvenes por centenares. Al cabo de poco tiempo, la asistencia se desvió hacia nosotros.

Como mencioné antes, nuestros estilos en la adoración diferían de manera drástica. Por eso nos consideraban como poseedores de un factor «novedoso» del que carecía la iglesia del centro de la ciudad. Cada vez se veían menos trajes, corbatas y faldas. El explosivo crecimiento del recinto del norte creó un nivel tonificante de emoción y expectación, mientras que la gente del centro de la ciudad se sentía «atascada en aquel lugar» hasta que se vendiera la propiedad.

Finalmente, la gente comenzó a comparar y hacer contrastes. Comenzó el *nosotros* y *ellos*. Las cosas se volvieron competitivas. Era lo viejo contra lo nuevo; lo tradicional contra lo contemporáneo. No podíamos comprender por qué a la iglesia madre le costaba tanto trabajo apoyar económicamente todas nuestras nuevas iniciativas. Y la iglesia madre no podía comprender por qué, con una asistencia tan grande como teníamos, no nos podíamos pagar nuestros propios gastos. Sin embargo, a pesar de todo esto, nos las arreglamos para funcionar como una iglesia en dos locales. Esto se debió en gran parte al hecho de que mi padre y yo nos negamos a permitir que nadie se metiera entre nosotros. No teníamos tolerancia alguna para todo lo que fuera padre contra hijo. Sabíamos que mientras nosotros dos estuviéramos en sintonía, podríamos mantener la situación hasta que las dos congregaciones se volvieran a reunir en la nueva propiedad.

Sin embargo, en junio de 1993 sucedió algo que terminaría metiendo una cuña entre nosotros. Mi madre pidió el divorcio.

Capítulo dos

CUESTIONES DE FAMILIA

Para poder entender lo que sucedió después, es necesario que vuelva un poco al pasado. Las primeras resquebrajaduras en el matrimonio de mis padres aparecieron cuando yo estaba en el décimo grado. Hasta entonces, habían dado la impresión de tener una relación perfecta entre ellos. Nunca los vi pelear. Ni siquiera recuerdo que hayan estado en desacuerdo acerca de nada. La única vez que oí a mi madre alzar la voz fue cuando yo tomaba clases de piano en el primer grado. Mi padre jura que fue la primera vez que él la había oído alzar la voz. Como consecuencia, yo no dejé que mis hijos tomaran clases de piano.

He sostenido todas las teorías habidas y por haber en cuanto a la raíz de los problemas de ellos. No era ninguna de las cosas de las que se suele sospechar. No hubo infidelidad. No había problemas económicos. Mi padre siempre ha trabajado fuerte, pero nunca lo he considerado como un trabajador compulsivo. Y mi madre nunca lo ha acusado de ninguna de esas cosas.

Ambos crecieron en lo que ahora consideraríamos unos hogares altamente disfuncionales. Mi abuelo paterno falleció cuando mi padre tenía diecisiete meses de nacido. No había seguro. La madre se tuvo que ir a trabajar en un molino. Antes que existieran los niños que llevan la llave de su casa colgada al cuello, él ya era uno de ellos. Eran increíblemente pobres. Él supo la verdad sobre Papá Noel una mañana de Navidad en la que encontró en su media de regalos la naranja que había estado en el refrigerador la noche anterior.

Su madre se volvió a casar cuando él tenía doce años, para asegurarse de que tuviera un hombre en su vida. Por sensibilidad hacia mi familia extendida, no puedo entrar en detalles en cuanto a la pesadilla en la que se convirtió aquello. Él le suplicó a su madre que se divorciara, pero ella se negó. En su mente, unos votos eran unos votos. No los podía quebrantar. Pero faltó poco para que esos votos la quebrantaran a ella. Cuando empeoró la salud de su esposo, ella se hizo cargo de él y lo cuidó como si hubiera sido un esposo modelo. Yo tenía suficiente edad para comprender lo unilateral que había sido aquella relación, y lo totalmente abnegada que ella fue durante los años finales de él. Después que él falleció, mi padre mudó a mi abuela a Atlanta, donde hizo lo más que pudo para compensar las décadas de dificultades que ella había soportado.

Mis abuelos maternos se divorciaron cuando ella estaba en la escuela secundaria. David, su padre, era mi abuelo favorito. Él sabía lo que era pasar un buen tiempo, lo cual, según resultó, era parte del problema. Cuando yo tenía nueve años, me fui a pasar dos semanas con él durante el verano. Él me compró un caimán. ¿Cómo no se puede amar a un abuelo que le compra a su nieto un reptil de sesenta centímetros de largo? Era *impresionante* antes de que nadie usara ese término. Guardaba botes llenos de monedas en su refrigerador. Cosía diamantes a los bordes de sus cortinas. Siempre conducía un Cadillac nuevo de color dorado. Su ropa habitual era un traje de color champán con gemelos en los puños.

Tenía un condominio en Fort Lauderdale, una casa junto a un canal de West Palm Beach con un yate atracado detrás de la casa, y una finca en Carolina del Norte.

En la parte negativa de su hoja de balance estaba que se había casado cuatro veces. Cuatro matrimonios. Eso es mucho ahora, pero en aquellos tiempos era *muchísimo*. Su cuarta esposa era una mujer maravillosa, bajo cuya influencia él terminó haciéndose cristiano. Ya para entonces estaba a mediados de sus sesenta y tantos años. Una vez que hizo la oración del pecador, comenzó a recuperar el tiempo perdido. En sus años finales, todo lo que quería hacer era hablar sobre las Escrituras. Aún puedo recordar su Biblia de piel impresa en letra grande. Aunque se declaraba cristiano enseguida, nunca estuvo muy seguro en cuanto al cielo. Solía decir: «Bueno, no sé si llegaré al cielo. He hecho una gran cantidad de cosas malas en mi vida». Nunca le pedimos detalles. Solo nos los podíamos imaginar. Y aunque su conversión tan tarde en la vida fue un consuelo, el daño que solo un padre puede causar ya estaba hecho.

Así que un joven que creció sin padre, y para el cual la división de la vida en compartimentos se había convertido en una manera de sobrevivir, se casó con una mujer cuyo padre estaba trastornado, por decirlo con suavidad, y juntos se lanzaron a cambiar el mundo. Pero como sabrás, el pasado solo es pasado por un tiempo, porque tiene su manera de abrirse paso a la fuerza hasta nuestro futuro. Y si no lo reconocemos tal como es, los resultados pueden ser devastadores. Y mis padres no fueron la excepción.

En 1992, mi madre empacó sus cosas y se mudó a la casa que tenían mis padres junto a un lago en las afueras de Atlanta. Varios meses más tarde, recibí una llamada de mi padre para decirme que le habían hecho entrega de unos papeles. Y hablando de papeles, todo tenía que ver precisamente con los papeles. Todo el mundo tenía una opinión acerca de lo que mi padre debía hacer. En cambio, solo mi hermana y yo sabíamos toda la historia. Aunque la mayoría de los miembros de la congregación de la Primera Iglesia Bautista de Atlanta estaban dispuestos a apoyar a mi padre, sucediera lo que sucediera, había un grupo que insistía en que se tomara algún tiempo libre para trabajar en su matrimonio. Lo que ellos no sabían, y no habrían podido saber, era que seis meses antes de que mi madre se mudara a la casa del lago, mis padres se habían pasado tres semanas en un centro de conferencias con un equipo altamente entrenado de consejeros y doctores «trabajando en su matrimonio». Y aquella no era la primera vez. Habían visto todo tipo de consejero imaginable. Cuando ella por fin pidió el divorcio, aquel matrimonio llevaba años de muerto. Pero ambos se oponían con tanta firmeza al divorcio que ninguno de los dos quería presentarlo. En una ocasión yo me sentí tan frustrado que llegué a preguntar si podía contratar un abogado y presentar yo mismo los papeles de su divorcio.

Además del grupo que le recomendaba a mi padre que se tomara un tiempo libre, en la iglesia había elementos que pensaban que debía renunciar. Tenían la convicción de que si mi madre seguía el proceso hasta llegar al divorcio, él quedaría descalificado para servir en su capacidad de pastor. Por cruel que esto parezca, es necesario comprender que hasta aquel momento, la Primera Iglesia Bautista de Atlanta nunca había tenido una persona divorciada en el personal de la iglesia o entre los diáconos. Si alguien era divorciado, no se lo podía elegir para la junta de diáconos. Por tanto, en la mente de los que querían que él renunciara, todo lo que estaban haciendo era llevar a la práctica lo que se les había enseñado.

Sin embargo, justo cuando el ambiente se estaba comenzando a caldear, mi madre anunció de repente que no iba a seguir con el proceso. Todo el mundo se regocijó. Parecía que Dios había respondido las oraciones, y su matrimonio se salvaría. Sin embargo, mi hermana Becky y yo sabíamos cómo eran las cosas en realidad. Cuatro meses más tarde, mi madre volvió a solicitar el divorcio. Y todo comenzó de nuevo.

LA DIVISIÓN

Pocas semanas después de recibir los papeles, mi padre me llamó a su oficina para que leyera una carta que había recibido del abogado de mi madre. Recuerdo con exactitud dónde estábamos parados. Cuando terminé de leer la carta, lo miré y le dije: «Papá, no me has preguntado qué pienso que debes hacer». Él sonrió y me dijo: «Tú sabes que quiero saber lo que piensas». En realidad, no estaba seguro. Al fin y al cabo, él nunca me lo había preguntado. Yo sabía la clase de consejos y de «apoyo» que él estaba recibiendo de la gente más cercana a él. Tenían buenas intenciones. Pero lo que sucedía era que no conocían todos los datos. Y no valoraban en su plenitud el nivel de oposición que estaba comenzando a levantarse.

Mi consejo fue que llegara al auditorio el domingo siguiente por la mañana y leyera una carta de renuncia. Entonces, después que todo el mundo superara el impacto inicial, le sugerí que le dijera a la congregación que estaba dispuesto a seguir predicando todo el tiempo que ellos quisieran. Le aconsejé: «Diles que no tienes deseo alguno de dejar la Primera Iglesia Bautista de Atlanta, y que te agradaría seguir siendo su pastor. Dales una oportunidad para escoger si quieren tener un pastor que podría terminar divorciado». Le aseguré que la congregación de la iglesia no tenía deseos de dejar que él se fuera para ninguna parte. Lo amaban demasiado. Mi madre llevaba años sin asistir a la iglesia. En aquellos momentos estaba convencido, tal como lo sigo estando hoy, de que, a pesar del proceso de divorcio pendiente, eso era lo que ellos habrían hecho. Y cuanta controversia existiera, habría muerto allí mismo y en ese mismo momento.

Lamentablemente, mi padre no oyó nada de lo que dije después de la palabra *renuncia*. Es comprensible. Había estado oyendo esa misma palabra durante meses. Y ahora su hijo le estaba sugiriendo lo mismo. Tal parecía, y a él le daba la impresión, que yo me estaba poniendo de parte de los que querían que renunciara. Él no recuerda esa conversación. En cambio, yo nunca la olvidaré. A partir de ese momento, él creyó que yo quería que renunciara. Para siempre. Pronto sus sospechas se vieron confirmadas cuando la gente le comenzó a susurrar al oído que yo estaba tratando de apoderarme de la iglesia. Sus amigos más cercanos y sus partidarios más firmes se adhirieron a la teoría de que yo estaba usando el divorcio de mis padres como palanca para sacar a mi padre, y así poder ocupar su puesto. «Al fin y al cabo», alegaban, «mira lo que está haciendo allí en el almacén. Todo ese éxito se le ha ido a la cabeza». Y tal vez así era. Sin embargo, hay dos cosas que son ciertas: que yo no me quería apoderar de la iglesia, y que tampoco quería que mi padre se marchara.

GUERRAS DE LEALTADES

Durante los dos años siguientes, mi padre y yo nos estuvimos reuniendo con un consejero cada semana. En ocasiones, dos veces por

semana. A pesar de esto, él siguió sospechando de mí. Y yo sencillamente me enojaba. Me enojaba que no confiara en mí. Me enojaba que no quisiera defenderme cuando la gente hacía contra mí las
acusaciones más ridículas. (Una señora les envió una carta anónima
a todos los miembros de la iglesia donde me acusaba de tener un
auto deportivo que valía cien mil dólares). Estaba enojado con sus
«amigos» porque no le habían dicho la verdad. Estaba enojado con
mi madre. Me hallaba en un estado de confusión total. Sin embargo,
para crédito de ambos, mantuvimos abierto el canal de comunicación. Algunas veces, demasiado abierto. Una noche lo invité a que
viniera a mi casa para ver a los niños, pensando que con seguridad
nos llevaríamos bien frente a mi familia. Cuando por fin terminó
aquella velada, estábamos los dos frente a la casa, en la entrada para
el auto, gritándonos uno a otro como un par de niñas de la escuela
secundaria.

Mientras tanto, nos presentábamos todos los domingos ante
nuestras respectivas congregaciones, actuando como si todo estuviera muy bien. Ya para entonces, nosotros habíamos renovado otra
amplia sección de espacio de almacén en el recinto del norte. Cada
semana se presentaban más de cuatro mil adultos. Así que esa era
nuestra situación como padre e hijo. Cada uno de nosotros con su
propia iglesia grande. El problema estaba en que se trataba de la
misma iglesia. Y él era el pastor. Y yo me había convertido en el para-
rrayos de la gente que pensaba que él debía renunciar. Al cabo de
poco tiempo, toda la gente que quería que se alejara por un tiempo
para trabajar en recuperar su matrimonio, y toda la que quería que
renunciara de inmediato, estaba asistiendo a los cultos de adoración
del almacén conmigo. Por supuesto, eso hacía que mi padre sospe-
chara de mí. ¿Quién no?

Finalmente, Sandra y yo comprendimos que en realidad solo
existía una opción aceptable para nosotros. Así que comenzamos
a pedirle a Dios que nos autorizara a marcharnos. Sería complicado hacerlo, pero sabíamos que mientras más tiempo nos quedára-
mos, más división se formaría. Yo no tenía credibilidad ante los que

apoyaban a mi padre, ni estaba de acuerdo con sus detractores. Y además, ¿ya te dije que estaba enojado?

Las cosas llegaron a su punto álgido en el verano de 1995. Sandra tenía cinco meses de embarazo de nuestra hija Allie cuando comenzó a tener una pérdida periódica de la visión periférica en el lado izquierdo. Pedimos una cita con un neurólogo. Estábamos asustados. En la mañana del 3 de agosto, yo me marché de la oficina alrededor de las diez y media para encontrarme con ella en la clínica del doctor. Sabía que probablemente íbamos a estar atascados un buen rato en una sala de estar, así que cuando salía de la oficina, le eché una rápida mirada a mi estante de libros en busca de algo que leer. Mi mirada se fijó en un libro que alguien me había dado un año antes: *Perfil de tres monarcas*, de Gene Edwards[3]. Yo no tenía ni idea de cuál era el tema del libro. Nunca había pasado de la portada. Lo tomé y me dirigí a la puerta.

En la sala de espera no había nadie, así que comencé a leer en voz alta. Era como si el autor nos hubiera estado siguiendo durante los veinticuatro meses anteriores. No lo podía creer. Seguí leyendo mientras el doctor le hacía las pruebas a mi esposa. Aquel neurólogo no parecía estar excesivamente preocupado. Nos dijo que podíamos esperar los resultados entre una semana y diez días más tarde. Veinte minutos después, estábamos sentados en el Café Silver Spoon de la calle Peachtree almorzando, y yo seguía leyendo. Cuando estábamos acabando de almorzar, leí unas palabras que cambiarían la trayectoria de nuestras vidas:

Comenzar solos y con las manos vacías es algo que asusta a los mejores de los hombres. También dice mucho acerca de lo seguros que están de que Dios los acompaña.

Dejé de leer y levanté la mirada hacia Sandra. Lo sabíamos. Ambos lo sabíamos. Ya era hora de marcharnos. Dios nos había dejado en libertad. Todo estaba muy claro. Nunca he tenido esa clase de claridad antes ni después. La acompañé hasta su auto, le di un beso de despedida y me dirigí en el mío a la oficina para renunciar.

La renuncia

Cuando llegué, reuní a mi equipo y les dije que los estimaba mucho, pero que había llegado el tiempo de que me marchara. No se sintieron totalmente sorprendidos. Sabían que yo no podría soportar las tensiones y los recelos que habían llegado a caracterizar nuestro ambiente de trabajo. Ellos también se sentían agotados. Nos encantaba lo que estaba sucediendo los domingos, pero la parte del lunes al viernes era la que nos estaba destruyendo. Por inevitable que haya podido ser, mi renuncia formal señalaba un repentino final para nuestra colaboración. Más aun, señalaba el final de nuestra asociación con lo que Dios estaba haciendo al norte de la ciudad. Por su gracia, habíamos descifrado la manera de atraer a la iglesia a gente sin iglesia. Y no solo estaban llegando, sino que también estaban trayendo consigo a otros amigos igualmente sin iglesia. En nuestra parte del país, aquello era algo insólito. Y ahora, se había acabado.

Salí de aquella reunión y me dirigí de inmediato al estudio de mi padre. Él estaba revisando la correspondencia con su ayudante. Cuando levantó la mirada y me vio de pie en la puerta, tuve la extraña sensación de que ya sabía por qué yo estaba allí. Su ayudante recogió sus cosas y se retiró a la oficina exterior. Él estaba sentado en su gran silla, detrás de su gran escritorio, cosas que habían quedado de la administración anterior. Eran demasiado grandes para sacarlas por la puerta, así que él había decidido que, en lugar de desmantelarlas, las utilizaría.

No recuerdo con exactitud lo que le dije, pero le referí que le estaba presentando mi renuncia, efectiva de inmediato, y que le haría llegar a sus manos una carta antes de que terminara el día. Él se quedó mirándome durante un minuto. Yo tenía temor de lo que pudiera suceder después. Se levantó lentamente, salió de detrás de su escritorio y me abrazó. Y los dos lloramos. Y lloramos. Y lloramos. Mi renuncia era mucho más que la terminación de un empleo. Señalaba la muerte de un sueño que nunca habíamos expresado con palabras. Lo que habría podido ser, y tal vez habría debido ser, nunca llegaría a ser. Así que nos quedamos allí de pie, llorando.

El domingo siguiente me presenté como de costumbre para el culto de adoración en el almacén. Sonreí. Estreché las manos de algunas personas. Canté. Y renuncié. Fue terrible. Terrible. Hasta el día de hoy me encuentro con gente que dice: «Andy, mi primer domingo en la iglesia del almacén fue el domingo en que tú renunciaste». Aún lo siento como un cuchillo clavado en el corazón. Aquella gente había confiado en mí. Me había seguido. Había apoyado económicamente hasta el sacrificio. Había trabajado incansablemente. Habíamos experimentado Hechos 2 todos juntos. Según todas las apariencias externas, apenas estábamos comenzando. Y ahora, yo me marchaba. Lo más difícil de todo era que no les podía explicar el porqué. Hasta les llegué a decir que no les podía decir por qué. Les aseguré que mi matrimonio marchaba bien. Que no tenía problemas de salud. Que nadie me había despedido. Y que tampoco había recibido un ofrecimiento mejor. Después de aquello oré y me marché a mi casa.

Enseguida, un grupo comenzó una campaña para separar los dos lugares, convirtiéndolos en dos iglesias independientes. Una delegación me vino a ver para preguntarme si estaría dispuesto a regresar al recinto del norte como pastor, si la Primera Iglesia Bautista lo dejaba como iglesia separada. En aquellos momentos se rumoraba que yo formaba parte de este grupo desde el principio, y que una vez que supe que no me podría apoderar de toda la iglesia, estaba tramando la forma de quedarme con el recinto del norte. Le di gracias al grupo por su ofrecimiento, y les aseguré que no tenía interés en regresar.

NO LO VAMOS A PERMITIR

Como todos sabemos, toda historia tiene dos lados. Así que, antes de seguir adelante, me quiero detener para pedirte que te pongas en los zapatos de mi padre. Se había pasado dieciocho años levantando un ministerio grande sin apoyo alguno en casa. Entonces, su esposa le pidió el divorcio, lo cual, además de ser públicamente humillante, creó una división en su congregación. Y después de todo esto, su hijo, al que él había bendecido con todas las oportunidades imaginables, entre ellas la de permitirle crear una iglesia drásticamente distinta a la suya, ¡lo había tratado de obligar a renunciar para quedarse con la iglesia! Cuando aquello no funcionó, su hijo trató de conseguir apoyo para dividir la iglesia y secuestrar a la mitad de la congregación. Y cuando aquella trama tampoco funcionó, renunció, dejando a varios miles de personas sin pastor, y sin dar una explicación de la razón por la cual se marchaba. Si tú hubieras sido mi padre, ¿me habrías vuelto a hablar de nuevo durante toda tu vida? Hay padres que han cambiado su testamento por menos que eso. Hasta donde yo sé, él lo hizo. ¿Y quién lo habría culpado por hacerlo?

Es en este punto en el que nunca le podré atribuir a mi padre el suficiente mérito. Su generación es la de los buenos y los malos, los vaqueros y los indios, los de estás conmigo o estás en mi contra. Para él, la lealtad siempre ha sido el valor supremo. Cuando combinamos esto con el filtro a través del cual él interpretaba mis acciones, tenía todas las razones habidas y por haber para describirme como una especie de «divo» mal agradecido, desleal y centrado en sí mismo. ¿Cómo era posible que alguien a quien se le habían dado las oportunidades que se me habían dado a mí, tratara a su padre con tanto desprecio? Viéndolo como él lo veía, habría estado totalmente justificado el que me desechara como un caso perdido y siguiera adelante.

Pero no lo hizo.

Lo que hizo fue invitarme a almorzar.

Muchas veces.

QUÉ SUCEDE DESPUÉS

Nuestras conversaciones eran forzadas, por llamarlas de alguna manera. Ambos estábamos muy enojados y muy heridos. Pero él siguió tomando la iniciativa. Y yo seguí presentándome. Durante una de nuestras difíciles reuniones para almorzar, él dijo algo que perforó la dureza de mi corazón y abrió la puerta a la relación que tenemos hoy. Me dijo: «Los dos sabemos lo que les suele pasar a los padres y a los hijos que pasan por algo como esto». Entonces hizo una pausa y me miró directamente a los ojos. «Andy, yo no quiero que terminemos así». Todo lo que yo pude hacer fue susurrar: «Yo tampoco, papá».

Dos meses después de mi renuncia, estábamos en uno de esos almuerzos silenciosos en un restaurante mexicano, cuando mi padre levantó los ojos de la ensalada que tenía delante y me preguntó: «Bueno, ¿y qué vas a hacer ahora?». Tanto para él como para el padre de Sandra había sido difícil entender el hecho de que yo hubiera renunciado a un trabajo perfectamente bueno sin haber conseguido otro primero. Puesto que teníamos dos niños pequeños y Sandra estaba encinta de la tercera, puedo comprender su desconcierto. No es algo que yo le recomendaría a nadie. Después de renunciar, habíamos visitado una iglesia en otro estado, y yo había predicado con la esperanza de que me llamaran. Y me llamaron. Y nosotros rehusamos. A principios de aquella misma semana, un grupo me había invitado para hablar sobre la fundación de una nueva iglesia en la zona de Atlanta. Era emocionante pensar en aquello. Pero en esos momentos, solo era una idea.

«Bueno», le dije, «si yo pudiera hacer algo, me reuniría con algunas de las personas con las que trabajé en la Primera Iglesia Bautista y me iría al norte de la ciudad para comenzar de nuevo».

Mientras esas palabras salían de mis labios, yo sabía que no estaba en condiciones de comenzar nada. Y en verdad, no tenía sentido que tratara de pastorear a nadie. Todavía estaba visitando a mi consejero. El drama de los dos años anteriores había removido toda clase de cosas que habían estado pegadas a las paredes de mi alma durante años. Solo tres días antes, estaba desahogándome con Steve, mi consejero, acerca de lo equivocados que estaban todos los demás y la razón que tenía yo. Cuando por fin hice una pausa para respirar, Steve me dijo: «Andy, permíteme que te pregunte algo. ¿Cómo te parece que hubieras respondido si fueras uno de los discípulos de Jesús y hubieras oído a Pedro cuando dijo que ni siquiera conocía a Jesús?». Antes de que pudiera pensar en nada, me oí decir: «¡Lo habría expulsado del grupo!». De la abundancia del corazón habla la boca. Allí estaba mi corazón. Airado. Crítico. Lleno de mi propia justicia. Steve sonrió y me hizo una segunda pregunta: «¿Y cómo le respondió Jesús?». Comprendiendo que no era una buena manera de evitar el incriminarme a mí mismo ante mi consejero, le respondí: «Jesús lo puso al frente de toda su empresa».

Aquel momento fue definidor para mí. Vislumbré algo que nunca había visto, y detesté lo que estaba viendo. Enfrentado con el fariseísmo de mi corazón, sentí una desesperada necesidad de cambiar. Me di cuenta de que aquel era el filtro a través del cual yo predicaba, aconsejaba, leía las Escrituras y guiaba a la gente. Entonces le pedí a Dios que me despojara de todo aquello. Y así comenzó un proceso que estoy seguro de que continúa hasta hoy.

Así que aquella tarde, mientras me franqueaba con mi padre y soñaba en voz alta, no tenía en la mente ningún marco de tiempo. Él me preguntó qué querría hacer si pudiera hacer algo, así que yo se lo dije.

Y entonces él se lo dijo al mundo.

Sin que yo lo supiera, el domingo siguiente por la noche se adelantó al orden normal del culto con una sorpresiva puesta al día sobre mi paradero y mis planes. «Algunos de ustedes se han estado preguntando qué está haciendo Andy en estos días. Bueno, almorzamos juntos esta semana. Él está haciendo planes para irse al norte de la ciudad y comenzar una iglesia». Hizo una pausa. «Y tiene mi bendición». Las heridas estaban demasiado frescas para que él dijera aquello de corazón. Él *quería* decirlo de corazón. Y a la larga *terminaría* diciéndolo de corazón. Pero me amaba. Y sabía lo importante que era que yo supiera que él me apoyaba. Así que lo dijo de todas maneras. Aquella noche, el timbre de mi teléfono comenzó a sonar. El día siguiente al mediodía, el papel de la máquina de fax de nuestra casa se había agotado. Todo el mundo quería saber cuándo, dónde y cómo se podía involucrar. Y yo todo lo que quería era tomarme una siesta.

El 19 de noviembre de 1995, tuvimos una reunión de organización para hablar sobre la creación de una nueva iglesia. Se presentaron alrededor de mil quinientas personas. Yo no me sentía listo. Pero eso no parecía tener importancia. Las cosas habían echado a andar. Las ruedas estaban girando. Listos o no, íbamos a comenzar una iglesia. O al menos, eso parecía. En verdad, lo que estábamos haciendo realmente era comenzar de nuevo una iglesia.

El grupo que se reunió aquella noche no era un grupo al azar de curiosos procedentes de la comunidad. Era el núcleo. Era el grupo que durante los tres años anteriores había trabajado para crear la experiencia de iglesia más única y dinámica de la ciudad. Creían. Lo tenían. Al igual que yo, habían sido echados a perder por lo que habían visto y experimentado en el almacén. Sabían lo que podía y debía ser. No necesitaban visión; solo necesitaban autorización.

Así que, después de un ambiente de adoración cargado de emoción, yo subí al púlpito y les dije lo que ya ellos sabían.

Atlanta no necesita otra iglesia. Atlanta necesita una clase diferente de iglesia. Atlanta necesita una iglesia en la cual la gente se sienta cómoda cuando traiga a sus amigos, parientes y vecinos que no tienen iglesia. Una iglesia a la cual puedan llegar los no creyentes a escuchar la transformadora verdad de que Dios los ama y que Jesucristo murió por sus pecados. Nos hemos reunido para crear una iglesia a la cual les encante asistir a los que no tienen iglesia.

Y así comenzamos.

De nuevo.

En la mañana siguiente a nuestra reunión de organización, escribí una breve declaración en inglés, la cambié a una fuente griega por privacidad, la imprimí, y la puse sobre mi escritorio, donde sigue estando hasta el día de hoy. Dice así:

Λορδ, τηις ωας νοτ μψ ιδεα. Ψου γοτ με ιντο τηισ. Ιμ τρυστινγ ψου το σεε με τηρουγη ιτ.

Señor, esto no fue idea mía. Tú me metiste en esto. Y estoy confiando en que me ayudarás a seguir adelante.

Y así fue como comenzó la North Point Community Church. Un divorcio sonado y una división en una iglesia. Durante un tiempo, estuve pensando en serio colgar una foto de mis padres en el vestíbulo de North Point. Yo era el único que pensaba que aquello habría sido divertido. No me considero fundador de iglesias. Nunca he tenido la intención de comenzar una. Pero Dios tenía otras ideas.

Mi padre cumplió ochenta años este año. No es necesario decir que yo estoy parado sobre sus hombros. Son dos hombros muy llenos de gente. Un par de generaciones de líderes de iglesia están paradas sobre ellos junto conmigo. Y todos le estamos muy agradecidos. Yo sobre todo. Con la ventaja de poder mirar al pasado, he llegado a la conclusión de que mi padre y yo reaccionamos ante el conflicto de la Primera Iglesia Bautista de la misma forma. Ambos hicimos lo que estábamos convencidos que Dios quería que hiciéramos. Yo estaba convencido de que Dios quería que me marchara. Él estaba convencido de que Dios quería que se quedara. Así que eso fue lo que hicimos. Eso es lo que hemos estado tratando de hacer ambos desde entonces. Si le pidieras a mi padre que resumiera su vida en una sola frase, te diría: «Obedece a Dios, y déjale a él todas las consecuencias».

Es un buen consejo.

Y ahora, hablemos acerca de la iglesia.

Nuestra historia

Caminando hacia los desastres

Una de las cosas más desconcertantes a las que nos enfrentamos los líderes de iglesias es que la mayoría de la gente de la iglesia no sabe *qué* es la iglesia, ni *por qué* existe. De acuerdo, en parte la culpa es nuestra. Pero con dos mil años de historia ya sobre nuestras cabezas, deberíamos haber avanzado más. Pregúntale a la persona promedio qué le viene a la mente cuando oye la palabra iglesia, y recibirás toda clase de respuestas.

- Un edificio
- Una reunión de fin de semana
- La hora más larga de toda la semana
- Una discusión con mis padres todos los domingos por la mañana
- Una discusión con mis hijos todos los domingos por la mañana

Tanto para los de fuera de la iglesia, como para algunos de los de dentro, la iglesia es una institución para los que tienen una conciencia hiperactiva. Algunos la perciben como una especie de centro social. Para otros, solo es un centro de distribución que sirve a los pobres de una comunidad. Lo trágico es que aquello que le viene a la mente a la persona promedio cuando piensa en la iglesia está muy lejos de ser lo que sucedió realmente en la época en la cual nació la iglesia.

En sus principios, la iglesia era un movimiento gloriosamente desorganizado con un mensaje tan centrado como un rayo láser y una misión mundial. La dirigían hombres y mujeres que no eran alimentados por lo que creían, sino por lo que habían visto. Ese simple hecho pone a *la iglesia* en una categoría aparte con respecto a todos los demás movimientos religiosos que se han producido en

la historia del mundo. Al fin y al cabo, no fueron las enseñanzas de
Jesús las que enviaron a sus seguidores a las calles. Fue su resurrección. Los hombres y mujeres que formaron el núcleo de *la iglesia* no
eran simplemente un grupo de seguidores de una filosofía abstracta;
ni siquiera unos fieles seguidores de un gran líder. Eran los testigos
de un acontecimiento.

Estoy convencido de que la confusión actual en cuanto a la razón
de ser y la misión de *la iglesia* se deriva de la escasez de conocimientos acerca de su historia. No la historia de una iglesia en particular,
sino de *la* iglesia. Esta carestía de conocimientos explica en parte
el estado anémico de la iglesia local en muchas partes de nuestra
nación y del mundo entero. La historia del nacimiento y la expansión
mundial de la iglesia local es fascinante e inspiradora. Más al grano
aun, el nacimiento, la supervivencia y la creación de la iglesia son
inexplicables e innegables. *Inexplicables* porque, bueno, no hay una
explicación natural, viable de la razón por la cual la iglesia sobrevivió
al siglo primero, mucho menos de que haya sobrevivido ya veinte
siglos. Al igual que tú, yo he leído libros y artículos de historiadores
seculares, sociólogos y antropólogos que han intentado presentar
unas explicaciones naturales y plausibles en cuanto al nacimiento, la
supervivencia y el crecimiento del movimiento de la iglesia. Todas
ellas son muy interesantes. Pero ninguna de ellas convence. Aplaudo
sus esfuerzos. La búsqueda de unas causas naturales es una empresa
de extraordinaria importancia en todos los campos del saber[4]. Sin
embargo, cuando de la historia de la iglesia se trata, las explicaciones
naturales se quedan cortas. Las cosas no tienen sentido. Las explicaciones seculares subrayan el hecho de que hay algo que es *anti*natural en esta historia. Algunos de nosotros nos atrevemos a ir más lejos
para decir que hay algo *sobre*natural.

Desde un punto de vista puramente secular, la historia de la iglesia es algo como lo siguiente:

Un pequeño grupo de disidentes judíos desafió a un superpoder
y a un sistema religioso que había funcionado durante mil años y,
al final, prevaleció. En el centro de este movimiento popular, al que
originalmente se le llamaba el *Camino*, estaba un carpintero judío

cuyos mensajes se centraban en un «reino» que no estaba conectado directamente con este mundo. Este carpintero hablaba mayormente a base de parábolas que pocos podían comprender. Insistía en que aquellos que lo siguieran amaran a los romanos y les pagaran sus onerosos impuestos. Se buscó la enemistad de los influyentes y poderosos. Ofendió prácticamente a todo el mundo. Su familia misma pensaba que se había vuelto loco. Después de solo tres años de ministerio público, fue arrestado, humillado en público y ejecutado.

Parece la manera perfecta de comenzar un movimiento, ¿no es cierto?

Pero las cosas se ponen más extrañas aun. ¡Después de su ejecución, los desalentados y desesperados seguidores de Cristo proclamaron que él había resucitado de entre los muertos, y que ellos lo habían visto! Lo habían tocado. Habían comido con él. Entonces, semanas después de esta supuesta resurrección, primero docenas y después centenares de personas que se hallaban a muy corta distancia del lugar donde Jesús había sido sepultado, creyeron este absurdo y les comenzaron a hablar a otros. En muy poco tiempo, Jerusalén estaba repleta de seguidores del *Camino*. Cuando surgió la resistencia, tanto por parte de Roma como de las autoridades judías, varios miembros del grupo original fueron ejecutados y sus seguidores se esparcieron.

Ahora bien, si aquel levantamiento hubiera sido como la docena o más de brotes mesiánicos similares que se produjeron durante aquellos mismos tiempos de la historia, habría pasado, convirtiéndose en una simple nota al pie de página en la historia. Pero este era diferente. Dondequiera que iban, los seguidores del *Camino* insistían en que Dios había hecho algo único en su generación: había resucitado a un hombre de entre los muertos.

En una cantidad de tiempo relativamente corta, esta especie de plagio de la religión judía reemplazó a todo el panteón de dioses paganos como sistema primario de creencias del imperio romano, el mismo imperio responsable por la crucifixión de su figura central. El mismo imperio que había lanzado varias persecuciones feroces con la intención de apagarla por completo.

En realidad carece de lógica, ¿no es cierto? En cualquier caso, sin una verdadera resurrección.

Pero la historia de la *iglesia* no es solamente inexplicable, sino que también es innegable. Hoy en día, más de la tercera parte de la población mundial afirma tener algún tipo de fe en Jesús. El imperio romano desapareció hace mucho tiempo. El judaísmo antiguo murió con la destrucción del templo judío en el año 70 A.D. Sin embargo, hoy la tercera parte de la población mundial proclama a Jesús como el centro mismo de su experiencia religiosa. Él estuvo enseñando durante tres años, y veinte siglos más tarde, es adorado en todos los continentes del planeta. Es una historia asombrosa. Es una historia que debería conocer todo cristiano, y todo aquel que asista a una iglesia. Y como líderes de iglesia, es una historia en la cual nosotros tenemos el privilegio de participar. En realidad, es una historia a la cual tenemos la responsabilidad de darle forma. Nos guste o no, somos los mayordomos de la iglesia para nuestra generación. Más intimidante aun es el hecho de que somos nosotros los que determinamos lo que le vendrá a la mente a la próxima generación cuando oiga la palabra *iglesia*.

QUITANDO EL MOVER DEL MOVIMIENTO

Si conoces la historia de la iglesia, estarás dolorosamente consciente de que esta, una vez legalizada, fue organizada. Insoportablemente organizada. Lo que comenzó como inexplicable se volvió institucional. Al cabo de poco tiempo, la iglesia tenía menos de movimiento y más de establecimiento. Dos mil años más tarde, la iglesia sigue batallando para recuperar su identidad, razón de ser y pasión originales. Di hoy la palabra *iglesia* y muy pocas personas pensarán en función de un «movimiento». Aunque gran parte de esto parece haber sido evitable, en realidad es comprensible. Una de las realidades fundamentales en la vida de una organización es que los sistemas se fosilizan con el tiempo. La iglesia no es una excepción a esto. Tu iglesia y la mía no son excepciones. Hacen falta grandes esfuerzos, un liderazgo vigilante y a veces un buen empujón a la antigua para mantener moviéndose a un movimiento. Basta una rápida lectura del libro de los Hechos, o de cualquiera de las epístolas de Pablo, para recordarnos que aun en la época en la cual estaban vivos todavía los testigos de la resurrección para relatar sus historias, ya la iglesia luchaba por mantener su enfoque y su misión.

Pero esa misma lucha, esa tensión, esa constante necesidad de corregir el rumbo y la inspiración son las que hacen que nuestra presencia y nuestro liderazgo sean tan importantes en esta generación. La incertidumbre y la necesidad de un cambio en nuestra cultura de iglesia actual subrayan la necesidad de unos líderes con valentía. Unos líderes que estén dispuestos a abrazar el inmutable mandato que se nos dio en el siglo primero, y proclamarlo de tal forma que nuestras audiencias del siglo veintiuno lo comprendan y lo reciban. La iglesia necesita líderes que estén dispuestos a hacer cuanto sea necesario para asegurarse de que se lo entreguemos a la próxima generación en mejor estado que como lo encontramos.

Hasta cierto punto, todos estamos tratando de volvernos a conectar, o mantenernos conectados con la misión, la teología y la razón de ser de la iglesia que Jesús prometió. Este libro es un esclarecimiento de nuestros intentos por hacer precisamente eso. En los capítulos que siguen vamos a hablar a profundidad acerca de los detalles que forman la vida y el liderazgo en la iglesia. Puesto que eres líder, no vas a estar de acuerdo conmigo en todos los puntos. Eso está bien. Es imposible evitarlo. Pero antes de que nos distanciemos en cuanto a método y enfoque, es crítico que hallemos un punto en común alrededor de dos preguntas importantes:

1. ¿Qué es la iglesia?
2. ¿Para quién es?

Tus respuestas a estas preguntas son las que le *deben* dar forma a tu manera de enfocar el ministerio en la iglesia. Como veremos, con frecuencia es la desconexión existente entre las respuestas que da la gente a estas dos preguntas y los enfoques que adopta, lo que crea las tensiones que experimentan. Por eso, vamos a sumergirnos en la primera de las preguntas: ¿Qué es la iglesia?

Capítulo tres

LAS PALABRAS IMPORTAN

Durante el ministerio de Jesús en la tierra hubo un debate constante acerca de su identidad. ¿Era un maestro? ¿Un rabino? ¿Un profeta? ¿Era en realidad divino, o simplemente había recibido el poder de Dios? Tenía autoridad sobre la naturaleza, ¿pero de dónde procedía su autoridad? Tanto si se trataba de Nicodemo, como si se trataba de la mujer con la que conversó junto al pozo, la pregunta era la misma: «¿Quién es este hombre?». («¿Y por qué no nos lo dijo desde el principio?».)

Por último, Jesús decidió enfrentarse directamente a esta cuestión. Abordó el tema con sus discípulos en las afueras de la hermosa ciudad de Cesarea de Filipo. César Augusto le había dado aquella ciudad a Herodes el Grande como recompensa por su lealtad. Entonces, Herodes había erigido un magnífico templo hecho de piedra blanca, en el cual los ciudadanos podrían adorar a Augusto, su emperador–dios. Después de la muerte de Herodes el Grande, su hijo Filipo hermoseó la ciudad y la convirtió en su capital. Tal vez Jesús tuviera tras sus hombros el imponente espectáculo de la ciudad, situada a más de trescientos metros de altura en la ladera suroeste del monte Hermón cuando les hizo a los Doce la misma pregunta que todos les habían estado haciendo a ellos: «¿Quién dice la gente que soy yo?»[5]. ¿Qué dicen de mí por la calle?

Como recordarás, los discípulos le respondieron basándose en lo que ellos habían oído. Había quienes creían que Jesús era Juan el Bautista que había regresado de los muertos (tal vez enviado por Dios para vengarse de Herodes Antipas, a quien Juan había acusado de haberse casado con la ex esposa de Herodes Filipo). Otros sugerían que Jesús era el profeta Elías, del cual muchos judíos creían que regresaría para presentar al Mesías.

Entonces Jesús les hizo la pregunta directamente a los Doce. «Y *ustedes*, ¿quién dicen que soy yo?».

Simón Pedro le respondió de inmediato: «Tú eres el Cristo [el Mesías], el Hijo del Dios viviente»[6]. Con la misma rapidez, Jesús le respondió a él: «Dichoso tú, Simón, hijo de Jonás [...] porque eso no te lo reveló ningún mortal, sino mi Padre que está en el cielo. Yo te digo que tú eres Pedro, y sobre esta piedra *edificaré mi iglesia*, y las puertas del reino de la muerte no prevalecerán contra ella»[7].

Dicho sea de paso, esa es mi profecía bíblica favorita. ¡Jesús nos predijo a nosotros! Cada vez que nos reunimos con otros creyentes para adorar y aprender, somos un cumplimiento en el día presente de esas palabras pronunciadas por Jesús hace dos mil años. ¡Felicidades!

Pero me estoy adelantando demasiado.

Esta es la primera vez que aparece la palabra *iglesia* en nuestro Nuevo Testamento en español. Se habla de la iglesia dentro del contexto de una predicción. Jesús predijo que él la edificaría, y que nada, ni siquiera la muerte, se podría interponer en su camino. Además, declaró que la «piedra angular» de la iglesia sería esta inspirada proclamación que Pedro había hecho acerca de la identidad de él.

Durante milenios, antes de la invención del hormigón, los edificadores utilizaban piedras para poner los cimientos de un nuevo edificio. Sacaban granito, mármol o piedra caliza de una cantera y tallaban el material hasta convertirlo en gigantescos bloques en forma de ladrillo. Entonces escogían una piedra en particular y la destinaban a ser la «piedra del ángulo»; *la* piedra de referencia que determinaría la ubicación de todas las demás piedras dentro de los cimientos. Cuando iban colocando todas las demás piedras, una junto a la otra, para darles forma a los cimientos del edificio, se aseguraban de que cada una de ellas estuviera al mismo nivel que la piedra angular y a escuadra con ella.

En un inteligente juego de palabras, Jesús usó el apodo que le había dado a Pedro para relacionar su proclamación con lo que habría de venir. La piedra angular o cimiento de esta nueva entidad llamada *la iglesia* sería la fe en que Jesús es el Cristo, el Hijo del Dios viviente. Dos milenios más tarde, este sigue siendo el factor que le da unidad a la iglesia. Lo cierto es que la fe en Jesús como el Hijo de Dios es casi la única cosa que todas las iglesias tienen en común. Tal como Jesús predijo, la declaración de Pedro se convirtió en el punto en común y la brújula que señalaría el rumbo de todo lo que habría de seguir.

Pero hay algo más de un significado extraordinario que Jesús comunicó durante este intercambio. Algo que se pierde al traducir la Biblia a nuestro idioma. Específicamente, me refiero al significado del término traducido como *iglesia*. Como sabrás, el término griego traducido como iglesia a lo largo del Nuevo Testamento, y del cual se deriva nuestra palabra en español, es *ekklesía*[8]. Lo que es posible que no sepas, es que no era un término de uso religioso. Se podía referir a los ciudadanos convocados a una *reunión* con algún propósito cívico. Se usaba para referirse a los soldados, convocados a *reunirse* con un propósito militar. Una *ekklesía* era sencillamente una reunión o asamblea de personas que habían sido convocadas con un propósito concreto. La palabra *ekklesía* nunca se refirió a un lugar específico, sino a una reunión específica.

Los oyentes de Jesús deben haber estado familiarizados con este término, también de otro contexto distinto. La Septuaginta, la traducción griega del Antiguo Testamento, describe a los israelitas de la antigüedad como una *ekklesía*. Es interesante el hecho de que cuando el pueblo hebreo fue dispersado por el mundo entero, aún era conocido de manera colectiva como una *ekklesía*, una «asamblea, reunión, comunidad o congregación». Durante su dispersión, el pueblo de Israel se reunía en comunidades donde existían estrechos lazos y establecía sinagogas. Cada una de las comunidades del pueblo de Dios llamaba a su sinagoga —la reunión local del pueblo de Dios— una *ekklesía*, entendida como una reunión local literal de unas personas que también eran miembros de esa reunión espiritual más amplia conocida como Israel. Tanto en la literatura secular como en la sagrada, la palabra *ekklesía* siempre se refería a una reunión de personas unidas por una identidad y una razón de ser que les eran comunes.

Por consiguiente, cuando Jesús usó este término, los discípulos entendieron que estaba diciendo: «¡Voy a edificar mi propia asamblea de personas, y el cimiento de esta nueva asamblea seré YO!».

Ahora bien, si estás siguiendo todo esto —y comprendo que estoy hablando de una manera un poco técnica—, hay un par de preguntas que te deberías estar haciendo en este mismo momento. No, la pregunta no es: «¿Cuándo se acaba este capítulo, al fin y al cabo?». Las preguntas que te deberías estar haciendo son: «Si la palabra griega significa *reunión*, ¿por qué nuestra Biblia no se ha limitado a traducirla como "reunión"? ¿De dónde salió la idea de conservar la palabra griega *ekklesía* bajo la forma española de *iglesia*?».

Me alegra que me lo hayas preguntado. Las respuestas a estas preguntas son mucho más importantes de lo que yo jamás pudiera enfatizar. Esas preguntas explican en parte por qué el movimiento despertado por la resurrección de Jesús se institucionalizó y terminó marginado por la cultura. Explican por qué la mayoría de la gente piensa que la iglesia es un edificio o un lugar. Pero para responderlas, necesitamos salirnos de la narración bíblica para dar un salto hacia el futuro, a unos doscientos cincuenta años de distancia.

He aquí lo sucedido.

DE ASAMBLEA A SALA DE REUNIONES

En el año 313 A.D., Constantino, quien pronto sería emperador de Roma, legalizó el cristianismo en el imperio romano. En realidad, legalizó la libertad de religión en general. Antes de este edicto, el cristianismo había sido un movimiento ilegal, porque los cristianos insistían en que su rey no era el emperador, sino Jesús. Además de esto, se negaban a aceptar que un emperador pudiera ser un dios. Por tanto, la iglesia había sufrido una persecución localizada, pero intensa, durante los trescientos primeros años de su existencia. Esto fue especialmente cierto durante los gobiernos de los emperadores Nerón, Domiciano y Diocleciano. Aun durante los períodos de respiro, a los cristianos no se les daba acceso a los puestos de autoridad, eran marginados en sus comunidades, se los culpaba injustamente de crímenes que no cometían y se los despojaba de sus propiedades. Reunirse era difícil y peligroso. Pero con la llegada de Constantino, las cosas comenzaron a cambiar.

Al principio fueron pocos los gobernantes que le prestaron atención al edicto. Sin embargo, según iba creciendo el poder de Constantino, la tolerancia hacia los cristianos iba creciendo también. Entonces sucedió algo realmente grande. El propio Constantino se proclamó cristiano. Imagínate la sacudida que sufrió el imperio. Un emperador cristiano. Después de generaciones de intentos fallidos por apagar por completo esta religión desechada por el judaísmo y centrada en la persona de un carpintero galileo, el propio emperador se había unido a la secta. Increíble. De repente, se puso de moda ser cristiano.

Antes de la subida de Constantino al poder, la adoración de los cristianos era relativamente informal. Los creyentes se reunían en las casas, disfrutando de lo que ellos llamaban «banquetes de amor», el equivalente antiguo de una comida comunitaria. Después de comer, cantaban himnos, leían las Escrituras, explicaban teología y compartían la comunión. En muy pocos casos, la reunión de los cristianos en una ciudad tolerante dedicaba a sus reuniones una habitación especial o un pequeño edificio, pero no se trataba más que de edificios comunes y corrientes, decorados con sencillos murales. Después de la conversión de Constantino, las personas con poder trajeron consigo sus antiguas ideas sobre la adoración al profesar su fe en Cristo, y comenzaron a influir sobre las comunidades cristianas. A la adoración cristiana se comenzaron a incorporar elementos tomados del protocolo imperial, como el uso de incienso, los ropajes llenos de ornamentos, los desfiles procesionales, los coros, la pompa y el boato. La adoración se volvió formal y jerárquica, relegando a la congregación a la situación de simple grupo de espectadores.

Antes de la subida de Constantino, no era raro que los creyentes conmemoraran el aniversario de la muerte de un mártir compartiendo la comunión cerca de su sepulcro. Cuando el cristianismo se convirtió en la religión de la crema y nata de la sociedad romana, esta usó su influencia para llevar la práctica a un nuevo nivel. Comenzaron a construir edificios dedicados a la adoración en los sitios que estaban identificados con la muerte de un mártir. Cuando no podían edificar sobre la sepultura de un mártir, exhumaban sus huesos, los transportaban a un lugar de adoración y los ponían bajo la mesa de la comunión, en el frente del auditorio.

Al cabo de una década, la *ekklesía* dejó de ser un movimiento. Ya no era un grupo de gente en expansión que compartía una identidad y una razón de ser comunes. Se había convertido en un lugar. Los romanos le daban a cada uno de estos lugares de reunión el nombre de *basílica*, la palabra latina usada para identificar a un edificio público o un lugar oficial de reunión. Las culturas góticas (o germánicas), también bajo la influencia del cristianismo, usaron la palabra *kírika*, que se convirtió en *kirche* en el alemán moderno[9]. La palabra significaba «casa del Señor», y se usaba para referirse a todo lugar de reunión ritual, tanto cristiano como pagano.

Este término se convirtió en el usado con mayor frecuencia en los pueblos de origen germano para referirse a la *ekklesía* de Jesús, y de él nació la palabra inglesa *church*. Aunque la mayor parte del Nuevo Testamento en inglés es una *traducción* del texto griego palabra por palabra, en este caso no lo es. La palabra *church* no es una *traducción* del griego. Es una *sustitución* del griego. Y una mala sustitución. El término alemán *kirche* y el vocablo griego *ekklesía* se refieren a dos conceptos muy diferentes. Una *kirche* es un lugar. Una *ekklesía* es una reunión de personas con un propósito determinado. Las puertas de una *kirche* se pueden ver. Las puertas de la *ekklesía* de Jesús, no.

Este cambio en el vocabulario señaló un cambio drástico en cuanto a énfasis y orientación. La iglesia ya no era un movimiento popular edificado sobre una sencilla comprensión de quién es Jesús. Se había convertido en sinónimo de un local. Esto creó una dinámica nueva e inesperada para la iglesia. Ahora, quienquiera que fuera el que controlara el edificio de la iglesia, era el que controlaba a la iglesia. Peor aun, en el siglo cuarto y en tiempos posteriores, quienquiera que fuera el que controlaba el edificio de la iglesia, controlaba las Escrituras. ¡Ya en la Edad Media de Europa, la Biblia estaba literalmente encadenada al púlpito! Esto condujo a una tragedia mayor todavía. Los que controlaban la propiedad de la iglesia y controlaban las Escrituras, terminaron controlando al pueblo. Y por último, al propio gobierno.

Lo que comenzó como un movimiento, dedicado a llevar la verdad de Jesucristo hasta los últimos rincones del mundo, se había convertido en una institución ritualista, jerárquica, enfocada hacia dentro de sí misma, que tenía muy poco parecido con sus orígenes. Este cambio condujo a una era dentro de la historia de la iglesia que solo se puede describir como horripilante. Las atrocidades llevadas a cabo en nombre de la iglesia habrían sido consideradas como terrorismo de acuerdo a las normas modernas. La crueldad llevaba una cruz colgada al cuello. La hipocresía se revestía con vestiduras sacerdotales. La tortura y el asesinato eran justificados como ritos de purificación. La iglesia se volvió rica y poderosa. Los reyes estaban comprometidos con ella. Los pueblos vivían bajo el miedo a la excomunión. Aunque es asombroso que la iglesia sobreviviera a las persecuciones del siglo primero, posiblemente sea más asombroso aun que sobreviviera a la institucionalización y a la corrupción de los siglos posteriores.

Pero sobrevivió.

Jesús había prometido que sobreviviría.

Al final resultó que la *kirche* del hombre no pudo dominar a la *ekklesía* de Jesús.

Reformadores al rescate

En 1453, el imperio otomano conquistó Constantinopla. En aquellos momentos, Constantinopla era la capital del imperio romano oriental; la sede del poder, tanto político como religioso. Lo que fue considerado como un trágico cambio en los acontecimientos para el imperio, terminó siendo una bendición disfrazada para la verdadera iglesia. Cuando se materializó la amenaza de una invasión de los otomanos, los eruditos cristianos huyeron hacia el oeste de Europa, llevando consigo manuscritos hebreos y griegos antiguos de la

Biblia. Estos manuscritos hallaron una audiencia ansiosa entre los reformadores del occidente, hombres que habían recibido la influencia de John Huss, y que estaban convencidos de que era la Biblia, y no el Papa, la que debía tener la autoridad definitiva en la iglesia. Además, creían también que no se debía obedecer a un Papa —o cualquier otro funcionario eclesiástico— que no obedeciera a la Biblia. Durante este período, los funcionarios eclesiásticos eran los únicos que tenían acceso a las Biblias existentes, que estaban en una traducción al latín llamada la Vulgata, creada originalmente más de mil años antes. Esas Biblias estaban encerradas con candado en las bibliotecas o, como ya mencioné antes, encadenadas a los púlpitos.

Cuando los manuscritos griegos y hebreos llegaron a las manos de los reformadores de la iglesia, estos decidieron que se debían traducir a una lengua que el pueblo común fuera capaz de leer. En 1522, William Tyndale tomó la decisión de traducir la Biblia al inglés. Cuando otro clérigo desafió a Tyndale, sugiriéndole que el pueblo «estaría mejor sin la ley de Dios que sin la ley del Papa», él le contestó: «Si Dios me conserva la vida, antes que pasen muchos años, haré posible que un muchacho dedicado a arar la tierra conozca mejor las Escrituras que usted»[10]. Al no encontrar apoyo en Inglaterra, Tyndale viajó a Alemania, donde terminó su traducción a partir del texto griego, y no del texto en latín. En 1526, comenzó a meter de contrabando ejemplares de esta Biblia en inglés en su tierra natal.

El hecho de poner la Biblia al alcance de sus compatriotas convirtió a Tyndale en un delincuente fugitivo en Inglaterra. Los funcionarios del gobierno y de la iglesia se confabularon para arrestarlo y juzgarlo por herejía. Después de diez años de búsquedas e intrigas, sus esfuerzos fueron recompensados cuando un conocido lo traicionó, entregándolo a una banda de soldados contratada por los funcionarios eclesiásticos. Un tribunal del Sacro Imperio Romano lo condenó por hereje y lo entregó a las autoridades civiles, las cuales lo amarraron a una viga, lo estrangularon con una soga, quemaron su cuerpo y después esparcieron sus restos.

Piensa en todo esto. Los funcionarios de la «iglesia» ejecutaron a un hombre por traducir y distribuir las palabras de Jesús en un lenguaje que tanto los adultos como los niños podían en verdad leer y comprender. ¿Te puedes imaginar lo que sería tratarles de explicar esto a los cristianos del siglo primero? ¿Hay alguna manera de conciliar sus acciones con el mandato dado por Jesús de hacer discípulos de todas las naciones? Nosotros ya no tenemos una categoría donde clasificar esa manera de pensar o de conducirse. A través de nuestro filtro moderno, no podemos menos que preguntar: «¿Por qué ardía tan fuerte el odio de ellos por él? ¿Por qué se oponían con tanta vehemencia a que la gente tuviera sus propios ejemplares de las Escrituras?». Todo se resume en una palabra: *control*. Los funcionarios eclesiásticos sabían que una vez que el pueblo común tuviera acceso a las Escrituras, descubriría que la iglesia del siglo dieciséis no se parecía en nada a la iglesia descrita en el Nuevo Testamento. Los lectores de la traducción del Nuevo Testamento hecha por Tyndale se sentirían sacudidos por algo más que descubrieron también. En realidad, se sentirían sacudidos por algo que no hallaron en su Biblia. La palabra *church*.

Tyndale tuvo la audacia de traducir realmente el término *ekklesía*, en lugar de superponerle el término alemán *kirche*. En lugar de *church*, usó el término *congregation* (congregación). Como si aquello no fuera suficientemente ofensivo, el texto griego lo llevó a usar el término *anciano* en lugar de *sacerdote*, y *arrepentirse* en lugar de hacer *penitencia*[11]. A lo largo de todo el Nuevo Testamento, él reflejó de manera correcta el énfasis original de la Biblia en la iglesia como un movimiento, en lugar de un local; en la gente en lugar de un edificio, y en el mensaje del evangelio en lugar de las tradiciones, la liturgia y la jerarquía. (N. del T.: En los países que hablan idiomas «romances», esto es, derivados del latín, el vocablo *ekklesía* perduró, tomando formas como *iglesia* en español, *igreja* en portugués, *igrexa* en gallego, *església* en catalán, *église* en francés, *chiesa* en italiano, etc.).

Gracias a la valentía de hombres como Tyndale, Huss, Lutero y otros, la *ekklesía* de Jesús se convirtió de nuevo en un movimiento. La Reforma Protestante le dio nuevo aliento de vida a lo que se había convertido en una institución estrechamente controlada.

El evangelio fue liberado de las cadenas que lo ataban al púlpito y hecho accesible al hombre y la mujer del pueblo.

Es lamentable que la traducción tan valiente pero precisa que hizo Tyndale del término *ekklesía* no tuviera más influencia entre los traductores y editores de la Biblia. Ya en los tiempos de los reformadores, el término germano *church* había penetrado tan profundamente en la cultura y la conversación de los cristianos, que no había manera de dar marcha atrás. Por esa razón, aunque gran parte de la traducción de Tyndale llegó hasta el mundo moderno y postmoderno, el término *ekklesía* siguió siendo una víctima de las tradiciones entre los traductores. ¡Sin embargo, por fortuna, no sucedió lo mismo con la *ekklesía* de Jesús!

Desde el siglo primero hasta el siglo veintiuno, siempre ha habido un remanente; un grupo que se ha negado a sustituir la *ekklesía* de Jesús por la *kirche*. Siempre ha habido y habrá líderes de iglesias que se negarán a definir a la iglesia en función de un local únicamente. Siempre habrá líderes que considerarán a la iglesia como un movimiento con una misión y una encomienda inspiradas por Dios mismo. Y es muy probable que si has leído hasta aquí, tú podrías muy bien ser uno de esos personajes poco corrientes.

¿Qué significa todo esto para aquellos de nosotros que hemos sido llamados a guiar y moldear a la *ekklesía* de Dios en el siglo veintiuno? Significa que necesitamos examinar nuestras *kirches* para hacernos algunas preguntas incómodas. Preguntas como estas:

- ¿Nos estamos *moviendo*, o solamente *reuniendo*?
- ¿Estamos marcando una diferencia capaz de ser medida en nuestras comunidades locales, o solo nos estamos dedicando a celebrar cultos?
- ¿Estamos organizados alrededor de una misión, o estamos organizados alrededor de un anticuado modelo de ministerio, heredado de una generación ya pasada?
- ¿Estamos destinando nuestros recursos con la idea de que Jesús es la esperanza del mundo, o son las chirriantes

ruedas de la cultura eclesiástica las que dirigen nuestras decisiones sobre los presupuestos?

* ¿Somos *ekklesía*, o nos hemos conformado con ser *kirche*?

Bastante incómodas las preguntas, ¿eh? Comienza tu próxima reunión de personal o de ancianos con un par de preguntas como las anteriores, y verás hacia dónde se dirige la conversación. Por incómodas que sean, este tipo de preguntas nos devuelven el rumbo de lo que Jesús tenía en mente cuando anunció la formación de su nueva reunión.

Cuando sus discípulos se fueron turnando para responder a su pregunta acerca de su propia identidad, no tenían ni idea de que estaban al borde del precipicio de una nueva era. No tenían manera de saber lo significativa que resultaría aquella conversación. Y ciertamente, no tenían ni idea de lo significativo que sería el papel que ellos desempeñarían en los sucesos que estaban a punto de desarrollarse. Aún estaban pensando en un *reino*. Su visión no iba más allá de las fronteras de Israel. Sin embargo, era algo distinto lo que Jesús tenía en mente. La iglesia. Su *ekklesía* exclusiva. Era la iglesia que llevaría su mensaje más allá de aquellas fronteras. En una extensión asombrosamente corta de tiempo, sería la iglesia la que se aseguraría de que su mensaje alcanzara más allá de las fronteras del propio imperio romano. Pero en medio de su crecimiento y su expansión explosivos e inexplicables, la *ekklesía* de Jesús tendría que batallar con una pregunta con la cual nosotros seguimos batallando hoy. Esa pregunta es: «¿Para quién es la *ekklesía*?». ¿Quién participa en ella? ¿Cuáles son los requisitos para ser miembro de ella? ¿Hasta qué punto hay que ser bueno para entrar en ella? ¿Hasta qué punto hay que seguir siendo bueno una vez que se pertenece a ella?

¿Es la iglesia para la gente de la iglesia?

Si lo es, ¿qué significa esto exactamente?

¿Y si no lo es?

Bueno, sigue leyendo.

Capítulo cuatro

TAL COMO NO SOY

Yo crecí asistiendo a iglesias pensadas para la gente de iglesia. Nadie lo decía, pero se daba por sentado que las iglesias eran para la gente de iglesia. El mensaje sin palabras que se le daba al mundo exterior era: «Una vez que comiences a creer y a comportarte como nosotros, serás bienvenido y te podrás unir a nuestro grupo».

El corolario del hecho de ser una iglesia para gente de iglesia era que teníamos la tendencia de estar *contra* todo aquello *a favor* de lo cual estaba la gente sin iglesia. Así, estábamos contra casi todo en uno u otro momento. Estábamos contra ciertos estilos de música, el alcohol, la lotería, la enmienda de igualdad de derechos, los homosexuales y los demócratas. Daba la impresión de que siempre estábamos buscando algo o alguien que boicotear. Por extraño que todo esto parezca ahora, en aquel entonces no nos parecía que tuviera nada de extraño. Es curioso cómo el tiempo hace eso. Pero entonces, nuestro dilema es un dilema con el cual ha batallado la iglesia a lo largo de toda su historia. *¿Para quién es la iglesia? ¿Quiénes llegan a formar parte de la reunión convocada por Jesús?* Aunque es fácil sacudir la cabeza con indignación ante la estrechez mental de una generación anterior, esta es una cuestión con la cual toda generación se ve obligada a luchar en algún momento, y con frecuencia, alrededor de algún asunto inesperado. Y esta generación no es la excepción.

Mi primer gran encuentro, tanto con la importancia como con la complejidad de esta cuestión, se produjo en 1987, mientras estaba trabajando para mi padre en nuestro local del centro de la ciudad. Por alguna razón que nadie puede recordar, nuestra iglesia tuvo un tropiezo con la comunidad homosexual de Atlanta. Esto sucedió en los tiempos en los que en realidad nadie hablaba acerca de esa clase de cosas en la iglesia. Por eso no estoy seguro de qué fue lo que creó todo el alboroto. Pero cualquiera que fuera la razón, los organizadores de la marcha del Día del Orgullo Gay, que siempre se realizaba un domingo, decidieron ajustar su programa de manera que el desfile estuviera pasando frente a nuestra iglesia alrededor del mediodía, la hora aproximada en la que nosotros estaríamos despidiendo a nuestra congregación después de nuestro culto de adoración de las once en punto.

Bueno, cuando los líderes de nuestra iglesia lo supieron, se pusieron a la defensiva. Decidieron terminar temprano el culto y enviar a todo el mundo por la parte trasera del edificio, de manera que cuando pasara el desfile por el frente de nuestra iglesia, toda nuestra buena gente de la iglesia estuviera ya de vuelta hacia los barrios residenciales. En lugar de esto, lo que sucedió fue que nos dejaron salir a tiempo para llenar las aceras y contemplar el desfile. Al fin y al cabo, la mejor manera de asegurarse de que la gente vea algo, es decirle que no lo vea. Así que allí estábamos nosotros, mirando boquiabiertos el espectáculo, mientras avanzaba lentamente por la calle Peachtree.

Dos circunstancias asociadas con este suceso hicieron que se convirtiera en un momento definidor para mí. La primera fue que se produjo en la calle, frente por frente a nuestra iglesia. La iglesia Metodista Unida de San Marcos envió a sus miembros a situarse a lo largo de la calle, dándoles vasos de agua a los que participaban en el desfile. Mientras algunos distribuían el agua, otros mantenían en alto unos cartelones que decían: *¡Todos son bienvenidos! ¡Vengan a adorar con nosotros! ¡Dios es amor!* El contraste no habría podido ser más pronunciado. Aquello era embarazoso.

Lo otro que me impactó aquel fin de semana fue nuestro culto de la noche del domingo. A mí se me había encomendado la predicación en aquel culto antes de que supiéramos nada acerca del desfile.

Cuando descubrí la controversia, le pregunté a mi padre si él estaba pensando hablar del tema de la homosexualidad en su sermón de la mañana. Él no pensaba hacerlo. Así que le pregunté si estaría bien que yo lo hiciera. Aún recuerdo la mirada de preocupación que vi en su rostro. «¿Qué vas a decir?», me preguntó. Yo le dije: «No sé, pero como es algo que va a estar en la mente de todo el mundo, me parece que alguien debería decir algo». Él estuvo de acuerdo.

Y estuvo de acuerdo en que ese alguien debía ser yo.

Así que allí estaba yo, un joven de veintiocho años metido en algo más grande que yo, tratando de crear el primer sermón que habría escuchado, y mucho menos predicado, sobre el tema más controvertido de nuestra generación.

En la mañana del desfile, mi padre le anunció a la iglesia que yo estaría predicando en el culto de la noche sobre el tema de la homosexualidad. En nuestra iglesia nunca se oían sermones sobre nada que tuviera que ver con ningún tipo de sexualidad. Así que ya te podrás imaginar la respuesta.

El culto de la noche comenzaba a las seis y media. A las seis menos cuarto, el auditorio ya estaba lleno. Teníamos una gran cantidad de «visitas».

Mientras preparaba mi bosquejo, la cuestión con la que me encontré batallando no era: «¿Qué dice la Biblia acerca de la homosexualidad?». Eso es fácil. Lo mismo que dice acerca de los avaros, de los que beben en exceso y de los «malvados» en general[12]. ¿Malvados? ¡Hum! El verdadero problema era el mismo con el que habían batallado los cristianos desde el principio. ¿Para quién es la iglesia? ¿Quién forma parte de ella? ¿Hasta qué punto hay que ser bueno para participar? ¿Cuáles son los pecados que descalifican a una persona, si es que hay alguno? ¿Puede la iglesia darles la *bienvenida* a los pecadores? ¿Y qué decir con respecto a los pecadores que no se hayan arrepentido? ¿Cuánto equipaje tiene que dejar una persona a la puerta antes de ser admitida? ¿Puede alguien participar en la iglesia si todavía está tratando de resolver su situación? ¿Deberíamos nosotros deslizarnos sin ser vistos por la puerta trasera, o servir agua y llevar cartelones?

Lo irónico de todo es que las respuestas a esas preguntas se encontraban en las páginas de mi himnario. Más concretamente, en la letra del himno que cantábamos al final de casi todos los cultos de adoración: «Tal como soy». Nos encantaban la primera y la segunda estrofa. No recuerdo haber cantado nunca la tercera ni la cuarta.

Tal como soy, de pecador,
Sin más confianza que tu amor,
Ya que me llamas, vengo a ti;
Cordero de Dios, heme aquí

Tal como soy, buscando paz
En mi desgracia y mal tenaz,
Conflicto grande siento en mí;
Cordero de Dios, heme aquí.[13]

Parece más cerca del *vengan a adorar con nosotros* que del *vámonos por la puerta del fondo*, ¿no es así?

Gracia y verdad

Como dije antes, la tensión alrededor de la pregunta *¿Para quién es la iglesia?* no es nueva. La iglesia del siglo primero luchó también con ella. Tenemos mucho que aprender de la forma en que ellos manejaron esta tensión. Tal vez la lección más importante sea reconocer que de hecho se trata de una *tensión que manejar*, y no de un *problema que resolver*, o en realidad, ni siquiera de una *pregunta que responder*. Cuando nos tomamos suficiente tiempo para leer las epístolas de Pablo y meditar en la clase de problemas con los que batalló la iglesia en sus primeros tiempos, comenzamos a comprender lo turbia que era toda aquella cuestión en realidad. Cuando decidimos relacionarnos con la cultura al nivel en que el apóstol Pablo se vio obligado a relacionarse, las cosas también se vuelven turbias para nosotros. Es lo turbio del punto medio lo que nos hace sentir incómodos a todos de alguna manera. Dentro de nosotros hay algo que querría tener una respuesta definitiva sobre cuanto detalle hay en todos los asuntos. Sin embargo, de acuerdo con mi propia experiencia, yo sostendría que cuando tratamos de eliminar todo lo gris, y todo ese punto medio tan turbio, terminamos teniendo una pobre caricatura de lo que Cristo tenía originalmente en su pensamiento cuando anunció su *ekklesía*. En realidad, terminamos con unas cuantas caricaturas. Y entonces discutimos entre nosotros mismos sobre cuál de las caricaturas es la iglesia verdadera. Nos paramos en los lados opuestos de la calle, respondiéndole de maneras totalmente opuestas al mismo grupo de personas.

Yo crecí entre gente que creía que la iglesia era para la gente salva que actuaba como gente salva. Estoy demasiado familiarizado con esa clase de iglesia. El problema era que ellos mismos decidían qué significaba *actuar como una persona salva*. Tenían que decidir cuáles eran los pecados que podían cometer las personas salvas y cuáles eran evidencia de que la persona no era salva. Lo raro de todo aquello era que las listas iban cambiando con los años. Peor aun era que esas listas nunca coincidían con ninguna de las listas de pecados que aparecen en el Nuevo Testamento. Durante largo tiempo, el divorcio estuvo en esa lista. Sin embargo, comenzó a desaparecer de manera misteriosa en los años setenta. También el matrimonio entre personas de distintas razas estuvo en la lista durante un buen tiempo. Nunca se incluyó en ella la codicia. Tampoco la calumnia ni la murmuración. Así que aquellos que se sentían realmente «lanzados de un lado a otro, con muchos conflictos y llenos de dudas, luchas y temores de dentro y de fuera», no se sentían en libertad para hablar en esas iglesias de sus luchas y sus temores. Lo que hacían era taparlo todo. Lo cual, por supuesto, empeoraba la situación. Tapar los problemas podrá mantener a una persona dentro del favor de la iglesia, pero solo sirve para alimentar el poder del pecado que está tapando, cualquiera que este sea. Las iglesias destinadas a las personas salvas están repletas de hipócritas. En realidad, es casi imprescindible ser hipócrita para participar en ellas. La transparencia y la sinceridad son peligrosas en una iglesia creada para gente de iglesia. Por consiguiente, la que

sale mal parada en una iglesia para gente de iglesia es la *gracia*. Es
difícil extenderle la gracia a una gente que no parece necesitarla. Y
es difícil admitir que la necesitamos cuando no estamos seguros de
que la vayamos a recibir.

En el otro extremo del espectro de la iglesia se encuentran los
que afirman que la iglesia es para todo el mundo, cualesquiera que
sean sus creencias o su conducta. Estas son las iglesias que valoran
la apertura, la tolerancia y la aceptación por encima de lo que las
iglesias conservadoras considerarían ortodoxia y ortopraxis. Cuando
yo era un jovencito, las llamábamos iglesias *liberales*. El problema
que presenta este enfoque es parecido al problema del punto de vista
más conservador. Hay que seleccionar y escoger cuáles partes del
Nuevo Testamento uno quiere aceptar. La que sale perdiendo en
las iglesias liberales es la *verdad*. Y es que la *verdad* tiene en sí el
tono de algo absoluto. Nuestra cultura se ha ido sintiendo cada vez
más incómoda con la idea de que haya una verdad absoluta. Si hay
una manera correcta de hacer las cosas, entonces también hay una
manera errónea. Nadie quiere estar errado. Por tanto, junto con la
verdad, el concepto de *pecado* sale perdiendo también. Sin embargo,
el Nuevo Testamento lo dice con claridad. No somos *cometedores de
errores* que necesitamos *corrección*. Somos pecadores que necesitamos un Salvador. Necesitamos algo que va más allá de una segunda
oportunidad. Necesitamos un segundo nacimiento.

No es de sorprenderse que Jesús nos sirviera de modelo en ese
camino hacia delante. Él nos dejó un extraordinario enfoque para
poder manejar la tensión antes mencionada. Como testigo de todo
lo que Jesús dijo e hizo, el apóstol Juan resumió el enfoque de Jesús
de la siguiente manera:

> Y el Verbo se hizo hombre y habitó entre nosotros. Y hemos
> contemplado su gloria, la gloria que corresponde al Hijo
> unigénito del Padre, *lleno de gracia y de verdad*. (Juan 1.14,
> énfasis del autor)

Tres versículos más tarde repite la misma idea.

Pues la ley fue dada por medio de Moisés, mientras que *la gracia y la verdad* nos han llegado por medio de Jesucristo. (Juan 1.17, énfasis del autor)

Me encanta. «Lleno de gracia y de verdad». No el equilibrio entre ambas, sino la plena personificación de las dos. Jesús no vino para conseguir un equilibrio entre la gracia y la verdad. Vino para traernos la medida plena de ambas. Juan lo había visto con sus propios ojos. Había observado cómo Jesús les aplicaba la plenitud de la gracia y la verdad a todas las personas con las que se encontraban. Él estaba entre la multitud cuando Jesús le dijo a una mujer atrapada en adulterio: «Tampoco yo te condeno. Ahora vete, y no vuelvas a pecar»[14]. En otras palabras: «Eres una pecadora. Lo que hiciste es pecado. Estaba mal. Pero yo no te condeno. No te voy a dar lo que te mereces. Te estoy otorgando precisamente aquello que no te mereces: la gracia». Jesús no trató de lograr un equilibrio entre la gracia y la verdad. No rebajó la ley. No le puso condiciones a la gracia. Le dio una dosis completa de ambas cosas.

En Jesús vemos con tanta claridad y tan de cerca como jamás podremos ver el aspecto que tienen la gracia y la verdad en un mundo que, por lo demás, carece de gracia y le ha vuelto las espaldas a la verdad. En Jesús no había conflicto entre la gracia y la verdad. Ese conflicto artificial es el que lanza a las iglesias a unos extremos tan poco saludables como inútiles. Nuestra comprensión incorrecta de la gracia que Jesús enseñó, y de la cual fue modelo, es la que nos deja la sensación de que la gracia es la que permite que la gente «se salga con la suya» en muchas cosas. En numerosas ocasiones, nuestra aplicación errónea de la verdad es la que deja a la gente sintiéndose condenada y aislada. Pero en Jesús descubrimos que las cosas no tienen por qué ser así. La gracia no rebaja el nivel de gravedad del pecado para hacerlo más digerible. No tiene por qué hacerlo. La razón de ser de la verdad no es aislar a nadie de Dios ni de su pueblo. Cuando seguimos a Jesús a través de los Evangelios, lo hallamos reconociendo plenamente lo que implica el pecado, al mismo tiempo que no condena a los pecadores. El único grupo de personas a las que él condenaba continuamente era el de las personas religiosas incapaces de otorgar gracia; las mismas que hacían mal uso de la verdad para controlar por medio de la sensación de culpa, el temor y la condenación.

Es fácil crear un modelo de iglesia en la que *todo sea verdad*. Tal vez sea más fácil aun crear un modelo en el que *todo sea gracia*. Pero Jesús no nos dejó sobre la mesa ninguna de estas dos opciones.

Si la gente con la que se reunía reflejaba su manera de enfocar el ministerio, este se caracterizaría por una dosis plena de verdad, junto con una dosis plena de gracia. Esto constituye todo un reto para nosotros. Hay tensión entre la ley y la gracia, la justicia y la gracia, la verdad y la gracia.

Cuando ellas se encuentran, las cosas se complican bastante. Se ponen en verdad complicadas. Pero abandonar a una de ellas para tratar de edificar un modelo de iglesia alrededor de cualquier otra, equivale a abandonar lo que Jesús tenía en mente cuando anunció la formación de su grupo de seguidores. Las reglas y los documentos organizativos no funcionan bien en una iglesia que se compromete a abrazar la complejidad creada por la unión de la gracia y la verdad. Es casi imposible ser constante o equitativo cuando la gracia y la verdad se convierten en las fuerzas que impulsan a una congregación local.

Según lo que he aprendido de mis experiencias, la *constancia* y la *justicia* se desvanecen prácticamente de la discusión una vez que una iglesia se decide a abrazar tanto la gracia como la verdad. Lee los Evangelios y te va a costar trabajo hallar aunque sea un solo ejemplo de que Jesús haya sido justo. Escogió doce apóstoles entre centenares de discípulos. Les dio un trato preferencial a tres de los doce. No sanó a todos. No alimentó a todas las multitudes hambrientas. Se detuvo en medio de un verdadero desfile para invitarse a acudir a la casa de Zaqueo. ¿Por qué Zaqueo? Se aseguró de que unos extraños siguieran con vida, pero permitió que muriera Lázaro. ¿Y qué me dices del incidente en el estanque de Betzatá? Juan nos dice que Jesús escogió a un solo hombre entre «muchos enfermos, ciegos, cojos y paralíticos»[15]. No quiero dar la impresión de tener mal gusto, pero no puedo menos que imaginármelo caminando de puntillas entre todas aquellas personas, diciendo: «Perdón, con permiso, perdón, con permiso». Hasta que por fin alcanza al único que ha tenido suerte. Digo que ha tenido suerte. Ha estado allí treinta y ocho años. Entonces Jesús se inclina y le dice en voz baja: «¿Quieres quedar sano?». Cada vez que leo esto, mi mente regresa a mi libro favorito de todos los tiempos en la escuela secundaria: *Snappy Answers to Stupid Questions* [Respuestas cortantes a preguntas tontas], de la revista *Mad*. ¿Que si quería quedar sano? ¿En serio? Esto tiene que haber sucedido de verdad. Nadie se habría inventado esa pregunta para ponerla en labios de Jesús. El hombre le asegura que sí quiere quedar sano. Jesús lo sana. Y lo sana solo a él. Después se abre paso caminando de puntillas de nuevo para atravesar la gran cantidad de enfermos que había allí, seguido por el hombre sanado que cargaba su esterilla. ¿Te lo puedes imaginar? Eso sí que no es justo. Ahora, a ver qué te parece esto: Le dice al personaje conocido como el joven rico que para ganar la vida eterna, lo tiene que vender todo y unirse al grupo de los que lo acompañan a él. Y entonces, unos meses más tarde, ¡le susurra al criminal crucificado junto a él que ese mismo día se encontrarían en el paraíso! ¿En serio? ¿Uno de ellos le tiene que consagrar el resto de su vida a Jesús, y el otro se cuela cuando solo le queda un minuto en el reloj? Y así podría seguir y seguir. La aparente incoherencia de Jesús volvía locos a los líderes religiosos. Cuando leemos el Nuevo Testamento, tal vez a nosotros también nos vuelva locos. Es Juan el que describe cómo Jesús sanó a un extranjero ciego, y después dos capítulos más tarde nos cuenta que dejó deliberadamente que Lázaro se muriera. Con la ventaja de contemplar esas cosas años más tarde, y unos cuantos años de madurez a su favor, Juan lo atribuyó todo al compromiso inquebrantable de Jesús con la gracia y la verdad. Me da la impresión de que en algún lugar, en medio de esa aparente falta de justicia y de constancia de Jesús, hay una pista sobre la forma en que debe operar la iglesia local.

Yo he trabajado en iglesias que han tratado de ser justas. Al final, la justicia se ha convertido en una excusa para no comprometerse. La búsqueda de una coherencia se ha convertido en una excusa para

no ayudar. Antes de que pasara mucho tiempo, los líderes de la iglesia se estaban escondiendo detrás de una excusa: «Si lo hacemos a
favor de uno, lo tendremos que hacer a favor de todo el mundo». Y
ante esas palabras, me parece escuchar a Jesús gritándoles: «¡No, de
eso nada! ¡Yo no actué así!». Si no nos cuidamos, terminaremos no
haciendo *nada* por nadie, porque no lo podemos hacer por *todos*. El
mejor enfoque consiste en hacer por uno lo que tú quisieras poder
hacer por todos, sabiendo que no *todos* van a ser tratados de la misma
forma. He visto los intentos de las iglesias por actuar de una manera
coherente. Pero también he visto cómo la dedicación a esa coherencia se ha interpuesto en el camino del ministerio. He visto rechazar
gente con necesidades económicas, no porque no hubiera suficiente
dinero para ayudarla, sino porque se había gastado una línea del
presupuesto. Es un poco duro, ¿no es cierto?

EL GLORIOSO DESORDEN

Las iglesias que son fuertes en cuanto a la verdad y débiles en cuanto
a la gracia, se enfrentan a unos retos exclusivos de este enfoque. Las
iglesias débiles en cuanto a la verdad también tienen su propio conjunto de problemas con los cuales contender.

Las iglesias que se comprometan a encarnar tanto la gracia como
la verdad, se verán forzadas a navegar por un tercer mar lleno de
complejidades. Pero de acuerdo con mi experiencia personal, yo prefiero escoger esa tercera puerta en todas las ocasiones. El enfoque de
gracia con verdad es desordenado. Es gloriosamente desordenado.
Nosotros hemos decidido que no nos va a molestar que lo sea. John
Hambrick, uno de nuestros pastores, tiene un dicho que hemos
adoptado para toda la organización. Él dice: «Nosotros caminamos
hacia los desórdenes». En otras palabras, no nos sentimos obligados
a organizarlo todo y organizar a todos antes de tiempo. No nos
vamos a pasar una cantidad incalculable de horas creando normas
para todas las eventualidades.

Nuestra decisión de aferrarnos tanto a la gracia como a la verdad
causa un impacto en nuestra manera de hacerlo prácticamente todo.
Y eso es importante que lo tengas presente cuando estudies nuestro

modelo. ¿Lo logramos todo el tiempo? No. Sea cual sea tu modelo, nunca podrás hacer las cosas bien todo el tiempo. Y eso no es una excusa. Es la realidad del ministerio.

Estoy seguro de que ya lo sabías.

Somos inconstantes y a veces injustos. No lo hacemos a propósito. Simplemente hemos encontrado que aferrarse a la gracia y también a la verdad crea una tensión. Y esa tensión, creemos que no se debe resolver, sino manejar. ¿Que si tenemos directrices para las obras de beneficencia y cosas de esa naturaleza? Por supuesto. Pero son directrices. No son reglas firmes e inquebrantables. Prácticamente no tenemos normas ni grandes cantidades de conversaciones. Hay varias preguntas que hemos decidido con anterioridad que no vamos a responder por medio del correo electrónico. Pero son preguntas que siempre hay algún miembro del personal que tendrá todo gusto en sentarse a analizarlas en persona. Hay un par de preguntas que nos negamos por completo a responder. Eso lo hemos aprendido de Jesús[16].

Otros ejemplos de nuestra intención de ser una iglesia de gracia y de verdad: Ponemos a las personas en posiciones de liderazgo demasiad pronto, con toda intención. Operamos bajo el supuesto de que los adultos aprenden según vayan necesitando aprender. Mientras más pronto descubran lo que no saben, más pronto se interesarán en aprender lo que necesitan saber. No tenemos casi ningún entrenamiento para líderes. Tenemos nuevos creyentes que tratan de actuar como líderes más allá del nivel de madurez que tienen. Nosotros pensamos que esto es algo bueno. En ocasiones, nos crea problemas. Y nos encantan esa clase de problemas. Animamos a nuestros adolescentes a dirigir grupos pequeños de jóvenes que solo tienen dos o tres años menos que ellos. Animamos a los no creyentes a inscribirse en viajes misioneros a corto plazo. Pero no dejamos que dirijan. Ellos no siempre comprenden esto. Nosotros no siempre se lo explicamos de una manera que los deje satisfechos. Sería más fácil no permitir que ninguno de ellos fuera. De nuevo, optamos por el desorden, y no por lo fácil.

Les permitimos a los no creyentes que trabajen en cuantas cosas les sea posible. Algunas veces, demasiadas cosas. Pero no los dejamos

servir en todas partes. Ellos nos acusan de ser incoherentes. Nosotros estamos de acuerdo en eso. En el estacionamiento permitimos
que sirvan personas que no permitiríamos que se ofrecieran volun-
tarias para trabajar en el ministerio con los niños. Eso confunde
un poco. Permitimos que toquen sus instrumentos en la plataforma
unos músicos a los que no les permitiríamos que dirigieran la adoración. Permitimos que bauticen personas que no están ordenadas.
Permitimos que las mujeres bauticen. Yo me siento incómodo con
esto. Pero de todas formas, permito que lo hagan.

Nos enfrentamos al pecado. Disciplinamos en la iglesia. Esto
siempre toma a la gente de sorpresa. Algunas veces les pedimos a
algunas personas que no asistan a uno de nuestros locales en particular. Incluso en algunas ocasiones les pedimos que no asistan a
ninguno de ellos. Ellos nos aseguran que hay quienes tienen peores
pecados que ellos, y nosotros no les hemos pedido que se marchen.
Nosotros estamos de acuerdo en esto, pero les pedimos que se vayan
de todas formas. Por un tiempo.

Yo le doy permiso a la gente para que filtre las partes de mis
mensajes que hablan de Jesús. Como consecuencia, es frecuente
que los judíos que asisten traigan amigos. Cuando hablan de mí,
dicen que soy un buen conferencista motivador. Me parece bien.
Un musulmán que asiste a la iglesia me mandó un mensaje por
Twitter para decirme que él tararea algo cuando yo hablo de Jesús
en mis mensajes. Yo le contesté, también por Twitter. Predico fuertemente contra la codicia y los pecados sexuales. Les digo a los
hombres de nuestra iglesia que borren de sus listas de música los
cantos que al hablar de las mujeres las llama *pécoras* o *prostitutas*.
Eso se los dije el día de las Madres. Cada varios años, predico
sobre el punto de vista de Jesús acerca de divorciarse y volverse
a casar. Es extremo. Nadie está de acuerdo con la forma en que
yo interpreto el texto. Y en esto está incluida la mayor parte de
nuestro personal. Les recuerdo a todas las personas vueltas a casar
que cometieron adulterio cuando se volvieron a casar. La gente se
enoja. Entonces compra el CD de la predicación para dárselo a sus
hijos cuando tengan edad suficiente para casarse. Pero permitimos

que las personas vueltas a casar sean líderes en todos los niveles de la organización.

No hacemos casi ninguna obra de caridad directamente a través de nuestras iglesias. En lugar de esto, buscamos las «superestrellas» de nuestras comunidades y las apoyamos con recursos económicos y con voluntarios. Animamos a nuestra gente a contribuir directamente con esas organizaciones. Esto crea un grado increíble de buena voluntad en nuestras comunidades. Sostenemos obras de caridad no cristianas, dirigidas por personas que no son cristianas. Hay personas a las que les parece extraño que demos dinero de la iglesia para obras de caridad que no están relacionadas con ninguna iglesia. Sin embargo, a nosotros nos parece bien. Al mismo tiempo, solemos estar entre las dos o tres iglesias de toda la nación que encabezan la lista de los que sostienen la Operación Christmas Child.

Nuestra declaración doctrinal es conservadora. En cambio, nuestro enfoque del ministerio no lo es. Para que te bauticemos, nos tienes que permitir que grabemos un vídeo con una versión de tres minutos sobre tu historia, para presentarlo el domingo por la mañana. Si no hay vídeo, no hay bautismo. No tenemos ningún versículo que sirva para apoyar esto. Y mantiene bajo el número de bautismos. Pero el bautismo es central en nuestra adoración y podría decirse que es nuestra herramienta de evangelismo más poderosa.

Te puedes unir a nuestra iglesia a través de la Internet sin hablar con una persona real. No tenemos sitios de estacionamiento especiales para los visitantes. Tenemos sitios de parqueo reservados para los padres con niños en edad preescolar. Yo no tengo un lugar de estacionamiento reservado para mí. Y tampoco tengo un baño añadido a mi oficina. No estoy seguro de qué tenga que ver esto con la gracia y la verdad. Solo pensé que te lo debía contar.

En el frente, reservamos asientos para las personas que llegan tarde. Les molesta a las personas que llegan temprano el hecho de no poder conseguir los mejores asientos. No les parece justo. Y no lo es. A nosotros nos parece bien.

Yo trato de leer todos los mensajes del correo electrónico y todas las cartas con críticas. No aprendo mucho de la gente que siempre está de acuerdo conmigo. A la gente que llamo es a la que más critica. Siempre se sorprenden. La mayoría de las veces, comprendo sus preocupaciones. ¡Pero si muchas veces yo comparto también esas preocupaciones! Les recuerdo que aún estamos aprendiendo. Les aseguro que no solo somos inconstantes e injustos, sino que lo seguiremos siendo, y que nos encantaría que ellos se nos unieran. Por lo general, lo hacen.

Estos son solo unos pocos ejemplos de nuestros intentos por brindar la gracia, al mismo tiempo que bombardeamos continuamente a nuestra comunidad con la verdad. Creemos que la iglesia es más atrayente cuando el mensaje de la gracia es más evidente. Y estamos igualmente convencidos de que la gracia de Dios solo es tan visible, como clara sea su verdad. No tiene utilidad alguna que me digan que he sido perdonado, si en realidad, en primer lugar, yo mismo no estoy seguro de la razón por la que necesito que se me perdone. Esa es la belleza de la gracia y la verdad. Se complementan entre sí. Ambas son necesarias. No forman parte de una línea continua. No son los extremos opuestos de un poste. Son los dos ingredientes esenciales. Sin dosis masivas de ambos, no tendrás una reunión saludable.

Ahora bien, si la idea de aceptar el desorden te resulta incómoda, recuerda esto: O fuiste un desastre, o lo eres, o estás a una decisión tonta de distancia de convertirte en un desastre. Y cuando tú eras tu versión más desastrosa, no estabas buscando una norma, ¿no es cierto? Necesitabas alguien que te aceptara *tal como eras*. Eso es lo que Jesús hizo por mí. Eso es lo que Jesús hizo y hará por ti. Puesto que ese es el caso, me parece a mí que es lo que nos debe importar en la iglesia local.

En este momento, es posible que tengas más preguntas que respuestas. Lo entiendo. Así que aquí tengo algo que te debería dar ánimo. El libro de los Hechos, junto con las epístolas de Pablo, reflejan el drama de la vida real asociado con las iglesias locales edificadas sobre unos cimientos de gracia y de verdad. Si optas por un enfoque de gracia y verdad para tu iglesia local, el Nuevo Testamento se te va a abrir de unas maneras que nunca antes te habías imaginado.

En particular las epístolas de Pablo reflejan los desafíos a los que se enfrenta toda iglesia local cuando se presenta la inquebrantable verdad de Dios dentro de una comunidad caracterizada por la gracia. Lucas, para no ser menos, nos proporciona un asiento de primera fila junto al ring de boxeo para que observemos la primera reunión de negocios de la iglesia. Lo que provocó la reunión fue un incidente que se produjo en Antioquía. Al parecer, se había producido una colisión frontal entre la gracia de Dios y la verdad de Dios. Nadie sabía con exactitud cómo manejar esa situación. Así que se la presentaron a los expertos.

Capítulo cinco

DESAFIAR LA GRAVEDAD

Por fortuna, no somos la primera generación de líderes de iglesias que tenemos que luchar con la tensión que la gracia y la verdad significan para su iglesia. La iglesia del siglo primero se vio forzada a enfrentarse muy pronto a una situación de este tipo. El enfoque que adoptaron es... bueno, es casi incomprensible. Es un poco perturbador para mis raíces conservadoras. Pero al mismo tiempo, los que se encuentran en el extremo liberal de las cosas tal vez se sientan un poco frenados por ella. Yo nunca he oído a nadie predicar acerca de esta situación particular del siglo primero. Y puedo entender por qué. La conclusión a la que llegaron los apóstoles en cuanto a este asunto dejó tanto abierto a la interpretación, que Pablo se pasó una gran parte de su tiempo libre actuando como árbitro entre la gente de las iglesias. Por muchas que hayan sido las veces que he enseñado todo el libro de los Hechos, todavía no creo poder valorar a plenitud el inmenso esfuerzo que tuvo que realizar la iglesia en sus primeros tiempos para mantener en el frente y al centro tanto a la gracia como a la verdad. Se sentían tranquilos con un poco de ambigüedad e incoherencia. También nosotros nos deberíamos sentir así.

El momento definidor en este aspecto para la iglesia del siglo primero fue registrado por Lucas en Hechos 15. A este acontecimiento se le suele llamar «el Concilio de Jerusalén». Unos veinte años después de la resurrección, la iglesia se encontró batallando con asuntos de participación y salvación. Concretamente, qué requisitos eran necesarios para la salvación, y con ella, la participación en la iglesia.

Cuando recorremos este suceso histórico, hay algo que es importante que mantengamos presente. Si quieres saber lo que la gente quiere decir cuando habla, observa lo que hace. Las acciones no solo hablan más alto que las palabras, sino que es necesario usarlas para interpretar las palabras. Las epístolas de Pablo están llenas de exhortaciones prácticas con respecto a la conducta del creyente. Pero todo lo que él enseñó se debería definir dentro del contexto de lo que sucedió en Hechos 15.

ALCANZAR A JUDÍOS Y GENTILES

Según Lucas, la iglesia comenzó en grande. En el día de su inauguración, miles de judíos y de convertidos al judaísmo aceptaron a Jesús como Mesías. Estos primeros seguidores de Cristo no consideraban que se habían *convertido* a algo nuevo. Esta nueva actividad de Dios solo era el cumplimiento de lo que había sido prometido por medio de Abraham y de los profetas. Hacerse seguidor de Jesús solo era el paso siguiente.

Como sabrás, la energía y la actividad que marcaron ese día de inauguración no quedaron contenidas dentro de los límites de Jerusalén. Poco tiempo más tarde, hubo evangelistas que se marcharon de la ciudad para llevar el mensaje de la muerte y resurrección de Jesús a las aldeas y los poblados circundantes. Aquel mensaje terminó pasando más allá, a regiones no judías. Los gentiles lo escucharon y lo creyeron. Y una vez que lo creyeron, se quisieron unir al grupo de Jesús. Un grupo que estaba formado sobre todo por judíos. Muchos de los cristianos judíos no estaban preparados aún para algo así. Jesús era el Mesías *de ellos*. Y ellos eran los que habían estado esperando a que sucediera esto durante largo tiempo. La mayoría de sus enseñanzas giraban alrededor del «reino de Dios», y todo buen judío sabía que decir esto era lo mismo que hablar del «reino de Israel».

Como si aquello no estuviera lo suficiente confuso, unos pocos de los apóstoles originales de Jesús dirigieron de manera deliberada sus esfuerzos evangelísticos a los gentiles. Viajaron a regiones predominantemente gentiles y allí proclamaron la resurrección de Jesús. Prácticamente dondequiera que iban, los gentiles creían. Estos nuevos creyentes formaron nuevos grupos de Jesús. Pero en estos grupos, los que predominaban eran los gentiles. Mientras que los judíos en los grupos de Jesús no se consideraban a sí mismos como *convertidos*, los creyentes gentiles sí. Se veían a sí mismos como convertidos del paganismo. La pregunta era esta: *¿A qué se estaban ellos convirtiendo exactamente?* En su mente, estaban dejando sus creencias paganas para convertirse en seguidores de Jesús. No consideraban su conversión como una conversión al judaísmo. Y aquello constituía un problema para los creyentes judíos. ¿Cómo era posible que alguien se convirtiera en seguidor del Mesías judío sin hacerse judío?

Buena pregunta.

Es fácil comprender por qué los seguidores judíos de Jesús en el siglo primero se sentían un tanto incómodos con esta repentina llegada a sus grupos de una gente extraña que no era judía. En realidad, no se sentían solamente incómodos. Sería mejor describir lo que sentían utilizando la palabra *ofendidos*. Aunque los creyentes gentiles abandonaban sus creencias paganas, no abandonaban su conducta pagana. Esos creyentes gentiles traían consigo sus costumbres, hábitos y valores gentiles, y muchos de ellos eran altamente ofensivos para los judíos. Algunas de sus prácticas eran consideradas como sacrílegas. En especial sus hábitos de alimentación. Para empeorar las cosas, la mayor parte de los primeros cristianos, puesto que eran judíos, se reunían en sinagogas locales. De repente, se les presentaban puñados de gentiles que querían participar en sus reuniones. Pero no sabían nada acerca del sábado, de la purificación ceremonial, o de ninguna de las tradiciones que hacían de ese día de la semana un día apartado para Dios.

Era algo un poco turbio.

La solución lógica era exigirles a los cristianos gentiles que se hicieran judíos. Solo había que darles una lista de cosas que debían hacer. Ahora bien, si convertirse al judaísmo hubiera sido tan sencillo como aprender las Escrituras judías y la teología hebrea, es probable que no hubiera sido un gran problema. Por desdicha, para los hombres significaba más que eso. Mucho más. Para hacerse judíos, tendrían que pasar por una operación quirúrgica. Si piensas que las normas para los miembros de tu iglesia son altas, piensa de nuevo. Los defensores más ardientes del movimiento que exigía que se hicieran judíos primero, enseñaban lo siguiente: «A menos que ustedes se circunciden, conforme a la tradición de Moisés, no pueden ser salvos» (Hechos 15.1). En resumidas cuentas, las clases para nuevos miembros estaban repletas de mujeres y niños... mientras los hombres esperaban en el auto.

Pero la circuncisión solo era el principio.

Además de someterse a la circuncisión, a los creyentes gentiles se les exigiría que se sometieran a toda la ley de Moisés. Guardar la ley era difícil para el judío promedio. De aquí que existiera un sistema de sacrificios. Este sistema de sacrificios daba por sentado que los judíos iban a quebrantar sus propias leyes. Para un gentil adulto, cuyo estilo de vida había sido moldeado de manera predominante por valores y tradiciones griegas y romanas, la adaptación a la ley judía sería prácticamente imposible. Aprender la ley les llevaría años. Reorganizar toda su vida alrededor de ella les llevaría... bueno, toda la vida.

Mientras esta nueva norma para ser miembros del grupo de Jesús se comenzaba a propagar en ciertas regiones escogidas, la iglesia seguía floreciendo en casi todos los lugares donde se predicaba el mensaje de Jesús. Esto era especialmente cierto en la ciudad gentil de Antioquía, situada a unos quinientos kilómetros al norte de Jerusalén. El apóstol Pablo se había establecido allí con Bernabé. Enseñaban juntos, y muchas personas que no eran judías respondían positivamente a la salvación que ellos les ofrecían. Como tal vez sepas, fue en Antioquía donde se usó por vez primera la palabra *cristiano* para describir a los seguidores de Jesús[17].

Pronto comenzaron a filtrarse hasta Jerusalén las noticias de que en Antioquía los gentiles se estaban haciendo cristianos sin tener en cuenta la tradición judía. Como reacción a esto, los cristianos judíos nombraron un comité y lo enviaron a Antioquía para corregir esa situación. Lo cual, por supuesto, solo empeoró las cosas.

Para resolver el conflicto, los líderes de la iglesia de Antioquía nombraron a Bernabé, a Pablo y a varios más como enviados a Jerusalén, donde les pedirían aclaración a los apóstoles. En aquellos años, como sabes, no había una estructura jerárquica formal. Las iglesias locales operaban como congregaciones autónomas. No obstante, a medida que las iglesias iban apareciendo por todo el imperio romano, iban buscando el liderazgo de los apóstoles. Al fin y al cabo, aquellos hombres se habían pasado años escuchando y observando a Jesús. Si alguien sabía qué se debía hacer con aquella invasión de gentiles, eran ellos.

Cuando el grupo de Antioquía llegó a Jerusalén, fue recibido calurosamente. Bernabé y Pablo informaron acerca del extraordinario crecimiento de la iglesia, destacando de manera específica el gran número de gentiles que estaban aceptando el mensaje de Cristo. Cuando ellos terminaron de dar su informe, sus oponentes se pusieron en pie para declarar: «Es necesario circuncidar a los gentiles y exigirles que obedezcan la ley de Moisés»[18]. Según Lucas, algunos de los que discutieron con Pablo y Bernabé eran en realidad fariseos que se habían hecho creyentes. Eran ardientes seguidores de la ley, y sencillamente, no se podían dar por vencidos.

LA SALVACIÓN ES OFRECIDA A TODOS

Después de un extenso debate, Pedro se dirigió al grupo. Comenzó por recordarles la experiencia que él mismo había tenido con los gentiles y el evangelio. Dios le había hecho ver con abundante claridad que se les debería ofrecer a todos la salvación bajo los mismos términos: la fe en Cristo. El razonamiento de Pedro era el siguiente: «Sin hacer distinción alguna entre nosotros y ellos [los gentiles], [Dios] purificó sus corazones por la fe». Después les hizo a sus oyentes una pregunta destinada a hacerlos pensar y sentir convicción: «Entonces, ¿por qué tratan ahora de provocar a Dios poniendo sobre el cuello de esos discípulos un yugo que ni nosotros ni nuestros antepasados hemos podido soportar?»[19]. Mi traducción: «Mis amigos judíos, ¿a quién estamos engañando? Ni siquiera *nosotros* podemos cumplir tan bien con la ley. ¿Por qué ponerles encima esa carga a los gentiles?». Era un argumento muy poderoso, pero dijo a continuación: «¡No puede ser! Más bien, como ellos, creemos que somos salvos por la *gracia* de nuestro Señor Jesús»[20].

Cuando Pedro se sentó, todos los ojos se volvieron hacia Jacobo. Este, el medio hermano de Jesús, era el líder más influyente en la iglesia de Jerusalén. En mi opinión, tal vez Jacobo sea nuestra prueba más convincente a favor de la divinidad de Jesús. Piénsalo. Si tienes un hermano, ¿qué tendría él que hacer para convencerte de que es el Hijo de Dios? El hecho de que Jacobo aceptara a su propio hermano como Mesías y Señor dice mucho.

Al igual que los fariseos allí reunidos, Jacobo había llegado tarde a la fe. Al parecer, se vino a convencer sobre la identidad de Jesús después de su resurrección. Sin embargo, a diferencia de los fariseos, creía que a los creyentes que no fueran judíos se les debía permitir la entrada a la comunidad de fe sin que tuvieran que convertirse primero al judaísmo. Después de citar un corto pasaje del profeta Amós, concluyó de esta forma sus observaciones:

> Por lo tanto, yo considero que debemos dejar de ponerles trabas a los gentiles que se convierten a Dios. (Hechos 15.19)

Me encanta esta declaración. Hace años la imprimí y la colgué en mi estudio. La veo todos los días. Creo que la declaración de Jacobo debería ser el punto de referencia a partir del cual se deberían tomar todas las decisiones en la iglesia local. En otras palabras, las iglesias no deberían hacer nada que dificultara de manera innecesaria el que las personas se acercaran a Dios.

Pedro y Jacobo comprendían el apego de los judíos a sus tradiciones. Al fin y al cabo, la mayor parte de sus ritos y ceremonias habían sido instituidos por Dios y habían formado parte de su identidad religiosa y nacional durante más de mil años. No obstante, los líderes de la iglesia también tenían que reconocer esto nuevo que Dios estaba haciendo entre los gentiles. Les tenían que dar su espacio. Crear algunas categorías nuevas. Adaptarse. Pero lo realmente asombroso es hasta dónde llegaron en esta adaptación. Esta es la parte sobre la cual nunca he oído a nadie hablar en la iglesia. Ten presente que toda esta discusión comenzó alrededor del análisis de hasta qué punto se tenía que hacer judío uno que no lo era, para poder participar en la iglesia. Lo que estaba en juego era la circuncisión, y con ella, no diez, sino más de seiscientos mandamientos con sus comentarios. He aquí la respuesta que el Concilio de Jerusalén les envió a los creyentes gentiles de Antioquía, Siria y Cilicia:

> Los apóstoles y los ancianos, a nuestros hermanos gentiles en Antioquía, Siria y Cilicia: Saludos. Nos hemos enterado de que algunos de los nuestros, sin nuestra autorización, los han inquietado a ustedes, alarmándoles con lo que les han dicho. Así que de común acuerdo hemos decidido escoger a algunos hombres y enviarlos a ustedes con nuestros queridos hermanos Pablo y Bernabé, quienes han arriesgado su vida por el nombre de nuestro Señor Jesucristo. Por tanto, les enviamos a Judas y a Silas para que les confirmen personalmente lo que les escribimos. (Hechos 15.23–27)

Aquí viene ahora la parte asombrosa:

> Nos pareció bien al Espíritu Santo y a nosotros no imponerles a ustedes ninguna carga aparte de los siguientes requisitos: (v. 28)

Allá vamos:

> Abstenerse de lo sacrificado a los ídolos, de sangre, de la carne de animales estrangulados y de la inmoralidad sexual. Bien harán ustedes si evitan estas cosas. Con nuestros mejores deseos. (v. 29)

¿Pudiste seguir la línea de pensamiento? En realidad, el Concilio de Jerusalén redujo la participación en las iglesias a dos cosas: Tengan cuidado con lo que comen cuando anden cerca sus hermanos judíos, y no sean inmorales. Eso es todo.

Esta sí que es una clase breve para los nuevos miembros.

Cuando la delegación de Jerusalén llegó a Antioquía, se leyó la carta ante toda la congregación. Como te podrás imaginar, fue bien recibida. En especial por los hombres. Nadie se tenía que hacer judío para llegar a ser cristiano. Los gentiles solo tenían que poner su fe en un Mesías resucitado y ser adoptados por Dios en su familia junto con sus hermanos y hermanas judíos. Así de simple.

Sin embargo, por desdicha las cosas no quedaron así. Nunca quedan así. Si has estudiado aunque sea un curso elemental de historia de la iglesia, sabrás que siempre ha habido algo que es como una fuerza invisible, semejante a la atracción de la gravedad, que trata de hacer retroceder a la iglesia con dirección a una religión carente de gracia, y al legalismo. Se presenta en cada generación con diversas etiquetas, diversos estilos y diversos rostros. Se ha distinguido como ortodoxia, santidad, moralidad y conservadurismo, entre otros nombres. Pero a la hora de las horas, el mensaje es el mismo: *La iglesia es para la gente de iglesia.* La iglesia es para los que aceptan una marca y se atienen a un conjunto de normas hecho a la medida.

Esta desviación hacia una iglesia llena de beaterías, carente de gracia y sin vida es la que hace que sea tan importante tu responsabilidad. En tu condición de líder de iglesia, tu misión es crítica.

Tienes la responsabilidad de guiar a la iglesia en la misma dirección que quiso Jesús originalmente. Como líder, tu tarea consiste en proteger la integridad de la misión de esa reunión alrededor de Jesús a la que has sido llamado. Tienes la responsabilidad de asegurarte de que la iglesia que se halla bajo tu cuidado continúe funcionando como una reunión de gente que se halla en medio de un proceso; un lugar donde se reúnan los curiosos, los que no están convencidos, los escépticos, los que solían tener fe y los quebrantados, junto con los consagrados, los informados y los totalmente convencidos, alrededor de la declaración de Pedro de que Jesús es el Cristo, el Hijo del Dios viviente.

MANTENER LA IGLESIA PARA LOS QUE NO TIENEN IGLESIA

Aunque nuestro equipo está totalmente dedicado a la creación de iglesias para gente que no tiene iglesia, todavía tenemos que combatir contra el empuje que nos trata de convertir en una iglesia para la gente de iglesia. Con franqueza, no comprendo por qué todas las iglesias no se deciden a convertirse en iglesias a las que les encante asistir a las personas que no tienen iglesia.

Nada hace que enfoque de una manera tan precisa esta convicción, como el bautismo. Tal como mencioné en el capítulo cuatro, para ser bautizados en nuestras iglesias, los candidatos tienen que permitir que nosotros les grabemos un vídeo de tres o cuatro minutos en el que describan su peregrinar en la fe. Presentamos estos vídeos en nuestros cultos de adoración justo antes de que las personas sean bautizadas. Semana tras semana, me siento para escuchar a personas de todas las edades que comparten la historia de la forma en que se conectaron con su Padre celestial como consecuencia de haberse conectado con la iglesia[21]. Estoy seguro de que tú también tendrás tus propias historias. No comparto estas para tratar de hacer una comparación. Solo sucede que las historias como estas, son el centro mismo de la diana para nosotros. Son la razón por la cual existimos.

Nunca olvidaré la historia de Allen. Creció junto a una madre soltera que tenía tres trabajos para mantener a flote a la familia. Dejó de asistir a la iglesia tan pronto como pudo. Cuando su madre contrajo cáncer y falleció, él se llenó de ira contra Dios. Sus palabras fueron estas: «No podía comprender cómo él le había permitido trabajar tan duro, y nunca tener nada propio, para morir a los cuarenta y un años. Durante los veinte años siguientes, llevé una vida muy destructiva». Fue su esposa la que por fin lo persuadió para que asistiera a North Point. Él lo describe de esta manera: «Me senté aquí en las filas de asientos de North Point durante seis años, solo para hacerla feliz. Entonces, de repente, los mensajes comenzaron a tener sentido». Allen todavía tenía una gran cantidad de preguntas, así que se unió a un grupo Starting Point[22] y también a un grupo de matrimonios. «Con el tiempo pude ir conectando todos los puntos y por vez primera comencé a comprender». Allen dice que cuando aceptó a Cristo como Salvador, estuvo llorando todo el día.

También está mi amiga Nancy. Nancy comenzó a asistir porque nosotros contratamos a su esposo para que tocara en una de nuestras orquestas. Su historia comenzaba así: «Yo crecí en un hogar judío, y soy nieta de un cantor litúrgico ortodoxo. Me celebraron mi bat mitzvah a los trece años. A mi ex esposo lo invitaron a tocar en la orquesta de North Point, y así comenzó mi viaje espiritual. Al principio, consideraba que la predicación de Andy era de estilo motivador. Sin embargo, poco a poco mi corazón se comenzó a abrir al mensaje del Nuevo Testamento. Fue la serie de sermones llamada *La estrella, la cruz y el cuarto creciente* la que me hizo comprender que Jesús era mi Salvador». Después de esto, Nancy les dio las gracias a las personas que Dios había llevado a su vida para facilitarle su viaje hacia la fe. Luego terminó diciendo: «Hoy querría decir con orgullo y profundidad que soy judía, que Jesucristo es el Mesías, y que él es mi Señor y Salvador personal».

Unas pocas semanas más tarde, Jessie, una mujer de treinta años de edad, comenzó su historia para el bautismo de la siguiente manera: «A mí siempre me habían dicho que por ser homosexual, Dios me odiaba e iba a terminar en el infierno». Después explicó que había acudido al alcohol a los quince años para tratar de enfrentarse a ese rechazo. Y siguió diciendo: «Era una infeliz persona perdida que trataba de hallar algo para llenar mi vacío interior». Pero Dios llevó a la vida de Jessie a una persona que la desafió a dejar de embriagarse y comenzar a asistir a la iglesia. Después de quince años de evadir la iglesia, dijo: «Cuando vine a esta iglesia, enseguida me sentí como en mi casa». Te tengo que decir que esa afirmación me emocionó. Me imaginé a Jessie como adolescente, llevando por dentro el secreto de su atracción por su mismo sexo, complicada con la mentira de que ella nunca sería aceptable para Dios, y quince años más tarde, entrar en una de nuestras iglesias y sentirse «enseguida como en su casa». No tengo palabras para expresar lo que siento.

El momento de la transformación llegó para Jessie durante un mensaje predicado por Rodney Anderson, uno de nuestros pastores asociados. Esto es lo que dijo: «Durante un mensaje, oí a Rodney decir: "Hay una diferencia monumental entre creer en Dios y creer a Dios". Aquello me tocó. Yo siempre había creído en Dios, pero no había creído a Dios». Después describió la transformación que experimentó como consecuencia de haber aceptado el perdón, el amor y la gracia de Dios. Terminó diciendo: «Ahora he llenado mi vacío con el amor de Jesús».

Eso es lo que sucede cuando uno decide seguir el consejo de Jacobo. Eso es lo que sucede cuando uno decide que bajo ninguna circunstancia va a hacer nada que sea un impedimento para aquellos que se quieren acercar a Dios. Y podría seguir y seguir. Además, por si acaso algún día nos visitas, quiero que sepas que en nuestras iglesias, cuando alguien sale del agua, todos lo vitoreamos. Celebramos. No es nada raro que los amigos vengan con cartelones donde han escrito el nombre de la persona que han venido a ver bautizar, escrito en grandes letras negras. La gente les tira confeti y toca campanas. Es maravilloso. Nos tomamos en serio las palabras de Jesús: «Así es también en el cielo: habrá más alegría por un solo pecador que se arrepienta, que por noventa y nueve justos que no necesitan arrepentirse» (Lucas 15.7). Nosotros nos imaginamos que si el cielo está de fiesta, nosotros nos le debemos unir.

Perdona mi ingenuidad o mi arrogancia, pero pienso que las celebraciones como las que acabo de describir, deberían ser lo normal en todas las reuniones que se llamen iglesias. De vez en cuando recibo notas de personas que asisten a nuestras reuniones, para darme las gracias por crear una iglesia a la cual ellos pueden invitar a sus vecinos y parientes que no van a una iglesia. Aunque me siento muy agradecido, todavía me sigue pareciendo extraño que alguien tenga que darle las gracias a un pastor por crear una iglesia que está haciendo lo mismo para lo cual fue creada la iglesia desde el principio. ¿Por qué esto tiene que ser la excepción, y no la regla?

Es una vergüenza que existan tantas iglesias que se hayan casado con una cultura diseñada por cristianos solamente para cristianos. Una cultura en la cual hablan de la Gran Comisión, cantan cánticos acerca de la Gran Comisión, pero se niegan a reorganizar sus iglesias alrededor de esa Gran Comisión. Esas son muchas veces las mismas iglesias en las cuales los miembros hablan acerca de la gracia, cantan acerca de lo «maravillosa» que es, pero crean unas culturas donde no existe la gracia, y donde solo los que juegan de acuerdo con sus reglas se sienten bienvenidos.

Así que tenemos ante nosotros la labor que debemos realizar. Pero qué labor tan increíble es. Tenemos el privilegio de ser mayordomos de la iglesia en nuestra generación. Dios ha decidido bendecirnos con la responsabilidad de asegurarnos de que la iglesia del siglo veintiuno sea un lugar donde toda clase de personas, con toda clase de cosas, se puedan reunir en el nombre de Jesús, y hallar restauración, aceptación y gracia.

La música viene y se va con mucha mayor rapidez que en el pasado. Durante décadas, cantamos el himno «Tal como soy». En la actualidad, entre los que cantamos, el que capta mejor ese mismo sentido de transparencia, restauración y esperanza es el cántico de Gungor llamado «Beautiful Things» [Cosas bellas]:[23]

Alrededor
De esta tierra nace esperanza
Del desconcierto encontramos vida en Ti
Creas cosas bellas
Y haces de la tierra hermosuras
Creas cosas bellas
Y haces de nosotros hermosuras.

Ahí lo tienes. Otra referencia a ese glorioso enredo del cual Dios saca vida. La iglesia. Así que, líderes de las iglesias, salgamos a hacer aquello que es posible gracias a que Jesús murió para hacerlo posible. Hagamos caso del consejo de nuestro hermano Jacobo. Libremos a nuestras iglesias de todo aquello que sea una dificultad para los que se están acercando a Dios. Proclamemos la liberadora verdad de Dios. Creemos comunidades que se caractericen por la gracia. Sintámonos cómodos con las tensiones, las incoherencias y los enredos que traen consigo.

Seamos la iglesia.

PROFUNDI-ZANDO

Repensando la formación espiritual

Durante dos mil años, los líderes de la iglesia han recibido sus órdenes del único imperativo que Jesús pronunció ante sus discípulos aquella tarde en que hizo su discurso de despedida y regresó al Padre: *Hagan discípulos*. Aunque no he oído a nadie poner en tela de juicio la importancia de ese mandato, ciertamente sí se han producido numerosas discusiones acerca de lo que significa, y de la manera de cumplirlo. En esta sección, te voy a hablar de nuestro punto de vista sobre lo que significa crear seguidores de Jesús. O te diré, como algunas veces decimos al referirnos a estas palabras, que este es nuestro *modelo de formación espiritual*. Por esa razón, es posible que esta sea la sección más importante del libro.

Si North Point tiene alguna receta secreta de salsa, es esta. Y no tiene *nada* que ver con estilo. Es nuestra manera de comprender la forma en que las personas maduran en su fe. Es una parte importante de nuestra historia, porque trata de responder una pregunta que se nos hace continuamente: *En una iglesia comprometida a facilitar el que la gente sin iglesia se sienta conectada, ¿qué hacen ustedes para asegurarse de que tanto los creyentes más maduros como los nuevos creyentes continúen madurando en su fe?* La versión corta de la pregunta es esta: *¿Cuál es el aspecto que tiene el modelo de discipulado en North Point?*

Esa pregunta me la han hecho lo suficiente como para saber que la mayoría de la gente que la hace está buscando un programa, un plan de estudios o una serie de clases. Nosotros hemos rechazado esta manera de enfocar la formación espiritual desde el principio mismo. No creemos que las clases creen creyentes maduros. Las clases crean creyentes listos. Son dos cosas diferentes. Tenemos diversas opciones de clases para aquellos que quieran progresar en sus estudios teológicos. Pero como sabes, los estudios teológicos y la madurez espiritual pueden llegar a ser mutuamente excluyentes. No tienen por qué serlo, pero lo pueden llegar a ser. Por eso nunca hemos enfocado la formación espiritual como un ejercicio de tipo cognoscitivo.

Nosotros tenemos un enfoque mucho más integral. Y tanto si tú lo reconoces, como si no, también lo tiene tu iglesia. Tengo la esperanza de que los tres próximos capítulos te ayuden a reconocer y aceptar la forma en que Dios ha decidido madurar a las personas en su fe. Pero para hacer esto, tengo que regresar a contarte un poco más sobre mi propia historia.

Capítulo seis

MI GRAN DESCUBRIMIENTO

Una de las cosas que el doctor Howard Hendricks me infundió durante el seminario es que siempre debía tener un grupo. Concretamente, que siempre debería ser capaz de señalar a un grupo de hombres y decir: «Ese es el grupo en el cual estoy derramando mi vida en el presente». Como decía en la introducción, yo no siento que tenga la responsabilidad de llenarle la taza a nadie. Pero sí soy responsable de vaciar la mía. Por eso siempre he tenido un grupo escogido de hombres en el cual estoy invirtiendo. En uno de esos grupos fue en el que hice un descubrimiento que le dio forma a mi manera de ver la formación espiritual.

En 1987, mi grupo estaba formado por estudiantes de colegio universitario que sentían que Dios los podría llamar al ministerio a tiempo entero. Nos reuníamos los martes a las seis y media de la mañana durante alrededor de hora y media. Una de las cosas que le pedía que hiciera a cada uno de los miembros del grupo, era desarrollar una gráfica en la cual se reflejara su historia espiritual a partir de la salvación. Ten en cuenta que todos ellos tenían poco más de veinte años, así que no era de esperar que tuvieran muchas cosas de su vida que poner en la gráfica. Yo quería ver de manera específica los puntos más elevados y los más bajos, y quería que incluyeran las cosas que habían contribuido a que llegaran a ambos tipos de momentos. Que yo recuerde, mi meta era conseguir una especie de foto instantánea del historial de cada uno de ellos.

En ese grupo original había cinco estudiantes de colegio universitario. Aunque los detalles de sus historias eran diferentes, también había muchas similitudes entre ellos. Año y medio más tarde, le pedí a un segundo grupo que hiciera ese mismo ejercicio. Las historias eran diferentes, pero las dinámicas que los habían llevado a su crecimiento espiritual eran similares. Después de repetir este ejercicio varias veces más, observé que había cinco cosas que habían salido a la superficie, prácticamente en las historias de todos.

1995

Nos adelantamos ahora hasta el otoño de 1995, y estoy sentado en el sótano de un amigo con el personal original de North Point, estudiando cuál debía ser la declaración de misión y estrategia de nuestra recién formada iglesia. Dentro del contexto de esta larga discusión fue donde salió a la superficie por vez primera el tema de la formación espiritual. Comenzamos a batallar con preguntas como estas: *¿Qué aspecto debería tener nuestro modelo de discipulado? ¿Cuál es nuestra meta para la gente que decida colaborar con nosotros en el ministerio? ¿Qué aspecto tiene un creyente maduro? ¿Qué papel desempeña la iglesia en el desarrollo de los seguidores de Cristo?* Más que nada, queríamos crear un modelo que facilitara *en verdad* la madurez espiritual. Teníamos suficiente experiencia como personal de iglesia para saber que en la mayoría de las iglesias, la *formación espiritual* no era la fuerza que impulsaba la programación (o la creación de los presupuestos, si vamos al caso). Queríamos ser la excepción. Queríamos que todo lo que hiciéramos se enfocara en la edificación de seguidores maduros de Cristo. Y sabíamos que si no actuábamos de manera deliberada, la formación espiritual se podría perder en medio de la inmensa cantidad de actividades que tienden a engullir un tiempo y unos recursos valiosos.

La declaración de misión que habíamos acordado era (y sigue siendo) *guiar a las personas a una relación creciente con Jesucristo.*

Pero sentíamos que necesitábamos una definición más explícita. Si alguien se halla en una relación creciente con Cristo, ¿qué es en concreto lo que está creciendo en él? ¿El cabello? ¿La barba? Resumiendo una larga serie de conversaciones, llegamos a la conclusión de que es la *fe* la que crece en una relación creciente. Específicamente, la seguridad en Dios que tiene la persona. Seguridad en que Dios es quien dice ser, y en que hará lo que ha prometido hacer.

La fe, o confianza, se halla en el centro mismo de toda relación saludable. Según vaya la confianza, así irá la relación. El pecado hizo su entrada en el mundo a través de la decisión de no confiar. En el jardín del Edén, la relación de la humanidad con Dios quedó rota cuando Adán y Eva dejaron de confiar. Desde esos momentos, Dios se ha dedicado a la búsqueda de un nuevo compromiso con la humanidad en una relación caracterizada por la confianza. Todo el Antiguo Testamento es la historia de un Dios que dice: «Confía en mí». No es coincidencia que Dios no le diera la ley a Israel sin que primero ellos aprendieran a confiar en él y a seguirlo. Con este principio como telón de fondo, no nos debería sorprender el descubrimiento de que en el epicentro del mensaje de Jesús se hallara el verbo *creer*. De igual manera que la relación entre la humanidad y Dios había sido destruida por una falta de fe, ahora sería restaurada por medio de una expresión de fe. En su núcleo mismo, el cristianismo es una invitación a entrar de nuevo en una relación de confianza con el Padre. En la cruz se nos perdonaron los pecados y se nos invitó a confiar. Tiene todo el sentido del mundo el que la salvación nos venga por la fe, y no por la obediencia. Las relaciones íntimas no se edifican sobre la obediencia. Se edifican sobre la confianza. Una vez más, caminar en fe es algo que consiste sencillamente en vivir sabiendo que Dios es quien él dice ser, y que hará todo lo que ha prometido hacer. A medida que crece la confianza de una persona en Dios, esa persona va madurando.

Al continuar nuestra conversación, hablamos acerca de los cristianos que conocíamos que parecían tener una relación muy fuerte con Cristo. En todos los casos, eran hombres y mujeres de una gran fe; de una seguridad extraordinaria en Dios, a pesar de las cosas que la vida les pusiera por delante. Esas eran las personas cuya fe nos dejaba asombrados. Entonces, yo estaba convencido, como lo sigo estando ahora, de que la mejor manera de honrar a Dios es por medio de una fe viva, activa, fuera de lo corriente y capaz de desafiar a la muerte. Durante una de estas conversaciones, un miembro de nuestro equipo señaló que las únicas ocasiones en que se dice de Jesús que «se asombró», fue cuando vio expresiones de gran fe, o de poca fe[24]. Una gran fe era algo grande para él. Cuando las personas *actuaban* de acuerdo con lo que creían acerca de él, se sentía impresionado. También nosotros nos sentimos así. ¿Acaso no es cierto que nos encantan las historias acerca de la gente de nuestra iglesia que confía en Dios a pesar de todo? Nos deleitan los relatos sobre adolescentes que deciden vivir de acuerdo con sus valores en la escuela, porque *creen* las promesas de Dios. ¿Y esas visitas a los hospitales en las que uno entra orando para que el Señor lo ayude a decir lo que debe, y se encuentra con una familia cuya fe en Dios es asombrosa? Se sienten seguros. No temen. No sé si a ti te habrá pasado, pero en muchas ocasiones, mientras volvía a mi casa después de una visita a un hospital, me preguntaba por qué ellos permitían que yo fuera su pastor. Mientras escribo estas líneas, recuerdo a Chris y Dave, una pareja de nuestro grupo pequeño que tienen dos hijos con problemas serios en la vista. Los he oído relatar su historia en tres ocasiones. En cada una de ellas me he conmovido hasta las lágrimas al oír a Chris hablar de su seguridad en Dios a lo largo de una serie de conversaciones difíciles con médicos y dos embarazos muy difíciles. Sus hijos, Maggie y Luke, sufren de dolencias distintas, pero las dos los han convertido en legalmente ciegos.

Mientras nuestro equipo seguía luchando con la relación entre la fe y la madurez espiritual, todos llegamos a estar de acuerdo en que nos inspira mucho más la gente que tiene la clase de fe que soporta un *no* de parte de Dios, que la gente que proclama que su fe le logró torcer el brazo para arrancarle un *sí*. Una gran fe es señal de una gran madurez. Llegamos a la conclusión de que el mejor modelo de discipulado o de formación espiritual sería el que se diseñara alrededor de la labor de ayudar a *crecer a las personas en la fe*.

El modelo con el cual habíamos crecido la mayor parte de nosotros estaba diseñado alrededor de la labor de *aumentar el conocimiento de las personas*. Los modelos con los que se nos puso en contacto fueron en primer lugar modelos de enseñanza. Nosotros queríamos ir más allá de ellos.

Pero, ¿cómo?

Si nuestra misión era guiar a la gente a una relación creciente con Cristo —una relación creciente equivalía a una fe creciente—, entonces necesitábamos saber qué hace crecer la fe de las personas. Así fue como nuestra conversación se movió rápidamente hacia estas preguntas: *¿Qué alimenta el desarrollo de la fe? ¿Cuáles son los ingredientes que, cuando se los junta, tienen por consecuencia una mayor seguridad en la persona y las promesas de Dios?* Entonces fue cuando le presenté a nuestro equipo mis descubrimientos.

Los ingredientes esenciales

Compartí mis experiencias con mis diversos grupos de hombres. Entonces les expliqué las cinco cosas que se manifestaban en la historia de fe de todo el mundo. Uno a uno, los miembros de nuestro equipo reconocieron que cada una de estas cinco dinámicas había desempeñado también un papel en su formación espiritual. Fue un momento definidor para nuestro equipo. Decidimos que si así era como Dios hacía crecer la fe de la gente, entonces, nosotros debíamos crear un modelo de ministerio que les señalara continuamente a las personas esas cinco dinámicas. Si esos eran los ingredientes esenciales de una fe grande, nosotros debíamos edificar todo nuestro modelo alrededor de ellos. Y eso es exactamente lo que hicimos.

Ya al principio de nuestras conversaciones, alguien sugirió que les pusiéramos nombre a estas cosas. Como verás, no son pasos ni principios. Con frecuencia las llamo *dinámicas*. Pero eso puede significar una gran cantidad de cosas. Creo que fue Reggie Joiner quien sugirió el término *catalizadores*. Así que a partir de aquel momento, al referirnos a ellas las llamamos los *cinco catalizadores de la fe*. Durante nuestros cultos de fin de semana, algunas veces me refiero a ellas como *las cinco cosas que Dios usa para hacer crecer nuestra fe*[25].

Como tal vez esperes, no vas a encontrar esta lista en ningún lugar de las Escrituras. Recuerda que esta lista es resultado de lo que nosotros hemos *observado*. No hemos hecho esfuerzo alguno por hacer una lista completa ni equilibrada. Estas cinco cosas son las que salen por sí solas a la superficie cuando la gente relata sus historias de fe. Desde aquellos primeros días, hemos puesto a prueba nuestra teoría en numerosas ocasiones. Durante varios años, Reggie Joiner incorporó los cinco catalizadores de la fe en su entrenamiento al liderazgo para los que estudiaban en vistas al pastorado. En un ejercicio escribía cada uno de los cinco en una tarjeta de 7,5 por 12,5 centímetros, las volteaba para que nadie las pudiera leer y después las iba poniendo de izquierda a derecha en la parte superior de un tablero de planificación. Cuando les pedía a sus oyentes que pensaran con detenimiento en las cosas que más habían contribuido a su desarrollo espiritual, tanto buenas como malas, ellos se las empezaban a decir. Él iba escribiendo en tarjetas cuanto les venía a la mente, y las iba poniendo debajo de una de las cinco tarjetas con los catalizadores que había puesto en la parte superior del tablero. Cuando todo el mundo había acabado de hacer sugerencias, él les daba la vuelta a las tarjetas para revelarles los cinco catalizadores. Una y otra vez, verano tras verano, todas las cosas que aquellos líderes le sugerían como factores importantes dentro de su desarrollo espiritual, coincidían por lo menos con uno de los cinco.

Como ya he dicho repetidas veces a lo largo de este libro, no espero que tú hagas lo que nosotros hacemos. Pero estamos totalmente convencidos de que estas cinco cosas reflejan la forma en que se desarrolla la fe. Les hemos presentado esta idea a los líderes de iglesias de todas las procedencias imaginables. Cada vez que lo hacemos, nos marchamos más convencidos aun de que estas cinco cosas representan el campo común para el desarrollo de la fe. Estoy convencido de que así es como Dios funciona, a pesar de la forma en que nosotros organicemos y programemos nuestras iglesias. Pero imagínate lo que sucedería, si en realidad organizáramos y programáramos de manera concertada con la forma en que obra Dios. Nosotros creemos que lo que hemos visto a lo largo de los diecisiete años que han pasado es resultado directo de nuestros esfuerzos por hacer eso precisamente. Así que, durante el resto de esta sección, voy a caminar contigo a lo largo de los cinco catalizadores de la fe, junto con ejemplos sobre cómo nosotros hemos permitido que le den forma a nuestra programación, y también a nuestro modelo.

En caso de que te tengas que ir temprano, voy a seguir adelante para presentarte los cinco ya de entrada. Aquí están.

Los cinco catalizadores de la fe:

- Las enseñanzas prácticas
- Las disciplinas privadas
- El ministerio personal
- Las relaciones providenciales
- Las circunstancias cruciales

Capítulo siete

EL DESEMPEÑO DE MI PAPEL

Los tres primeros catalizadores que veremos nos exigen que desempeñemos el papel que nos corresponde. Las *enseñanzas prácticas*, las *disciplinas privadas* y el *ministerio personal* abarcan las actividades correspondientes a una fe en crecimiento. Si piensas que la relación con Dios consiste en las cosas que él hace, y las que hacemos nosotros, estas son las que tienen que ver con nosotros.

EL CATALIZADOR #1:
LAS ENSEÑANZAS PRÁCTICAS

Cuando las personas describen su peregrinar en la fe, siempre se refieren a la primera vez que entraron en contacto con una enseñanza práctica de la Biblia. Para algunos, esto sucedió en un estudio bíblico en su colegio universitario. Para otros, en un hogar. En el caso de muchas mujeres de nuestro país, fue Beth Moore la que sirvió de introducción a esta forma de enseñanza. En la mayoría de los casos, fue cuando oyeron presentar la Biblia por vez primera de una manera práctica en una iglesia local. Cuando las personas relatan sus historias, se hace evidente que no se trataba de la primera vez que tenían *contacto* con la Biblia. Se trata de la primera vez que *comprendieron* lo que se les estaba enseñando de la Biblia. Era la primera vez que en verdad supieron qué hacer con lo que se les estaba enseñando. La mayoría de los cristianos son capaces de decirnos dónde estaban y quién estaba hablando, la primera vez que alguien hizo que la Biblia cobrara vida para ellos.

Es lamentable que alguien pueda crecer escuchando sermones y lecciones de la Escuela Dominical, y no sentirse cautivado nunca por las Escrituras. Sin embargo, por triste que sea, esto suele ser la norma y no la excepción. Y no se trata de un problema del siglo veinte, ni del siglo veintiuno.

Cuando Jesús terminó de pronunciar lo que nosotros solemos llamar el Sermón del Monte, Mateo recoge la reacción de la multitud.

> Cuando Jesús terminó de decir estas cosas, las multitudes se asombraron de su enseñanza, porque les enseñaba como quien tenía autoridad, y no como los maestros de la ley. (Mateo 7.28–29)

No todas las enseñanzas y las predicaciones son iguales. Los maestros de la ley del siglo primero estaban enseñando a partir de los mismos escritos a los que se refirió Jesús durante todo su ministerio en la tierra. Pero había algo diferente en su presentación. Él hablaba con autoridad. Es evidente que manifestaba una pasión de la que carecían los otros maestros. Más concretamente, Jesús no se sentía satisfecho con limitarse a decir lo que fuera verdadero. Quería que sus oyentes *actuaran* de acuerdo a lo que habían escuchado. Como recordarás, él había concluido ese mensaje en particular con un llamado concreto a la acción, junto con una promesa y una advertencia fuertemente cargadas de emoción:

> Por tanto, todo el que me oye estas palabras y las pone en práctica es como un hombre prudente que construyó su casa sobre la roca [...] Pero todo el que me oye estas palabras y no las pone en práctica es como un hombre insensato que construyó su casa sobre la arena. (Mateo 7.24, 26)

Jesús enseñaba en busca de una respuesta. Enseñaba para que hubiera una transformación en las vidas de sus oyentes. Él no había venido simplemente para dar información. Raras veces lo vemos reprendiendo a las personas por su falta de conocimiento. Casi siempre era por su falta de fe, que se manifestaba en una falta de aplicación. «Hombres de poca fe [...] ¿por qué tienen tanto miedo?», fue lo que les preguntó a los discípulos en medio de una aterradora tormenta en el mar (Mateo 8.26). Jesús no andaba buscando un simple asentimiento mental en cuanto a los datos. Lo que buscaba era una fe activa, viva, dedicada a actuar de una manera correcta. Y cuando enseñaba, era eso lo que tenía en mente.

¿Recuerdas la primera vez que te viste desafiado a ese nivel? ¿Recuerdas lo interesante que se te volvió la Biblia de repente? Estabas sentado al borde mismo de la silla. El tiempo volaba. Tomabas notas. Querías saber qué clase de Biblia estaba usando el maestro o el predicador, para conseguir tú una igual. Estabas ansioso por regresar para una segunda tanda. Sí, lo recuerdas. Hubo algo que cobró vida dentro de ti. Entonces hiciste algo realmente loco. Saliste y aplicaste a tu vida algo de lo que habías oído. Y Dios honró tu fe activa. Tu fe se cruzó con su fidelidad, y tu seguridad en Dios se hizo más grande. La enseñanza práctica que mueve a las personas a la acción es una de las cosas primarias que Dios usa para hacer crecer nuestra fe.

Por fortuna para mí, crecí en una iglesia donde esto era lo normal. Yo me sentaba una semana tras otra para escuchar mientras mi padre enseñaba la aplicación de las Escrituras a mi vida diaria. Me sentaba con frecuencia en la parte de atrás de la galería, y siendo adolescente, hubo unos cuantos domingos en que me sentaba en el Varsity. Para los que no estén familiarizados con Atlanta, el Varsity es el restaurante más grande del mundo entre los que sirven a sus clientes en su auto. También tiene cuartos donde se puede ver televisión y comer perros calientes. Estaba adelantado para aquellos tiempos. El Varsity está a unas cinco calles de donde solía estar la Primera Iglesia Bautista de Atlanta. En los años setenta, mi padre salía en vivo en la televisión los domingos por la mañana. Así que Louie Giglio y yo nos escurríamos sigilosamente de la Escuela Dominical para dirigirnos al Varsity y allí tener nuestro «culto». El culto estaba formado por Louie, un variado número de borrachines que estaban durmiendo después de pasar la noche de sábado como de costumbre, y yo. Me subía a una silla y cambiaba el televisor para el canal donde salía el programa de mi padre (los borrachines no estaban en condiciones para protestar). Nosotros lo considerábamos una obra de evangelismo. Comíamos y veíamos la televisión, y después cuando íbamos de camino a casa, yo podía hablar del sermón, y mi padre se creía que yo había estado en la iglesia. Pero tanto si estaba oyendo desde la última fila de la galería, como si estaba en el Varsity, mi padre me estaba enseñando que la enseñanza de la Palabra de Dios no es cuestión de *saber* cosas, sino de *hacerlas*. Y el impacto de aquello hizo estallar mi fe, así como la fe de miles de personas más.

Puesto que este es el caso, la preparación de nuestros mensajes y lecciones no estará completa mientras no sepamos lo que queremos que nuestros oyentes *hagan* con lo que están a punto de escuchar. Para hacer crecer la fe de los miembros de nuestras congregaciones, debemos predicar y enseñar para producir un cambio de vida.

He aquí algo que necesitas saber. La gente sin iglesia y sin fe se siente atraída hacia los comunicadores que tienen un «*esto es lo que debes hacer ahora*» unido al final de sus mensajes. Esto es cierto, aunque no estén de acuerdo ni comprendan la premisa de aquello de lo que estamos hablando. Comoquiera que sea, les gusta que les demos algo que hacer. He aquí por qué.

Y esto es muy importante.

La gente está mucho más interesada en lo que funciona, que en lo que es cierto. Detesto hacer estallar tu burbuja, pero no hay casi nadie en tu iglesia que ande en busca de la verdad. Incluyendo tu cónyuge. Lo que andan buscando es la felicidad. Mientras los estés tratando de alimentar con la verdad, sin añadirle al final un «*esta es la diferencia que esto va a significar*», te considerarán como irrelevante la mayoría de las personas de tu iglesia, de tu ministerio con los estudiantes o de tu estudio bíblico en los hogares. Tal vez seas teológicamente impecable, como los maestros de la ley en tiempos de Jesús, pero no te van a percibir como alguien que enseña con autoridad. Peor aun, nadie te va a querer escuchar.

Ahora bien, eso puede ser desalentador. En especial, el hecho de que tú eres uno de los pocos que en realidad andan buscando la verdad. Y sí, es lamentable que la gente no se parezca más a ti en ese aspecto. Pero así son las cosas. No tiene sentido resistirse. Si lo intentas, terminarás con una pequeña congregación de buscadores de la verdad que se van a considerar superiores a todos los demás cristianos de la comunidad. Pero al final del día, no vas a causar la más mínima diferencia en las cosas de este mundo. Y tus hijos... es más que probable que tus hijos confundan tu iglesia con *la* iglesia, y una vez que se hallen fuera de tu casa, también es probable que no quieran visitar la casa de la iglesia. Entonces un día se presentarán en una iglesia como la mía, y querrán que los bauticen de nuevo, porque no están seguros de que haya servido de algo la primera vez. Y me sentiré feliz de pastorear a tus hijos. Pero preferiría que te enfrentaras a la realidad del mundo en el que vivimos, y ajustaras tus velas a ella. La cultura es como el viento. No se la puede detener. No se la puede escupir tampoco. Pero si ajustas las velas como buen marinero, podrás controlar los vientos de la cultura para llevar a tus oyentes a donde necesitan ir. Si la gente está más interesada en ser feliz, entonces complácela. Jesús lo hizo.

Has estudiado el Sermón del Monte. Con toda seguridad sabrás que el término que Jesús usa una y otra vez en las primeras líneas de este sermón, que tal vez sea el primero de todos, se pueden traducir como felices (hay quienes dicen que así es como se debe traducir)[26]. Pero aunque tú te sientas más cómodo con el término *bienaventurados*, piensa en lo que hace Jesús al principio de su mensaje. ¿Quién no quiere ser bendecido? ¿Favorecido? ¿Afortunado? Juega con la naturaleza humana de sus oyentes; con su anhelo de felicidad. Su búsqueda de *quiero recibir bendiciones*. Y después, una por una, va desafiando los supuestos más básicos de ellos con respecto a... bueno, ¡a todo! Hasta su forma de orar[27]. Las indicaciones que les hace Jesús a sus oyentes del siglo primero son muy específicas. Muy extremas. Nosotros aún estamos batallando con ellas en el día de hoy.

Luchando. Eso significa que en realidad no las hacemos, sino que nos limitamos a hablar mucho de ellas.

DE VUELTA A LA IGLESIA

Este primer catalizador de la fe explica por qué hacemos varias cosas en nuestras iglesias. Subraya la razón por la que somos tan inflexibles en cuanto a que nuestro contenido no se limite con ser *cierto*, sino que también sea *útil*. Jesús no se contentaba con decir cosas que fueran ciertas. Tampoco nos debemos contentar nosotros. La verdad sin algo a qué asirse es estática. La verdad con pasos que la sigan hace crecer la fe de las personas. Este catalizador de la fe es la razón por la que creamos sermones temáticos o series de mensajes, en lugar de limitarnos a enseñar de manera continua todos los libros de la Biblia. En las raras ocasiones en las que yo enseño todo un libro de la Biblia, buscamos un ángulo práctico que le dé cohesión a la serie.

Terminamos todos los mensajes y todas las series para todas las edades con un llamado concreto a la acción. Algunas veces asignamos tareas. Jeff Henderson, uno de nuestros pastores principales, presentó hace poco una serie llamada *El cambio del clima*. Su idea central era que todo el mundo tiene su clima. Cuando la gente te ve venir, sabe qué clima predecir. Al final de la primera semana, la tarea que asignó fue que todos sus oyentes les hicieran esta pregunta a tres personas: «¿Cómo se siente cuando se está al otro lado de mi persona?». ¡Ay! Después de mis dos conversaciones, yo me sentía listo para renunciar. Fue una aplicación dolorosa, pero sumamente útil. Útil, tanto para los creyentes como para los no creyentes por igual.

Nuestro ministerio con los niños crea una actividad para toda la familia alrededor de la virtud o el principio que se está explicando ese mes. Los comunicadores de la escuela media y superior cierran sus charlas cada semana previendo tres o cuatro preguntas orientadas a la aplicación, que los adolescentes pueden comentar con los líderes de sus grupos pequeños. Todo esto es nuestra forma de guiar a nuestros comunicadores hacia una enseñanza orientada a la acción. Continuamente les estamos preguntando a nuestros predicadores y maestros:

- ¿Qué quieres que ellos sepan?
- ¿Qué quieres que ellos hagan?
- ¿Qué podemos hacer para crear los pasos que siguen?

Todo esto, con la meta de hacer crecer la fe de la gente.

CATALIZADOR #2: LAS DISCIPLINAS PRIVADAS

Un segundo tema que sale a la superficie cuando las personas relatan sus historias de fe, gira alrededor del desarrollo de una *vida devocional privada*. En algún punto del camino, los cristianos comienzan a orar. Solos. Comienzan a explorar la Biblia por su propia cuenta. Aprenden de memoria su primer versículo bíblico. No es extraño oír a la gente hablar de levantarse un poco más temprano por las mañanas para pasar un momento con Dios. Las disciplinas espirituales personales introducen una sensación de intimidad y de responsabilidad en nuestro caminar en la fe. Sintonizan nuestro corazón con el corazón de Dios, y subrayan nuestra responsabilidad personal con respecto a nuestro Padre celestial.

Hay una correlación directa entre la vida devocional privada de la persona y su fe personal. Y por mucho tiempo que lleves en el ministerio, esto es algo que no te puedes dar el lujo de perder de vista. Cuando Dios nos habla personalmente a través de su Palabra, o responde a una oración concreta, nuestra fe se fortalece. Esta es la razón por la que estas disciplinas privadas son un catalizador de la fe. Una de las cosas más impactantes de las que oí decir a mi padre en mis primeros años de vida fue: «Lo más importante en la vida es nuestra relación personal con Jesucristo». Más directo no puede ser. Y he encontrado que es totalmente correcto. Según va mi vida de devoción personal, así va mi fe y mi seguridad en Dios. Y no sé si esto es cierto para todas las personas, pero según vaya mi seguridad en Dios, también va mi seguridad personal.

Cuando de mantener una vida devocional privada se trataba, los judíos del siglo primero tenían una cierta desventaja. No tenían ejemplares del Antiguo Testamento que pudieran cargar consigo en sus mochilas y sus bolsos. Es decir, que ese elemento de su vida devocional se limitaba a la oración y la recitación. Sin embargo, durante el Sermón del Monte, Jesús introdujo un par de componentes adicionales: dar y ayunar[28]. Estas «obras de justicia», como él las llama, se debían hacer en secreto. Comprendían el lado íntimo y privado de la fe para los judíos del siglo primero. Jesús subraya esta idea cuando declara:

> «Pero tú, cuando te pongas a orar, entra en tu cuarto, cierra la puerta y ora a tu Padre, que está en lo secreto. Así tu Padre, que ve lo que se hace en secreto...».

No lo leas demasiado rápido. Jesús dice que tu Padre celestial *ve* lo que se hace en secreto. Yo he sido cristiano desde que tenía seis años, y para mí, ese pensamiento sigue siendo bastante asombroso. Dios me ve cuando oro, cuando doy y cuando ayuno. Pero Jesús no terminó aquí lo que estaba diciendo.

> «Así tu Padre, que ve lo que se hace en secreto, te recompensará». (Mateo 6.6)

Dios responde a nuestras obras privadas de justicia. Jesús usa el verbo *recompensar* para describir su respuesta. ¿Alguna vez has visto respondida una oración tuya? ¿Qué le ha pasado entonces a tu fe? ¿Recuerdas la última vez en que alguien de tu iglesia o de tu ministerio con estudiantes se te acercó apresuradamente para contarte emocionado la historia de una oración respondida? La fe de esa persona había crecido, ¿no es cierto?

Lo mismo sucede cuando alguien comienza a dar por vez primera. Dar un porcentaje de lo nuestro es invitar a Dios a involucrarse en nuestras finanzas personales. El porcentaje en sí no es el problema. Yo les digo a los nuevos creyentes que escojan un porcentaje, y comiencen por él. Lo que importa es que aprendan a confiar en Dios en cuanto a su economía. Cuando las personas experimentan la fidelidad de Dios en la esfera de sus finanzas personales, su fe se ensancha. El dinero deja de controlarlas. Dejan de ser posesión de sus posesiones.

CRISTIANOS DE CLÓSET

El lado secreto de la experiencia cristiana tiene suma importancia para mí. No estoy seguro de que estuviera haciendo hoy lo que estoy haciendo, si no fuera por algo que Dios me susurró al oído durante un momento de silencio en el colegio universitario. Esta historia la relaté en un libro anterior, así que no te daré todos los detalles. En conclusión, que cuando estaba en el tercer año del colegio universitario, estaba orando en mi clóset. Literalmente, orando en mi clóset. Puesto que yo «batallo» con tantas cosas de las que Jesús enseñó, esto parecía una compensación razonable.

Así que durante el colegio universitario me creé mi propio clóset de oración al final de las escaleras en el sótano de la casa de mis padres. Una mañana, mientras estaba orando, le dije a Dios lo comprometido que me sentía, y cómo estaba dispuesto a hacer lo que fuera, ir donde fuera y casarme con quien fuera. Muy bien, ir a cualquier lugar para hacer lo que fuera necesario. Quería que él me usara. En el mismo medio de mi diatriba de «úsame como quieras», brotó de repente en mi mente un pensamiento que era tan fuerte que parecía una voz. El pensamiento era algo como esto: *Hiciste trampa en dos exámenes durante tu primer año de colegio y...* El «y» tenía que ver con una travesura que había salido terriblemente mal, y había tenido por consecuencia una aterradora noche para una familia que yo conocía. Todavía se me altera el estómago cada vez que pienso en ella. En fin, que yo nunca había aceptado mi culpabilidad en aquel asunto. Con franqueza, tenía miedo de que me arrestaran. Además, estaba en la escuela secundaria cuando se produjo aquel incidente. Aquellos recuerdos eran tan vergonzosos que literalmente dejé de orar y miré alrededor del clóset. Seguro de que era el diablo tratando de distraerme, cerré los ojos y volví directamente al asunto. Pero todo lo que podía pensar era en dos notas que no eran honradas y en la familia contra la cual había pecado.

Vaya, espero que mis hijos no lean esto... Bueno, como si mis hijos fueran a leer en realidad alguno de mis libros.

Durante los meses siguientes... sí, meses... cada vez que me ponía de rodillas para orar, no podía hacerlo. Yo nunca he oído la voz de

Dios. Sin embargo, el mensaje era inequívocamente claro. *Antes de seguir adelante, tenemos que volver atrás.* ¿Una conciencia excesivamente activa? No. Yo nunca he tenido ese tipo de problemas. Aquello llegó a un punto en el cual sentía que mi potencial para un futuro ministerio se hallaba en la balanza de la forma en que respondería a esa voz no tan callada, no tan suave, que gritaba dentro de mi cabeza. Así que volví a estudiar aquellas dos asignaturas del primer año durante el tercero. Confesarlo no tenía sentido. No había nadie a quien confesárselo. Estudié las asignaturas y las pagué yo mismo. Y finalmente, me dirigí a la oficina del hombre cuya familia había aterrado, y se lo confesé. Lo más difícil que he hecho jamás. Todo a causa de un momento de silencio. Vaya recompensa, ¿no?

En realidad, todo aquel episodio hizo maravillas con mi fe. Dios me vio orando. Me amaba lo suficiente como para no guiarme hacia delante mientras no regresara primero al pasado. Eso significa mucho amor.

Me imagino que tú tendrás tu propia historia, ¿no es cierto? Me imagino que tú también habrás escuchado esa voz no tan callada y no tan suave. Y por perturbador que fuera, actuar de acuerdo con lo que Dios te estaba diciendo hizo maravillas con tu fe, ¿no es cierto? ¿No sería maravilloso si todos los adolescentes, los estudiantes de colegio universitario y los adultos, tanto solteros como casados, de tu congregación, tuvieran una vida devocional que los pusiera en posición de escuchar a Dios? Imagínate lo que sucedería en nuestras iglesias. Si necesitamos que ese nivel de disciplina personal y de enfoque se convierta en la regla, y no en la excepción, tenemos que entretejer este valor en la urdimbre de todo lo que hacemos a nivel de organización. He aquí algunas maneras en las que nosotros hemos intentado hacerlo.

DE VUELTA A LA IGLESIA

Desde el principio hemos estado buscando maneras de coaccionar, sobornar, provocar y equipar a todo el mundo desde el mismo jardín de la infancia para que se comprometan con algún tipo de ejercicio devocional privado. Durante los cultos de fin de semana les estoy diciendo continuamente a las personas que se vayan a sus casas a leer la Biblia. La aplicación práctica de muchos de nuestros mensajes es que se vayan a su casa y comiencen a hacer una oración específica. Con frecuencia imprimimos esa oración en una tarjeta que distribuimos al final de un mensaje o de una serie. De vez en cuando escojo entre cuatro y ocho pasajes que se relacionan con una serie y creamos tarjetas con versículos para aprender de memoria que distribuimos entre los miembros de nuestra congregación. Una actividad bastante costosa. Animamos a la gente a leerlas como preparación para la semana siguiente.

Como mencioné anteriormente, Starting Point, uno de nuestros ministerios más importantes, les presenta a los que buscan y los que regresan la importancia que tiene estudiar por sí mismos y orar. En ese ambiente, a los asistentes se les dan guías sencillas para leer la Biblia por su propia cuenta. Además, se les dan Biblias junto con el plan de estudios.

En el aspecto de dar, somos muy francos en cuanto a la importancia de lo que yo llamo dar como *prioridad un porcentaje progresivo*. Prioridad en este aspecto: dar primero, ahorrar segundo, y vivir con el resto. En cuanto a porcentaje, escoger un porcentaje y darlo de manera constante. En cuanto a progresivo, nos referimos al reto de aumentar la cantidad en un porcentaje determinado cada año. Aunque yo creo firmemente en el diezmo, sé que las personas que nunca han dado un porcentaje de sus ingresos no van a comenzar con el diez por ciento. Claro, algunos lo harán. Pero si le queremos enseñar a diezmar a la gente, es muy posible que tengamos que comenzar con algunos pasos de niño.

En el aspecto familiar, a los padres de los niños en edad de escuela primaria se les da cada mes una *Tarjeta para los Padres*. Esta tarjeta es una sencilla guía para ayudarlos a guiar a sus hijos en un momento diario de devoción. Cada año, nuestras divisiones de la escuela media y superior crean un plan de estudios o una reunión de fin de semana alrededor de la importancia de las disciplinas espirituales privadas. Hace poco nuestro ministerio a los adolescentes de secundaria creó toda una experiencia de fin de semana alrededor del tema *Oír hablar a Dios... El juego del escondite*. Incluimos un *tiempo de silencio* sin artefactos de ninguna clase en el programa diario de todos nuestros campamentos con estudiantes. A cada uno de los estudiantes se le da un devocional para que lo lea, y se le exige que se siente solo a leer, reflexionar y orar durante treinta minutos. Uno de los momentos más emocionantes y memorables de mi verano es el momento en que me asomo al balcón del hotel y veo ochocientos o novecientos estudiantes de secundaria esparcidos por toda la playa, leyendo sus Biblias, escribiendo notas y orando. Esto me da esperanzas para nuestra nación y para el mundo. Para muchos de estos adolescentes, ese ejercicio es el que despierta y echa a andar su vida devocional.

Ahora, antes de pasar al tercer catalizador, este tiene una faceta importante que no quiero que te pierdas. Mientras más pronto logremos que los no creyentes lean la Biblia y oren, mejor. No tienes por qué andar con timidez en cuanto a empujarlos a hacerlo. Pero si quieres que funcione, tienes que poner las golosinas en el estante de más abajo. *La manera en que tú hables acerca de la Biblia en el fin de semana es la que determinará el interés que sientan por ella durante la semana siguiente*. Tienes que hacerla accesible. *Tienes que darles permiso para leerla antes que la crean*. Como mencioné cuando te estaba explicando el primer catalizador, si les presentas las Escrituras con palabras que los ayuden, estarás eliminando un obstáculo.

Esta es otra de las razones por las que imprimimos oraciones y se las distribuimos. Por lo general, la gente que no ora con frecuencia no sabe por dónde comenzar. Tal vez para ti se te haya vuelto una segunda naturaleza. Para algunos de ellos es algo aterrador. Aterrador. Necesitan oraciones impresas para ayudarlos a comenzar. Ahora bien, yo llevo en esto el tiempo suficiente como para saber que hay alguien allí afuera, en el mundo de los lectores, que se estará preguntando: *¿Pero acaso escucha Dios las oraciones de los que no son creyentes?* Yo me siento inclinado a pensar que Dios escucha todo aquello que él quiere escuchar. Si nos basamos en lo que nos dice Lucas en Hechos 10 acerca de Cornelio, el centurión romano, sabremos que Dios escucha las oraciones sinceras. ¡Vaya! Si Cornelio hasta recibió la visita de un ángel. A mí nunca me ha visitado uno de ellos, y tengo una Maestría en teología. Por eso no me preocuparía demasiado acerca de animar a los que buscan, a los escépticos y a los centuriones romanos que tengas en tu iglesia para que comiencen a orar.

He aquí unas pocas cosas más sobre las cuales podrías reflexionar:

- En tu modelo, ¿a qué edad comienzas a enseñar la importancia de las disciplinas espirituales privadas?
- ¿Cómo y con cuánta frecuencia refuerzas este valor en tus estudiantes?
- ¿Cuáles son los recursos devocionales y para el estudio personal de la Biblia que pones a su disposición, y hasta qué punto son accesibles?
- ¿Hasta qué punto le es difícil a la gente de tu iglesia conseguir una Biblia?
- ¿Cuándo fue la última vez que presentaste un mensaje de fin de semana sobre las disciplinas espirituales?
- ¿Cómo podrías usar el fin de semana para reforzar este valor de una manera constante?
- ¿Qué podrías hacer para darle prioridad a este punto en medio de la mezcla de todo lo demás que estás haciendo?
- ¿Son las disciplinas espirituales una prioridad en tu propia vida?

CATALIZADOR #3: EL MINISTERIO PERSONAL

El tercer catalizador de la fe es el *ministerio personal*. Cuando las personas describen su caminar en fe, siempre hablan acerca de la primera vez que se dedicaron a alguna forma de ministerio personal. En unos casos, se trató de un viaje misionero a corto plazo. En otros, consistió en dirigir un pequeño grupo de niños. No tiene nada de extraño oír historias de personas que han sido llevadas a ambientes de ministerio, casi contra su voluntad.

Cuando alguien describe sus primeras experiencias en el ministerio, usa frases como estas: *«Tenía mucho miedo»*. *«Me sentía muy*

*incapacitado». «Sentía que no estaba preparado». «Tenía la esperanza
de que no me hicieran preguntas difíciles». «Nunca he dependido tanto
de Dios».* Y después hablan acerca de la descarga de adrenalina que
sintieron cuando se dieron cuenta de que Dios los había usado; que
les había dado las palabras que debían decir; que les había permitido
utilizar su pasado para ayudar a alguien a seguir adelante en la vida.
Hay pocas cosas que ensanchan más nuestra fe y, por tanto, la hacen
crecer como entrar en un ambiente de ministerio para el cual sentimos que no estamos preparados.

La Biblia está repleta de ilustraciones en las cuales vemos a Dios
llamando y empujando a las personas a servir, a pesar de que se sienten abrumadas por una sensación de incapacidad. Y en todas y cada
una de las ocasiones su fe en Dios creció. Este fue el caso de Moisés,
Josué, Gedeón, y seguimos adelante por la historia hasta pasar por
Saulo de Tarso. Luego, por supuesto, estuvieron los discípulos. Jesús
estaba ensanchando continuamente la fe de ellos, a base de meterlos
en situaciones imposibles. Tal vez la más famosa fuera aquella tarde
en la cual ellos le insistían en que enviara a la multitud de vuelta a
las aldeas cercanas para que encontraran algo de comer. ¿Recuerdas
lo que les respondió Jesús?

> «No tienen que irse [...] Denles ustedes mismos de comer».
> (Mateo 14.16)

De repente, los discípulos se encontraron contemplando el fondo
del barril de su propia incapacidad. Estaban justo donde Jesús quería
que estuvieran. Era una prueba para su fe. Él sabía exactamente lo
que estaba haciendo, y lo que estaba pensando hacer[29].

Si llevas algún tiempo en el ministerio, aunque sea poco, conocerás algo de lo que sintieron los discípulos. Sin embargo, a diferencia
de nosotros, ellos no podían fingir que no habían oído bien. ¿Qué
puedes hacer cuando Jesús está allí, de pie delante de ti, diciéndote
que hagas algo que sabes que no puedes hacer? Lo más probable es
que hagas lo mismo que hacemos nosotros. Inventas excusas y le
dices cosas que él ya sabe.

Ellos objetaron: —No tenemos aquí más que cinco panes y dos pescados. (Mateo 14.17)

Hay cosas que nunca cambian. No soy lo suficientemente listo. No soy una persona con estudios. No tengo suficientes recursos. ¡Búscate a otro! Sí, hay algunas cosas que nunca cambian... entre ellas, la respuesta de Jesús.

—Tráiganmelos acá —les dijo Jesús. (v. 18)

En otras palabras: «Ustedes tráiganme lo que tienen, y yo voy a trabajar con eso. Tráiganme sus pocos estudios, su falta de experiencia, junto con sus temores e inseguridades, y observen lo que yo puedo hacer». ¿Acaso no es esa tu historia? Con seguridad, sí es la mía. Hasta cierto punto, es la historia de todos los voluntarios que tienes en tu iglesia. Y los resultados también son similares. Si nosotros, o la gente de nuestras iglesias, llegamos alguna vez a un punto en el que estemos dispuestos a entregarle a Dios lo que tenemos a nuestra disposición, van a suceder cosas asombrosas. Y cuando todo vuelva a la calma, la fe de todos será más grande. Nuestra seguridad aumentará. Experimentaremos al Emanuel: Dios con nosotros. Como mismo lo experimentaron los discípulos. El hecho de entrar al ministerio nos sitúa en la posición necesaria para experimentar el poder de Dios a través de nosotros. Nos ensancha; nos asusta. Nos lleva hasta el fin de nuestra incapacidad. El ministerio nos obliga a depender conscientemente de Dios, y de esa manera, nuestra fe queda fortalecida.

Una de las razones por las que amo a nuestra iglesia, es que he llegado a ver este catalizador en acción en la vida de mis muchachos. Parte de nuestra estrategia en cuanto a conseguir voluntarios consiste en lograr que nuestros estudiantes de secundaria se dediquen a servir. Mis tres hijos comenzaron a dirigir grupos pequeños tan pronto como tuvieron edad suficiente. Sandra y yo nos sentimos asombrados continuamente ante su compromiso con los jóvenes de sus grupos. Si esto solo hubiera sucedido con nuestro hijo mayor, yo me habría sentido tentado a atribuirlo al orden en que nacieron y a su personalidad. Sin embargo, los tres se conectaron temprano, y se han mantenido comprometidos a través de todo un ciclo de cuatro años.

Hay un incidente en particular que siempre me viene a la mente. Se produjo un domingo por la mañana temprano, cuando yo estaba haciendo planes para no ir a la iglesia y seguir durmiendo. Sí, yo hago eso de vez en cuando. Pero en aquel domingo por la mañana en particular, tenía una buena excusa. Para comenzar, no estaba programado que fuera yo el que predicara. Esto no es sorprendente. Pero lo que hacía más fuerte mi justificación era todo lo que había sucedido durante la noche anterior. Habíamos invitado a mi madre a cenar en nuestra casa. Cuando estaba reuniendo sus cosas para marcharse, tuvo una convulsión. Era la primera vez que le sucedía algo así. Su madre había tenido una serie de derrames cerebrales antes de morir, y nosotros teníamos el temor de que fuera eso mismo lo que estaba sucediendo con mi madre. Llamamos a los paramédicos. Ellos llegaron cuando ella se estaba despertando. Para actuar con precaución, nos sugirieron que les permitiéramos llevarla al hospital. Yo estuve de acuerdo. Así que nos fuimos para el hospital. Los médicos de la Sala de Urgencias diagnosticaron con rapidez su estado, pero decidieron mantenerla allí en observación durante toda la noche.

Sandra y yo vinimos a llegar a casa a las dos de la mañana. No íbamos a poder asistir a la iglesia. Y si yo no iba, por supuesto, no esperaba que fueran tampoco mis hijos. En aquellos momentos tenían diecisiete, quince y catorce años. Nos fuimos a la cama, esperando dormir la mañana. Libres de toda culpa. Así que te podrás imaginar lo sorprendidos que estábamos cuando nos despertaron a las ocho tres adolescentes duchados y listos para irse a la iglesia, que entraron al cuarto para decirnos que se iban. No me juzgues con demasiado rigor por esto, pero todo lo que se me ocurrió decir fue: «¿De veras? ¿Y por qué?». Su respuesta fue: «No queremos perdernos las reuniones de nuestros grupos».

Todo lo que me vino a la mente fue la serie de enfermedades que yo había ido rotando de domingo en domingo en mi esfuerzo por convencer a mis padres de que estaba demasiado enfermo para ir a la iglesia. Mis hijos se iban sin mí. Y el predicador soy yo. Cuando dejaron de sonar sus pasos en el vestíbulo de la casa, me volví hacia Sandra y le dije: «Tal vez hayamos acabado de ser testigos de un milagro».

DE VUELTA A LA IGLESIA

Puesto que el ministerio personal es un componente integral del crecimiento espiritual, nosotros nos dedicamos a involucrar a tanta gente como nos sea posible, tan joven como podamos, y tan pronto como podamos. ¡Algunas veces son demasiado jóvenes y es demasiado pronto! Pero erramos deliberadamente en el sentido de ir demasiado rápido, en lugar de ir demasiado lento. No esperamos hasta que la gente se sienta «preparada» o «totalmente equipada». Hablemos en serio. ¿Cuándo se halla alguien totalmente preparado para el ministerio? En realidad, a mí la gente que tiene la actitud de «Ya estoy listo, tengo esto y denme las riendas» me da miedo. Me gusta la gente al estilo de «No estoy listo; si Dios no actúa, esto va a ser un desastre». Si esperas a involucrar a las personas en el ministerio cuando ellas sientan que están listas, o a ti te parezca que lo están, vas a estar esperando largo rato. Demasiado largo. Un poco de temor es una cosa buena. Mantiene a la gente educable, flexible y dependiente.

Una de las razones por las que podemos involucrar a la gente con rapidez, es nuestra manera de enfocar el desarrollo de los líderes. Todo nuestro modelo de desarrollo de líderes gira alrededor de ponerlos de aprendices, en lugar de darles el entrenamiento tradicional en un aula. Como mencioné en el capítulo 4, la razón por la que adoptamos este modelo es nuestra convicción de que, en su mayoría, los adultos aprenden aquello que necesitan saber. La experiencia nos ha enseñado que mientras más pronto podamos poner a las personas en ambientes de ministerio, mejor. Aunque no estén totalmente entrenadas. Una vez que están de verdad metidas en esos ambientes, suceden varias cosas. En primer lugar, se tienen que enfrentar a lo que no saben, pero necesitan saber, y así se vuelven extraordinariamente educables. A diferencia del entrenamiento que se da en clase, en un ambiente de aprendices nadie se queda dormido. Lo segundo que sucede es que por lo general, reconocen de inmediato si han escogido el lugar adecuado para que ellos puedan servir. Pero tal vez lo más importante de todo lo que sucede sea lo que ocurre en su corazón. Cuando alguien entra a un ambiente de ministerio, lo que en el pasado era solo una categoría de personas, se convierte en gente real con nombres, rostros e historias. Cuando alguien expresa su interés por nuestro ministerio con los estudiantes de la escuela media, lo invitamos a sentarse en un grupo pequeño de escuela media tan pronto como sea posible. Esto es cierto en todos los aspectos de la participación. Si logras capturar el corazón de alguien, terminarás capturando también sus manos y sus pies. Poner a las personas en ambientes de ministerio es la manera más rápida de capturar sus corazones. Por eso nosotros nos movemos con rapidez.

Puesto que la participación en el ministerio es tan importante en la edificación de la fe, nosotros involucramos a los no creyentes en el ministerio cada vez que nos es posible. Tenemos directrices. Sin embargo, en este aspecto nos vamos con frecuencia más allá de lo establecido. Antes de que me juzgues, te quiero recordar que todas las iglesias tienen personas no creyentes que participan en sus ministerios. La diferencia está en que nosotros lo hacemos a propósito, y en la mayoría de los casos, sabemos quiénes son. ¡La mayor parte de las iglesias lo hacen por accidente! Bueno, yo he trabajado en iglesias en las cuales estoy bastante seguro de que algunos de los miembros del personal no eran cristianos. Somos cuidadosos. No permitimos que alguien que se declare no creyente enseñe, o dirija la adoración. Pero los invitamos a unirse a nuestros equipos de Servicios a los Visitantes, participar en proyectos de servicio, trabajar como ingenieros de audio y vídeo, tocar en orquestas, crear escenarios, edificar escenarios, editar, producir, actuar y cualquier otra cosa que nos venga a la mente. Hace varios años, Sandra y yo llevamos a Kenia a un grupo para hacer una gira por varios locales de Compassion International. Yo invité a mi médico judío y a su hija para que nos acompañaran. Ellos sabían que iban a estar metidos en medio de un montón de cristianos durante un par de semanas. Y sí, hubo unos cuantos momentos un poco incómodos. Pero en general, fue un viaje fantástico. Me alegro de haberlos invitado, y me alegro de que ellos fueran.

Casi siempre hacemos que participen no creyentes en nuestros grupos pequeños. Y les damos oportunidades para dirigir los comentarios. Una de mis experiencias más memorables en un pequeño grupo fue la noche en la que dirigió John. La primera noche que se reunió el grupo, John anunció que la única razón por la que él estaba allí, era hacer feliz a su esposa. En la segunda semana, levantó la mano cuando estábamos comenzando, y dijo algo como esto: «La semana pasada, cuando estábamos terminando, alguien oró. No esperen que yo haga eso jamás». Nosotros le aseguramos que la oración siempre sería voluntaria. Pero según fueron pasando las semanas, Dios comenzó a ablandarle el corazón a John. En la octava semana, yo le entregué a John la guía del líder para la serie de estudios que estábamos haciendo, y le pregunté si querría dirigir los comentarios la semana siguiente. Él me miró como si yo estuviera loco. Después sonrió y me dijo: «Seguro; los voy a dirigir», como si creyera que yo estaba hablando en broma. Pero yo estaba hablando en serio.

A la semana siguiente, John se presentó totalmente preparado. Pero el momento que hizo que toda aquella noche fuera inolvidable, fue cuando dijo: «Muy bien, la guía del líder dice que se supone que debemos comenzar con una oración, y dice que la debemos hacer de rodillas. Así que vamos a arrodillarnos, y yo voy a orar». Yo no podía creer lo que estaba oyendo. En todo el grupo no había nadie que no tuviera los ojos aguados mientras John hacía su primera oración en *voz alta*. ¡Uf! Sencilla. Sentida. Inolvidable. Y John habría sido el primero en decirte aquella noche que él no era cristiano. Eso vendría después. Pero no estaba dispuesto a dejar que ninguno de nosotros lo guiara. Y el proceso de prepararse para dirigir nuestros comentarios de aquella noche había sido una experiencia que había ensanchado su fe. ¡Sí, el hecho de oírlo orar aquella noche fue una experiencia que ensanchó la fe de todos los miembros del grupo! ¿Fue riesgoso entregarle a un no creyente la guía del líder y pedirle que dirigiera nuestro estudio bíblico? Tal vez. ¿Valió la pena? Por supuesto.

El ministerio hace que la fe de las personas crezca. Si quieres aumentar la confianza en Dios de una persona, ponla en una posición de ministerio antes que se sienta plenamente equipada para ella. Con todo esto como telón de fondo, he aquí unas cuantas cosas a tener en cuenta antes de pasar a los dos últimos catalizadores de la fe.

- ¿Hasta qué punto les es fácil a las personas nuevas y a los que no son miembros la participación en el ministerio dentro de tu modelo?
- ¿Tu enfoque de la preparación y el entrenamiento mantiene a la gente alejada de los ambientes de ministerio más tiempo del necesario?
- ¿Hay algunos pasos que podrías acortar o eliminar por completo?
- ¿Hay aspectos en los cuales se podría animar a los no creyentes a servir?

Capítulo ocho

Lo inesperado

Los dos últimos catalizadores de la fe son las *relaciones providenciales* y las *circunstancias cruciales*. Los reúno porque, a diferencia de los otros tres, son unas dinámicas sobre las cuales nosotros tenemos muy poco control. Nosotros somos los que decidimos someternos a una enseñanza práctica. También somos nosotros los que participamos en las disciplinas espirituales privadas. Y nosotros somos los que decidimos servir en el ministerio, o no. Pero hay un sentido en el cual estos dos últimos catalizadores son los que nos escogen a nosotros. No obstante, todas las historias de fe que yo he escuchado han incluido ambos componentes.

Catalizador #4:
Las relaciones providenciales

Cuando las personas relatan sus historias de fe, siempre hablan de otras personas que ellas creen que Dios puso en su camino. Uno escucha decir cosas como estas: *«Entonces conocí a ese matrimonio». «Entonces me encontré inesperadamente con un viejo amigo del colegio universitario». «Un compañero de trabajo me invitó a la iglesia». «Una señora que apenas conocía me dijo que había oído hablar de las circunstancias en que yo estaba, y me preguntó cómo me podía ayudar».*

«Una tarde, mi jefe me llamó a su despacho». Nunca he escuchado una historia de fe en la que no hubiera un componente de relación con alguna otra persona. Siempre mencionan a *ese señor, ese matrimonio, esa vecina que yo apenas conocía.*

Nosotros les llamamos *relaciones providenciales*, porque cuando las personas relatan sus historias, están convencidas de que Dios llevó a su vida a estas personas o parejas de una manera providencial. Unos encuentros que al principio parecían accidentales o al azar, finalmente son considerados como citas divinas. Mientras lees esto, estoy seguro de que puedes pensar en esa persona, ese matrimonio o tal vez ese grupo que Dios puso en tu camino en el momento preciso. Y si eres como la mayoría de la gente, esto no es algo que suceda una sola vez. En todas las encrucijadas críticas de nuestro peregrinar de fe, hay personas cuya senda se cruza con la nuestra. En algunos casos se forman unas relaciones a largo plazo. En otras ocasiones, las relaciones solo duran un poco de tiempo. Pero en ambos casos, no nos cabe la menor duda de que esos encuentros han sido providenciales.

Hay dos cosas que hacen que una relación sea providencial: cuando *escuchamos* que Dios nos habla a través de alguien, y cuando *vemos* a Dios en alguien. Cuando alguna de estas dos cosas sucede, nuestra fe se ensancha. ¿Acaso no es cierto que cuando vemos la fidelidad de Dios en la vida de otra persona, nos es más fácil confiar en que también será fiel en la nuestra? Ese es el poder de una relación dispuesta por Dios.

Cada vez que hablo acerca de las relaciones providenciales, no puedo menos que pensar en Dan Dehaan. Yo tenía quince años cuando conocí a Dan. Él tenía casi treinta años. Después de nuestro primer encuentro, yo decidí que quería ser como Dan cuando creciera. Dan enseñaba en el campamento de nuestra iglesia todos los veranos. Él fue el comunicador que hizo que las Escrituras cobraran vida para mí. Todavía recuerdo un mensaje que pronunció en el verano de 1975 acerca de los peligros que hay en las bebidas alcohólicas. Después del campamento de verano, Dan se tomó un interés personal en Louie Giglio y en mí. Nos llevaba de acampada. O a recorrer ríos en balsa. Nos quedábamos en su casa. Fue él quien nos enseñó cómo se tiene un momento de quietud con Dios. Algunas veces, cuando veo predicar a Louie, veo en él rasgos de Dan.

A lo largo del camino ha habido otros hombres que Dios ha puesto en mi vida en el momento preciso: Robert Rohm, Charlie Renfroe, Steve Youngerberg. Cuando recuerdo esas relaciones, y otras más, no encuentro una palabra mejor que la palabra *providencial* para describir su importancia.

De vuelta a la iglesia

Así que ahora mismo estás pensando: *¡Hum! ¿Cómo se programa eso?*

No, no se programa.

Podemos crear una enseñanza bíblica práctica, pero no podemos crear unas relaciones providenciales.

Nuestro equipo se pasó una gran cantidad de tiempo analizando el papel de la iglesia en este importante catalizador de la fe. He aquí la conclusión a la que llegamos. Aunque la fabricación de cualquier tipo de relación, y mucho menos una caracterizada como providencial, se halla más allá de lo que nosotros podemos hacer, lo que sí podemos hacer es crear ambientes que favorezcan el desarrollo de estos tipos de relaciones. Así que eso mismo fue lo que decidimos hacer. No estoy exagerando cuando te digo que tal vez esa haya sido la decisión más significativa de todas las que hemos tomado como equipo. Nos decidimos a crear un modelo que tuviera como centro las relaciones. Comenzamos a buscar maneras de lograr que las personas se conectaran con mayor rapidez, y de hacer que se mantuvieran conectadas durante más tiempo. Esto tuvo unas consecuencias importantes para nuestra forma de enfocar el ministerio a las familias y los grupos de adultos.

En *Creating Community* [La creación de una comunidad][30], Bill Willits presenta una descripción completa de nuestro modelo de grupo para adultos. Lo que tiene relevancia en lo que estamos diciendo aquí, es que el valor que le asignamos a las relaciones providenciales fue lo que nos llevó a edificar nuestro modelo alrededor de grupos cerrados, más que grupos abiertos. Decidimos no utilizar los grupos de adultos como maquinaria de crecimiento, sino hacer todo lo que estuviera a nuestro alcance para crear una comunidad auténtica. Por eso, nuestros Grupos Comunitarios de adultos están pensados para mantenerse unidos durante dos años. Nos dijeron que esto no iba a funcionar. Pero de todas maneras, en aquellos días nos dijeron que una gran cantidad de cosas no iban a funcionar. Todo nuestro modelo de ministerio está diseñado para pasar a las personas a grupos. Creemos que los círculos son mejores que las filas. Y sabemos por las anécdotas que dentro del contexto de nuestros grupos de adultos, unos hombres y unas mujeres que de otra forma nunca se habrían conocido, son usados de maneras significativas los unos en la vida de los otros. Al menos el noventa por ciento de los adultos a los que bautizamos, les dan las gracias a personas determinadas de sus grupos pequeños por el papel que desempeñaron en su llegada a la fe y su decisión de ser bautizados. Tal vez no utilicen el término *providenciales* para describir estas relaciones, pero cuando relatan sus historias de fe, es obvio que lo fueron.

En cuanto a lo que se refiere al ministerio con las familias, nuestra dedicación a crear ambientes que condujeran a unas relaciones providenciales hizo que tomáramos varias decisiones estratégicas. La más significativa fue nuestra decisión de mantener a los líderes de los grupos dentro de sus grupos pequeños la mayor cantidad de tiempo posible. Mientras más tiempo estaba un líder de grupo con un grupo de jóvenes, más probabilidades había de que se desarrollara una relación, y por tanto, más oportunidades de que Dios usara al líder del grupo de una manera significativa en la vida de alguno de los jovencitos que formaban parte de su grupo. Por eso, cuando los adultos se ofrecen para dirigir un grupo de niños de primer grado, se mantienen con ese grupo de niños (y con sus padres) hasta que llegan al quinto grado. Esto no solo crea la posibilidad de unas relaciones a largo plazo, sino que crea un grado de responsabilidad que va mucho más allá de la experiencia del fin de semana. No es extraño que los líderes de los grupos se mantengan con su grupo y hagan la transición a nuestro ministerio con los adolescentes de la escuela media. Esto les proporciona ocho años de influencia, durante el tiempo que se considera como el más importante para el jovencito en cuanto a su desarrollo, su espiritualidad y sus relaciones.

Hemos visto cómo esto ha producido unos dividendos inmensos en nuestros ambientes de la escuela media y la superior. Tú sabes tan bien como yo, que ser asignado a un grupo de varones o de hembras del undécimo o del duodécimo grado como líder de grupo sería una asignación bastante dura. Cuando por fin te ganas un poco su confianza, el año escolar ha terminado y ellos se han ido. Pero imagínate que eres el líder de un grupo pequeño de varones o de hembras del undécimo grado con los cuales has estado desde que estaban en el octavo o el noveno grado. Eso haría una gran diferencia en cuanto a las relaciones, ¿no es cierto? Y la hace. Año tras año. Tenemos grandes ministerios con estudiantes en nuestras cuatro iglesias. Como extraño, te podrías sentir tentado a pensar que son la música y la energía que se sienten en la sala las que arrastran a los muchachos. Pero los muchachos, mis muchachos, te van a decir que son los líderes de sus grupos los que hacen que el ambiente sea especial. Los jóvenes de la escuela media y superior que hay en nuestras iglesias no usan el término *providencial* para referirse a sus relaciones con sus líderes. Pero cuando escuchas sus historias, cuando ves los vídeos que graban para su bautismo, cuando oyes hablar a sus padres acerca de lo mucho que han significado esos líderes en la vida de sus estudiantes, no te queda la menor duda. Se trata de unas relaciones providenciales. Cuando esos muchachos llegan a la edad adulta y describen su peregrinar en la fe, puedes estar seguro de que los líderes que tuvieron en su pequeño grupo de la escuela secundaria van a formar parte de sus historias.

Nosotros no tenemos clases para nuevos miembros. Para los que están explorando o regresando a la fe, creamos Starting Point. Les hablamos de Starting Point más como una *conversación* que como una *clase*. Limitamos a doce el tamaño del grupo. No nos preocupa el que les tengamos que pedir a las personas que esperen. Aunque el contenido es muy valioso, las relaciones que se crean en ese ambiente de intimidad son del mismo valor, o de un valor mayor. De una manera similar, tampoco ofrecemos consejería prematrimonial. En lugar de darla, tenemos un programa llamado *2 to 1 Premarital Mentoring* [mentoría prematrimonial]. A las parejas que están comprometidas para casarse se les asigna un matrimonio, y se suelen reunir ocho veces para estudiar una serie de lecciones. La naturaleza de la relación que se crea en estas sesiones las convierte más en una mentoría que en una consejería. Una vez casados, siempre pueden llamar a sus mentores de *2 to 1* si tienen preguntas o se les presentan unos desafíos inesperados.

Tal vez nuestra iniciativa más enérgica (y algunos dirían que poco ortodoxa) en este sentido es el esfuerzo que hacemos para pasar a las personas sin iglesia, o no creyentes, a los grupos y a los equipos de servicio. Queremos que las personas que están analizando la fe, o que tienen preguntas acerca de ella, estén rodeadas por gente de fe. Mientras mayor sea el número de cristianos con los que entren en contacto, más probable será que uno de ellos sea el que haga ese comentario inesperado que abra las puertas a una conversación que a su vez lleve a un momento definidor. Como ya te dije, no podemos crear una relación providencial. Sin embargo, sí podemos crear algunos puntos de contacto.

Ahora bien, estoy seguro de que allí, en el mundo de los lectores, habrá quien esté pensando: *Oye, Andy, tú no tienes la única iglesia donde están sucediendo cosas estupendas como esas. ¡Nosotros vemos el mismo tipo de cosas en nuestra iglesia!*

Claro que las ves. Eso es lo que yo te quiero decir. Así es como funciona Dios. La pregunta es esta: *¿Estás tú colaborando con Dios?* Las clases de cosas que yo he descrito, ¿están sucediendo debido a tu modelo de ministerio, o a pesar de él? *Van* a suceder. Dios usa las relaciones providenciales para captar la atención de la gente y aumentar inmensamente su fe. Mi responsabilidad, y también la tuya, consiste en hacer cuanto podamos para facilitar esas relaciones, y darles espacio para que se desarrollen. El escritor de Hebreos dio en el clavo cuando escribió:

Preocupémonos los unos por los otros, a fin de estimularnos al amor y a las buenas obras. No dejemos de congregarnos, como acostumbran hacerlo algunos, sino animémonos unos a otros, y con mayor razón ahora que vemos que aquel día se acerca. (Hebreos 10.24–25)

Me encantan las primeras palabras: «*Preocupémonos* los unos por los otros, a fin de...». En otras palabras, vamos a analizar la cuestión. No demos por sentado que se va a producir. Vamos a facilitar que se produzca. Relacionemos nuestras vidas y «animémonos» unos a otros. Por tanto, aquí va un poco de ánimo. Tu modelo de ministerio, ¿conecta a la gente con rapidez y la mantiene conectada? ¿Tiene tu modelo unos pasos fáciles y obvios hacia la creación de una comunidad? ¿Les es fácil a los no creyentes hallar su lugar? ¿Le estás dando clases a la gente hasta que ya no pueda más? En cuanto a programas, ¿qué puedes hacer para crear unas oportunidades de conexión con mayor profundidad de relación en tu modelo de ministerio?

CATALIZADOR #5:
LAS CIRCUNSTANCIAS CRUCIALES

El quinto y último catalizador es el de las *circunstancias cruciales*. Cuando las personas describen su peregrinar en la fe, siempre incluyen sucesos que se podrían describir como «momentos definidores». Algunos de ellos son buenos: recibieron una beca, descubrieron una nueva oportunidad, se casaron, tuvieron un hijo, recibieron un ascenso o fueron transferidos a otro trabajo. Pero con la misma frecuencia, estos momentos definidores comprenden dolor y desilusión: la muerte de un familiar o amigo, un divorcio, una larga enfermedad, un cambio de trabajo, la traición de un amigo. Como sabes, cuando de la fe se trata, las circunstancias nos pueden afectar en ambos sentidos. Un suceso positivo puede afectar la fe de una manera adversa, o fortalecerla. Unas circunstancias adversas pueden dañar la fe de la persona, o hacerla más profunda. Las personas pierden la fe cuando la vida se les vuelve demasiado fácil, pero también pierden la fe ante una tragedia. En ambos sentidos, la vida tiene el potencial de causar un impacto en la fe, para el bien o para el mal.

El desafío que significa este catalizador es que no tenemos forma de programar una circunstancia crucial. No la vemos venir. No la programamos en nuestra agenda. Y nunca sabemos cómo va a impactar nuestra fe hasta que estamos en medio de ella. Así que este catalizador es un poco escabroso. Sin embargo, como sabrás por tu propia historia personal, los sucesos de la vida que son grandes, cargados de emoción e inesperados son factores importantes en el desarrollo o la erosión de nuestra seguridad en Dios. Por consiguiente, nosotros decidimos que eran demasiado grandes para ignorarlos, a pesar del hecho de que estas *circunstancias cruciales* forman una categoría propia y única. De manera que nos pasamos una buena cantidad de tiempo analizando qué hace que exista esta diferencia en cuanto al sentido en que una circunstancia crucial empuja a la persona con respecto a su fe. Al compartir nuestros encuentros personales con las sorpresas de la vida, y el efecto que estos sucesos habían tenido sobre nuestra fe, llegamos a la siguiente conclusión: En realidad, no fue el suceso en sí el que hizo crecer o socavó nuestra fe, sino que fue nuestra *interpretación* del suceso la que determinó la dirección que tomaríamos. Las conclusiones que sacamos acerca de Dios en medio de nuestras circunstancias cruciales son las que nos llevan hacia él, o nos alejan de él.

Uno de los hombres más ricos de los Estados Unidos, un hombre que ha influido en la vida de todos y cada uno de nosotros por medio del desarrollo de una distribución internacional de medios de comunicación, creció con el deseo de ser misionero. Cuando él era aún joven, su hermana contrajo leucemia. Según él mismo cuenta la historia, tanto él como su familia oraron y oraron. A él le dijeron que si tenían fe suficiente, su hermana sobreviviría. Cuando ella no sobrevivió, él decidió que si acaso existía un Dios, ciertamente no se podía confiar en él. Se alejó de la fe y nunca volvió a mirar atrás. *Interpretó* la muerte de su hermana como una evidencia de la debilidad, la falta de atención o incluso la no existencia de Dios. Sin embargo, al igual que yo, tú conocerás personas que han andado por ese mismo camino, y han salido al otro lado con una fe más fuerte en Dios. ¿La diferencia? Su interpretación.

EL PODER DE UNA FOTOGRAFÍA

Steve Jobs pasó por una crisis de fe similar. En la portada de la edición del 12 de julio de 1968 de la revista *Life* había una perturbadora fotografía donde aparecían dos niños procedentes de la región de Biafra, destrozada por la guerra. Biafra era un estado secesionista de Nigeria que mantuvo su independencia solamente dos años y medio, antes de ser integrado de nuevo en Nigeria. Más de un millón de personas murieron en ese tiempo, ya fuera a causa de la guerra civil o del hambre. A sus trece años, a Steve se le hizo imposible reconciliar esa fotografía con las lecciones que le estaban enseñando en su iglesia luterana local.

Mientras que el muchacho promedio de trece años de edad se habría encogido de hombros y habría seguido con su vida de trece años, Steve quiso obtener respuestas. Su biógrafo, Walter Isaacson, describe lo que sucedió después:

> Steve la llevó (la revista) a la Escuela Dominical y se le enfrentó al pastor de la iglesia. «Si yo levanto un dedo, ¿sabrá Dios cuál dedo voy a levantar, aun antes de que lo haga?». El pastor le respondió: «Sí, Dios lo sabe todo». Entonces Jobs sacó la portada de la revista *Life* y le preguntó: «Bueno, ¿sabe Dios esto y lo que les va a suceder a esos niños?»[31].

La respuesta que recibió no fue del todo aceptable. Según Isaacson, después de aquella conversación, Steve nunca regresó a la iglesia. Pero no fue la fotografía que había en la portada la que socavó su fe. Fue la forma en que *interpretó* la fotografía la que lo alejó de la iglesia. Las conclusiones a las que llegó fueron las que hicieron que su Dios de la Escuela Dominical y aquellos niños famélicos fueran irreconciliables.

Hay una razón por la que digo esto.

Cuando mis hijos tenían diez, doce y catorce años, Sandra y yo los sostuvimos de la mano y los guiamos por los senderos repletos de aguas negras de la barriada de Mathare Valley, en Nairobi, Kenya. En esta barriada de unas setecientas hectáreas de superficie, viven más de medio millón de personas, la mayoría de las cuales viven en chozas improvisadas de 1,8 por 2,4 metros, hechas de hojalata herrumbrosa y lodo. No hay electricidad ni agua corriente. Hay unos rudimentarios inodoros públicos que los residentes tienen que pagar para usarlos. Los que no pueden pagar usan «escusados volantes», bolsas de plástico que se usan para recoger los excrementos, y después tirarlas al río Nairobi (el cual es la fuente del agua que usan los residentes). Los niños tienen el mismo aspecto de los que aparecían en aquella portada de la revista *Life* que creó tanta consternación en Steve Jobs a su corta edad. Pero mis hijos no perdieron la fe. Tampoco la perdieron los otros jovencitos cuyas familias nos acompañaban en nuestra «gira». Al contrario, regresaron a casa motivados para hacer algo acerca de lo que habían visto.

Es probable que hayas andado por lugares donde la pobreza les ha robado el futuro a los niños. Sin embargo, lo que viste tampoco hizo que se viniera al suelo tu fe. Reaccionaste como reaccionaron mis hijos. Viniste de vuelta a tu casa, agradecido por lo que tenías y motivado a hacer algo con respecto a lo que habías visto. Sabías que Dios lo detestaba tanto y más que tú. Y crees, como creo yo, que el pecado, el sufrimiento y la muerte serán barridos un día para nunca volver. *Interpretaste* de una manera diferente lo que viste. La forma en que una persona interpreta sus circunstancias es la que lo cambia todo.

LOS FACTORES DETERMINANTES

Una vez que reconocimos la relación que existe entre los sucesos y su interpretación, dedicamos algún tiempo a batallar con esta pregunta: *¿Qué determina la forma en que interpretamos los sucesos y las circunstancias?* Así llegamos a dos cosas:

1. Nuestra manera de ver el mundo.

2. Con quiénes estamos compartiendo la vida en esos momentos.

En cuanto a nuestra manera de ver al mundo, si alguien está convencido de que «toda buena dádiva y todo don perfecto» nos vienen de Dios[32], que todo le pertenece a él, y que nosotros somos simples administradores[33], entonces, cuando pasan cosas buenas, esas cosas buenas no serán una distracción para la fe. Si la persona cree que Dios no impide que le pasen cosas malas a la gente buena, sino que usa esas mismas cosas para fortalecer su fe y atraer su atención hacia él[34], entonces considerará las circunstancias cruciales como oportunidades. Al final, fortalecen la fe. Basta una lectura superficial del Antiguo y del Nuevo Testamento para llegar a la conclusión de que *Dios exhibe su poder en el escenario de la debilidad humana.* Pero incluso esa misma declaración comprende una interpretación de los sucesos. Una interpretación basada en una cosmovisión moldeada por las Escrituras. Es crítico que ayudemos a las personas a ver el mundo a través del lente de las Escrituras para proporcionarles el contexto correcto desde el cual puedan interpretar la vida.

El segundo factor que influye en nuestra manera de interpretar las circunstancias cruciales de la vida está constituido por las personas que tienen acceso a nuestra vida en esos momentos: la familia, los amigos, los mentores, los maestros. El autor de Eclesiastés dice que sentimos lástima por los que caen y no tienen quien los levante[35]. Todos hemos visto lo que sucede cuando la vida derrumba a alguien y no hay nadie cerca que lo ayude a poner sus circunstancias en su contexto debido. Cuando nuestra fe anda por los suelos, necesitamos personas que nos hablen con la verdad; amigos que nos recuerden las fidelidades de Dios en nuestro pasado. Necesitamos gente que atraiga nuestra atención hacia fuera del ámbito de nuestras circunstancias inmediatas; gente que ponga nuestras circunstancias dentro del contexto que es correcto.

Tal vez el mejor ejemplo que hay en el Nuevo Testamento de esta dinámica gira alrededor del arresto y el encarcelamiento de Juan el Bautista. Juan, enviado por Dios para anunciar la llegada del Mesías, se encuentra de pronto en una cárcel, y sin posibilidades de quedar en libertad. Y a diferencia de otros héroes del Nuevo Testamento que se encontraron en dificultades similares, no se produjo ningún milagro a la media noche. No lo visitó un ángel. No hubo terremotos. Ni siquiera recibió un paquete de alimentos de parte de su famoso primo, sino solo los malos olores de la mazmorra de Herodes. Como consecuencia, su fe sufrió un duro golpe. Comenzó a dudar. Por eso le envió a Jesús un mensaje por medio de unos amigos suyos. Era más una pregunta que un mensaje. Le preguntaba: «¿Eres tú el que ha de venir, o debemos esperar a otro?»[36]. Dicho con otras palabras: *¡Esto no tiene sentido! ¡Interprétamelo, por favor!* Jesús le respondió apartando su atención de sus circunstancias inmediatas para fijarla en la actividad más amplia de Dios en el mundo. Esto es lo que les dijo: «Vayan y cuéntenle a Juan lo que están viendo y oyendo: Los ciegos ven, los cojos andan, los que tienen lepra son sanados, los sordos oyen, los muertos resucitan y a los pobres se les anuncian las buenas nuevas»[37]. En otras palabras: *Díganle a Juan lo que está sucediendo fuera de la agonía que él está viviendo. Díganle que no permita que las cosas que lo rodean se traguen su fe. Muéstrenle el contexto más amplio. Hacerlo le va a ayudar a interpretar de la manera correcta lo que le está sucediendo a él.* Después de despedir a los amigos de Juan, Jesús hizo una notable declaración ante los que le rodeaban: «Dichoso el que no tropieza por causa mía»[38]. Lo que implica esa declaración es sorprendente. Jesús reconoce que su actividad, o falta de ella, tiene el potencial de minar nuestra fe. Su falta de actividad estuvo a punto de minar la de Juan. Y sabes cómo terminó esa historia. No terminó bien. Jesús nunca acudió a rescatarlo. Al parecer, nunca se molestó en ir a visitarlo. Herodes terminó ejecutando a Juan. Pero todo parece indicar que Juan murió con su fe intacta.

DE VUELTA A LA IGLESIA

Armados con estas observaciones, nos dimos cuenta de lo importante que era que actuáramos de manera deliberada para ayudar a las personas a desarrollar una cosmovisión bíblica. Así que decidimos proporcionarles, tanto a los adultos como a los adolescentes y los niños, un contexto teológico que los capacitara para mantener su fe, a pesar de todo lo que se les cruzara en el camino.

Estas observaciones apoyaron nuestro compromiso de crear un modelo de ministerio que tuviera una naturaleza altamente definida por las relaciones. Aunque siempre es peligroso estar desconectado de los demás creyentes, es en especial peligroso cuando las cosas no marchan bien. A continuación te presento varias cosas que nosotros introducimos en nuestro modelo, y que al mismo tiempo que crean oportunidades para reiterar una cosmovisión cristiana, formalizan la formación de unas relaciones saludables:

- **El bautismo**
  Los vídeos de los bautismos ilustran continuamente la forma en que Dios usa las circunstancias cruciales para llevar a las personas a la fe. Además de esto, ilustran la forma en que esas personas han mantenido viva su fe en medio de las dificultades. Algunas veces se ha tratado de dificultades extremas.
- **La mentoría 2 to 1**
  Nuestro programa 2 to 1 de Mentoría Prematrimonial les proporciona a las parejas comprometidas para casarse una relación con matrimonios ya maduros quienes les brindan la perspectiva necesaria para los retos únicos asociados con el hecho de estar recién casados.
- **La estructura de los grupos pequeños**
  Nuestro modelo de Grupos Comunitarios cerrados proporciona apoyo por medio de las relaciones, así como una contextualización correcta para los solteros y las parejas que se están enfrentando a desafíos.
- **La estructura de los grupos de ministerio a las familias**
  Al mantener a los niños y los estudiantes con el mismo líder de grupo pequeño durante varios años, se crea una saludable dinámica relacional. Los niños

y los estudiantes son particularmente susceptibles de
interpretar de manera incorrecta los sucesos negativos.
El hecho de que haya otro adulto maduro en su vida
además de sus padres, puede cambiar por completo su
manera de enfrentarse al desafío que les presentan las
circunstancias.

Cuando somos capaces de hallar a Dios en medio de las circunstancias cruciales de la vida, nuestra fe queda fortalecida. Cuando
ayudamos a otras personas a reconocer a Dios en medio de las circunstancias de su vida, la fe de esas personas queda fortalecida. Esas
circunstancias cruciales ponen a prueba nuestra seguridad en Dios
y, por tanto, tienen el potencial necesario para fortalecerla. Para que
esto suceda, la persona necesita un contexto. Necesita una cosmovisión bíblica. Y muchas veces, necesita que otra persona la ayude a
interpretar lo que está sucediendo.

ETERNOS Y PERDURABLES

De manera que aquí los tienes: nuestros cinco catalizadores de la fe.

- La enseñanza práctica
- Las disciplinas privadas
- El ministerio personal
- Las relaciones providenciales
- Las circunstancias cruciales

Estamos convencidos de que Dios usa estas dinámicas para hacer
crecer nuestra fe. También estamos convencidos de que estas dinámicas están obrando en la vida de todas las personas y en todas las
iglesias, tanto si están conscientes de ellas, como si no lo están. Pero
te puedo decir por experiencia propia que algo poderoso sucede en
la vida de los que asisten a una iglesia cuando los líderes de esa
iglesia andan siempre buscando maneras de fortalecer estos cinco
catalizadores. Nosotros siempre estamos buscando formas nuevas de
estructurar nuestra organización alrededor de ellos. Yo quiero que

Dios tenga libertad para obrar a través de nuestro modelo, y no a pesar de él. No obstante, antes de dejar este tema te quiero señalar la razón primaria por la cual creemos que este enfoque de la formación espiritual es superior a otros enfoques más tradicionales.

Cuando habló del tema de su propio desarrollo espiritual, el apóstol Pablo describió este proceso de la manera siguiente:

> No es que ya lo haya conseguido todo, o que ya sea perfecto. Sin embargo, sigo adelante esperando alcanzar aquello para lo cual Cristo Jesús me alcanzó a mí. Hermanos, no pienso que yo mismo lo haya logrado ya. Más bien, una cosa hago: olvidando lo que queda atrás y esforzándome por alcanzar lo que está delante, sigo avanzando hacia la meta para ganar el premio que Dios ofrece mediante su llamamiento celestial en Cristo Jesús. (Filipenses 3.12–14)

Ni siquiera este seguidor de Jesús tan experimentado pensaba que ya hubiera «llegado». Tenía mucho que aprender. Tenía mucho que experimentar. Mucho que comprender. Se consideraba a sí mismo como un seguidor en crecimiento. Escogió las palabras *esforzándome* y *avanzando* para describir su manera de enfocar la madurez. Detrás de esas palabras hay una gran cantidad de energía. La búsqueda de la madurez espiritual no era para Pablo una empresa pasiva ni superficial. Hizo que la formación espiritual pareciera más un ejercicio atlético que un estudio bíblico. Y aunque yo me sienta tentado a esbozar una sonrisa de superioridad y echar de lado ese lenguaje tan extremo de Pablo, considerándolo como un esfuerzo por compensar su pasado más bien vergonzoso como activista, él no me lo permite. Ni te lo permite a ti tampoco.

> Así que, ¡escuchen los perfectos! Todos debemos tener este modo de pensar. (Filipenses 3.15)

«Todos». Esa palabra no deja a nadie fuera. «Todos» nosotros debemos estar *esforzándonos* y *avanzando*. ¡Y tú que creías que

después de un par de temporadas en la Confraternidad de estudios
bíblicos, tres años de voluntario en el preescolar de la iglesia y un
viaje misionero a Burundi, le podías poner la marca de terminado al
cuadro de la madurez espiritual! Al parecer, no es así. Al parecer, la
búsqueda de la madurez espiritual es una empresa de toda la vida.
Y si esto es así, entonces tu enfoque de la formación espiritual debe
ser lo suficientemente flexible y dinámico como para sostenerte a
lo largo de todas las temporadas de la vida. Yendo más al grano, el
enfoque de la formación espiritual alrededor del cual enseñes y edi-
fiques tu modelo de ministerio debe ser lo suficientemente flexible y
dinámico para sostener a los miembros de tu congregación a través
de todas las temporadas de la vida de ellos. Cualquiera que sea su
edad, las personas necesitan saber que pueden confiar en Dios en
cuanto a los retos y las tentaciones específicas relacionadas con su
etapa concreta de la vida. En todos los capítulos hace falta una fe
grande. Sin embargo, las expresiones de esa fe van cambiando con
el tiempo.

Los adolescentes de tu iglesia necesitan una fe que sea lo suficientemente fuerte para que puedan soportar los desafíos de su adolescencia. Tus estudiantes de colegio universitario necesitan una fe
lo suficientemente grande para capacitarlos de manera que confíen
en Dios en cuanto a su futuro. Los solteros de tu iglesia se enfrentan a un conjunto de desafíos que es distinto a los de estos grupos
anteriores. Las personas casadas de tu iglesia necesitan saber que
pueden confiar en Dios en cuanto a su cónyuge y sus hijos. Los
ancianos de tu iglesia necesitan saber que pueden confiar en Dios
durante una etapa de su vida en la cual la pérdida de los seres queridos se vuelve algo corriente, y cada día les recuerda su mortalidad
de una manera nueva.

Esta es la belleza y este el poder de los cinco catalizadores de la
fe en su enfoque de la madurez. Cada uno de los catalizadores tiene
un aspecto algo distinto en las diferentes etapas de la vida. Ahora
bien, aunque las expresiones cambien, los catalizadores en sí mismos siguen adelante, año tras año, temporada tras temporada. Este
sencillo marco de referencia se les puede enseñar a los niños, a los

estudiantes y a los adultos, proporcionándoles una herramienta que les permita monitorear y buscar la madurez espiritual a lo largo de toda su vida.

Por ejemplo, nuestra manera de enfocar las disciplinas privadas podrá cambiar a lo largo de los años, pero siempre necesitaremos que esas disciplinas se mantengan centradas en nuestra fe. Nadie madura tanto, que ya no necesite orar ni meditar. La confianza en Dios en cuanto a nuestro dinero a los cuarenta años es diferente a la que teníamos a los catorce. Pero esa disciplina es una medida de nuestra seguridad en Dios que dura toda la vida. La generosidad hace que se ensanche nuestra fe en todas las etapas de la vida.

Cada temporada trae consigo su propio conjunto de circunstancias cruciales. Los varones adolescentes reciben textos de sus amigas, en los cuales les dicen que solo quieren ser amigas suyas. Los maridos reciben los documentos de su divorcio. Los niños lloran la pérdida de un animalito doméstico. Los adultos lloran la pérdida de sus padres. Aunque la magnitud de lo que nos trae la vida cambie, nuestras respuestas y nuestra capacidad para interpretar de manera correcta esos cambios imprevistos en el paisaje de nuestra vida siempre serán críticas para la salud de nuestra fe. El Salmo 23 nunca cambia. Sin embargo, lo cierto es que su significación sí cambia. Los «valles tenebrosos» tienen un aspecto distinto en cada una de las etapas de nuestra vida, ¿no es cierto? Bienaventurada la estudiante de escuela media cuyos líderes le han enseñado cómo salir adelante ante la traición de su mejor amiga, porque cuando sea mayor, estará mejor preparada para salir adelante después de unas pérdidas más sustanciales.

Esta mañana me desperté a las 5.10 para enviarles mediante un mensaje de texto mi apoyo de oración a Chris, un miembro de nuestro personal, y a Katie, su esposa, a quien le van a hacer una cesárea. No se espera que Hallie, su bebé, viva más que unos pocos minutos. Tal vez un día[39]. Cuando leí lo último que escribió Chris antes que se dirigieran al hospital, lloré. No tanto por las circunstancias en las que se hallaban él y Katie, sino por la seguridad que tienen en Dios. Por su gran fe. Esa clase de fe no nace de una serie de clases,

ni de estudios bíblicos. Nace del hecho de haber experimentado la
fidelidad de Dios en el pasado. Es el desbordamiento de las relaciones providenciales que se han cruzado con sus vidas durante años.
Nace de una vida devocional en la cual han oído el susurro de Dios.
Ellos serían los primeros en decirte que su fe se debe en parte a que
han escuchado predicar y enseñar la Palabra de Dios con aplicaciones prácticas a la vida. Por eso se están *esforzando*. Están *avanzando hacia la meta*. Y cuando esta prueba haya pasado, la redimirán
a base de entrar en un nuevo ámbito de ministerio personal con
otras parejas que se estén enfrentando al mismo desafío que ellos
ahora. Y esas parejas considerarán providencial su interacción con
Chris y Katie. ¿Cómo lo sé? ¿Acaso no es esa siempre la forma en
que obra nuestro Padre celestial? Los nombres y los rostros cambian. Dios no.

Como he afirmado repetidas veces a lo largo de este libro, mi
meta no consiste en que tú hagas lo que nosotros hacemos. Sin
embargo, parte de esa meta mía consiste en empujarte a examinar
detenidamente lo que estás haciendo. Así que, en el aspecto de la
formación espiritual, ¿cuál es tu modelo? ¿Es susceptible de ser
enseñado? ¿Es portátil? Y lo más importante de todo, ¿podrá ir llevando a las personas a lo largo de toda su vida? ¿Has creado un lenguaje que se pueda pasar desde el ministerio con los niños a todas
las edades, incluyendo tu ministerio con los adultos? El modelo
de crecimiento espiritual de tu organización ha sido diseñado a la
perfección para producir los resultados que estás consiguiendo en
estos momentos. Así que si te agrada lo que está sucediendo, documenta tu proceso, no vaya a ser que te desvíes accidentalmente de
él. Pero si te preguntas en secreto si las personas estarán cambiando en realidad, o solo escuchando tus sermones y asistiendo a las
clases, entonces te quiero exhortar a que pienses en adoptar como
marco de referencia los cinco catalizadores de la fe. Al igual que tú,
yo no quiero levantar una iglesia llena de gente que simplemente
conozca la Biblia. Quiero edificar una iglesia llena de hombres y
mujeres con una fe grande; hombres y mujeres que tengan la seguridad de que Dios es quien dice ser, y que va a hacer precisamente

lo que ha prometido hacer. Quiero estar rodeado de personas cuya vida y cuyas respuestas a la vida hagan que la comunidad levante la mirada y las observe. Esa clase de fe fue la que sostuvo y alimentó a la iglesia durante las tribulaciones por las que pasó en sus tres primeros siglos. Y es esa clase de fe la que debería caracterizar a nuestras iglesias de hoy.

AMPLIANDO

Por qué les encanta asistir

Hace algunos años, Sandra y yo visitamos a unos amigos que se habían trasladado recientemente a la costa oeste del país. ¿No te encanta que tus amigos se muden a lugares que siempre has querido visitar? Nosotros llegamos un jueves. Nuestro amigo Sean me informó que se había unido a un grupo de hombres que se reunían los viernes por la mañana, y me preguntó si me gustaría acompañarlo. Teniendo en cuenta que lo más probable fuera que mi reloj biológico me despertara a las cinco de la mañana de todas maneras, acepté ir.

Tenían su estudio en una iglesia local (que no era la iglesia a la cual ellos estaban asistiendo entonces). Si eres como yo, desde que llegas a las dependencias de una iglesia, comienzas a evaluar, además de ponerte a buscar ideas que puedas «tomar prestadas». Aunque no vi mucho que valiera la pena tomar prestado, sí vi mucho que hacía falta evaluar.

El grupo se reunía en un salón de reuniones de tamaño mediano que tenía una pared con ventanas a un lado y un conjunto de aulas al otro. Lo primero que noté fue el olor. El salón olía como a... como a viejo. La segunda cosa que captó mi atención fue el desorden. Había cosas regadas por todas partes. Literatura de la Escuela Dominical. Biblias. Himnarios. Sombrillas. Hasta había una llama comiendo Cheerios en una esquina. Las persianas de la media docena de ventanas estaban todas bajadas a diferentes alturas. Había un tablero de avisos con media docena de volantes enganchados al azar en él. El color de las paredes era malo. La alfombra necesitaba un reemplazo. ¿Te mencioné ya el olor? Y no, en realidad no había una llama en una esquina.

Era un espacio de reunión destinado a la Escuela Dominical de los adultos. La gente adulta se reunía en aquel salón para estudiar la Biblia. Después de estar en aquel ambiente durante menos de un minuto, ya sabía con toda seguridad una cosa: La gente que se reunía en aquel salón los domingos, se había reunido allí durante tanto tiempo, que ya no lo veía. El salón se había vuelto invisible para ellos. No era que les gustara el desorden. Era que no lo veían. Sin embargo, un recién llegado lo notaría de inmediato. De hecho, eso fue lo que me pasó a mí. La verdadera tragedia desde mi punto de vista era que este ambiente para el ministerio con los adultos enseñaba una serie de lecciones de las cuales no estaba consciente el departamento de la Escuela Dominical.

Primera lección: No estamos esperando visitas.
Segunda lección: Lo que estamos haciendo aquí no tiene tanta importancia.
Tercera lección: Esperamos que alguien recoja el desorden que nosotros dejamos.
Cuarta lección: No nos sentimos orgullosos de nuestra iglesia.

¿Te parece que estoy juzgando con demasiada dureza? ¿Tienes la esperanza de que yo no visite tu iglesia en largo rato? Si es así, entonces tal vez sea esta la sección más importante del libro que debas digerir, para después enseñársela a tu equipo. Pero antes de saltar a su contenido, una historia más.

Durante sus primeros tres años y medio, North Point se estuvo reuniendo los domingos por la noche en dependencias alquiladas. No es divertido. Pero a mí me daba la oportunidad de visitar otras iglesias los domingos por la mañana. Con sinceridad, lo que me pasaba continuamente es que no me sentía impresionado con nada.

Nuestra experiencia más estresante y desilusionadora se produjo en una iglesia promocionada por su ministerio con los niños. Nosotros llegamos unos veinte minutos antes de la hora en que debía comenzar el culto. Andrew iba con nosotros. Acababa de cumplir tres años. Tuvimos que preguntar dos veces dónde podíamos encontrar el lugar dedicado a los niños. Casi no había letreros orientadores de ninguna clase. Por último, alguien nos señaló una puerta. Miramos dentro y la única persona que estaba en aquel cuarto era un hombre que parecía tener casi treinta años. Cuando nos vio, se acercó a la puerta con una gran sonrisa en el rostro. Un poco más grande de la cuenta para mi gusto. Nosotros le dijimos que era la primera vez que visitábamos la iglesia. Él nos aseguró que estábamos en el lugar correcto, e invito a Andrew para que entrara al cuarto. Entonces fue cuando noté una puerta trasera que se mantenía abierta y que llevaba hacia un lugar que parecía un patio de juegos al aire libre. Pero resultaba difícil decir con exactitud qué había al otro lado de la puerta. Sandra preguntó si necesitábamos llenar algún formulario. Él pareció sentirse algo confundido y le respondió que no, y que esperaba que disfrutáramos del culto. Entonces se dio media vuelta y comenzó a hablarle a Andrew. Nosotros nos quedamos allí, ambos pensando lo mismo, pero sin que ninguno de los dos lo quisiera decir en voz alta. No haciendo caso de nuestros instintos paternales embravecidos, salimos rumbo al auditorio.

Durante el segundo canto, Sandra se volvió hacia mí y me preguntó: «¿Te sientes tranquilo con la situación de Andrew?». Yo le aseguré que no, y que en eso era en lo que había estado pensando todo el tiempo desde que salimos de aquella aula. Ella se levantó de inmediato de nuestra banca y se fue de vuelta al ala donde estaban los niños. A mí me hizo falta hasta la última onza de dominio propio para no seguirla. Pocos minutos después regresó y me informó que, en efecto, había otro adulto en el aula, junto con una docena de niños, o algunos más.

Si tienes hijos, me imagino que no te sorprenderás de saber que nunca volvimos a visitar esa iglesia. Lo que es peor, eso es lo único que recuerdo de nuestra visita. Cada vez que alguien menciona el nombre de esa iglesia, pienso en aquel incidente. Yo soy el primero en admitir que no es posible que nuestra experiencia fuera la norma. Sin embargo, nunca regresaría. Esto sucedió hace diecisiete años. Al igual que en el caso de mi historia anterior, esta iglesia estaba enseñando varias lecciones que no tenía intención de enseñar.

Primera lección: No esperamos que venga familias nuevas.
                   Tenemos los mismos niños todas las sema-
                   nas.

Segunda lección: Si hay una emergencia, no tenemos pensa-
                   do avisarles a ustedes.

Tercera lección: La seguridad de su hijo no es lo primero
                   que nos interesa.

Cuarta lección: Nuestros voluntarios no entienden la for-
                   ma en que piensan los padres (es decir, que
                   nuestros voluntarios carecen de entrena-
                   miento).

Lo que tienen en común estas dos historias es que ninguna de mis evaluaciones tuvo nada que ver con la predicación. Si tu respuesta a mi evaluación es: «Andy, no eres justo. No deberías juzgar a una iglesia a partir de una sola visita», estarías en lo cierto. Mi evaluación no es justa. Y eso es precisamente lo que te quiero decir.

Todos los domingos, la gente entra a tus dependencias y decide si va a regresar o no la semana siguiente, aun antes de que tu predicador abra la boca. Y eso no es justo. Pero es cierto. La moraleja de la historia: El ambiente importa. Así que en esta sección te voy a enseñar todo lo que nosotros hemos aprendido acerca de la creación de unos ambientes de ministerio irresistibles.

Allá vamos.

Capítulo nueve

La creación
de ambientes
irresistibles

El ambiente en que se desarrolla todo ministerio comunica algo.
No existen los ambientes neutrales. Los ambientes son los mensajes
antes del *mensaje*. Los mensajes que comunican tus ambientes tienen el potencial de echar abajo tu mensaje primario. No recuerdo
absolutamente nada del mensaje que se predicó en las iglesias que
mencioné en los ejemplos de los párrafos anteriores. Nada. Estaba
demasiado distraído con el mensaje en cuatro puntos del ambiente
de los niños.

Como les estoy recordando constantemente a nuestros líderes,
el sermón comienza en el estacionamiento. Cuando por fin llega el
momento en que yo me levanto para presentar lo que se considera tradicionalmente como *el mensaje*, todo el mundo en nuestra
audiencia ha recibido ya por lo menos una docena o más de mensajes. Muchos ya han decidido en su mente si van a regresar o no la
semana próxima. Lo mismo es cierto también en tu iglesia. La calidad, la regularidad y el impacto personal de tus ambientes dedicados

157

al ministerio definen a tu iglesia. Por decirlo de otra manera, tus ambientes determinan qué le viene a la mente a la gente cuando piensa en tu iglesia. Eso es especialmente cierto en el caso de los que asisten por primera vez. Cualquiera que sea el tamaño de tu iglesia, o la denominación a la que esté afiliada, es un conglomerado de ambientes. Ya sea que los llames clases, programas, ministerios o servicios, en el fondo son ambientes; unos ambientes que comprenden el entorno físico combinado con algún tipo de presentación.

TÚ DECIDES

En nuestra calidad de mayordomos de una iglesia local, o incluso de un departamento de una iglesia, yo creo que somos nosotros quienes deberíamos determinar los mensajes que comunican nuestros ambientes. Deberíamos escoger los mensajes que se presentan antes del mensaje. Tenemos la responsabilidad de moldear la forma en que las personas ven a nuestras iglesias locales. No le podemos dejar esto al azar. Y aunque yo les tengo un gran afecto, tampoco se lo podemos dejar a los antojos individuales de nuestros voluntarios.

A menos...

A menos que te conformes con tener una iglesia para la gente de iglesia. De hecho, si lo que quieres es tener una iglesia para gente de iglesia, te puedes saltar este capítulo. La gente de iglesia lo soporta prácticamente todo, siempre que tú termines el culto a tiempo. ¿No me crees? Todo lo que tienes que hacer es visitar una iglesia promedio. Es asombroso todo lo que la gente de iglesia tolera, descuida, se niega a apoyar con su dinero, se acostumbra, aguanta con una sonrisa en el rostro, o simple y llanamente ignora. Pero en el momento en que una iglesia, o incluso un grupo de líderes dentro de una iglesia, capta la visión de atraer el corazón y la imaginación de aquellos que se consideran a sí mismos como gente sin iglesia, o salida de la iglesia, los ambientes adquieren una nueva importancia.

EL TIEMPO EMBOTA LA SENSIBILIDAD

Antes de meternos en detalle en aquellas cosas que crean un ambiente excelente para los ministerios, necesito advertirte una cosa. Mientras más tiempo hayas estado sirviendo en el lugar donde estás, y más tiempo hayas estado haciendo lo que haces en estos momentos, más difícil te será ver tus ambientes con la objetividad necesaria para hacer los cambios que se necesiten. La versión breve de esto sería decirte que: *A más tiempo, menos sensibilidad.*

Mientras más tiempo sirvas en el ambiente de un ministerio en particular, menos consciente de él te sentirás. Por eso los adultos, muchos de los cuales pagan para que les limpien su casa, pueden entrar en la sala de reunión de la Escuela Dominical que describí en la introducción a esta sección, sin sentirse incómodos con lo que ven. En realidad, no lo ven. El desorden es invisible para ellos. *A más tiempo, menos sensibilidad.*

Si en los ambientes que dedicas al ministerio en la actualidad hay cosas que molestan a los que vienen de fuera, es probable que tú no sepas cuáles son. Si lo supieras, ya habrías hecho algo[40]. Eso te debería incomodar. De hecho, a mí me incomoda. Por eso en nuestras iglesias tenemos sistemas pensados para asegurarnos de que no les hagamos difícil de manera deliberada la experiencia a los que asisten por primera vez, o asisten por vez primera en largo tiempo. En este aspecto, yo tengo muy poca utilidad. He estado en nuestra iglesia desde el principio. Me encanta todo lo que hacemos, y me encanta la forma en que lo hacemos. Pero eso no significa que todo esté bien. Lo que significa es que para mí es cómodo. Predecible. Pero tal vez falto de eficiencia. Como la mayoría de los líderes, me dejo llevar por mi intuición a veces. Pero la intuición no basta. Los líderes necesitamos formas objetivas de medir la eficiencia. En nuestra condición de líderes, necesitamos medios objetivos que nos sirvan para medir el grado de eficiencia de los ambientes que dedicamos al ministerio. La asistencia es una de esas medidas. Pero solo es una de ellas. Y además, la asistencia nos puede engañar. A todos nos gusta ver los salones llenos. Pero si estás decidido a crear iglesias a las que les encante asistir a las personas sin iglesia, es importante que tus ambientes no solo estén llenos, sino que estén llenos de la gente con la cual quieres llenarlos.

SIMPLEMENTE IRRESISTIBLES

Cuando comenzamos a hablar acerca de las clases de ambientes que queríamos crear, nuestro estudio se detuvo un buen tiempo alrededor de la palabra relevancia. Queríamos crear *ambientes relevantes*. Esto era una reacción al tipo de programación que habíamos estado obligados a mantener en nuestras asignaciones anteriores en las iglesias. Sentíamos que gran parte de lo que habíamos heredado desde el punto de vista de los programas era *irrelevante*. Por consiguiente, la *relevancia* nos parecía un inmenso paso al frente. No obstante, a medida que fue pasando el tiempo, la *relevancia* dejó de parecer tan relevante. Así que hicimos la transición hacia el término *irresistibles*. Nuestro objetivo era crear ambientes *irresistibles*.

Nos comenzamos a hacer preguntas como las siguientes:

- ¿Qué aspecto tendría un ambiente irresistible en el ministerio con los niños?
- ¿Qué hace falta para tener un ambiente irresistible en el ministerio con los estudiantes de la escuela media y superior?
- ¿Cómo podemos lograr que el modelo de nuestros grupos sea más irresistible?
- ¿Cómo podemos hacer que nuestro culto de adoración sea más irresistible?
- ¿Qué podríamos hacer a fin de que nuestras reuniones de los fines de semana fueran más irresistibles para los hombres?
- ¿Qué haría más irresistible el ministerio con las personas solteras?

Nuestra meta consistía en hacer que nuestros ambientes fueran tan irresistibles, que incluso las personas que no aceptaran nuestra teología quisieran regresar para participar con nosotros. Como consecuencia del favor de Dios y de una gran cantidad de actividades fuera de nuestras dependencias, y de trabajo fuerte, eso es lo que hemos podido lograr. Nuestros ambientes para el ministerio a las familias son tan magnéticos, que yo le advierto a la gente de nuestra comunidad que no traiga a sus hijos a nuestra iglesia, a menos que tenga la seguridad de que quiere seguir asistiendo de forma regular. Cuando ellos me preguntan por qué, yo les digo que una vez que sus hijos «vengan y vean» los ambientes que hemos creado para ellos, nunca se van a sentir satisfechos en ningún otro lugar. Les aseguro que no estoy actuando con arrogancia. Todo lo que quiero es que sus mañanas de domingo no sean más difíciles de lo que ya son.

Como te podrás imaginar, las preguntas que mencioné anteriormente hicieron que brotaran a la superficie centenares de ideas. Unas eran buenas. Otras no lo eran tanto. A medida que los ambientes en los ministerios comenzaron a adquirir forma, nos fuimos dando cuenta de que estábamos operando a partir de algunos supuestos que compartíamos y que, aunque intuitivos para nosotros, tal vez no lo fueran para nuestros voluntarios, o para la próxima generación del personal de la iglesia. Esa preocupación muy bien fundada nos llevó a detenernos para definir en el papel lo que queríamos decir al hablar de un *ambiente irresistible*, no solo para un aspecto determinado del ministerio, sino para todos sus aspectos.

El resto de este capítulo está dedicado a explicarte cómo evaluamos si un ambiente está logrando aquello para lo cual fue pensado. Te voy a dar el lente a través del cual evaluamos todos nuestros ambientes, cualquiera que sea el grupo de personas que tengamos en mente para ellos. Tal vez no sea *la* receta definitiva para la creación de ambientes irresistibles. Pero es la nuestra. Quizá te agrade. Quizá la detestes. La puedes usar tal como está, o la puedes adaptar a tu situación y atribuirte a ti mismo el mérito. En realidad, nada de eso tiene importancia. Lo que importa es que les proporciones a los líderes de tus ministerios una sencilla herramienta por medio de la cual ellos puedan evaluar la eficiencia de *todos* los ambientes que tienen dedicados al ministerio, y no solo los ambientes en los que cada uno de ellos participa. Es importante que los miembros de tu personal y tus voluntarios evalúen utilizando el mismo filtro. Todos necesitan saber qué hace *magnífico* un ambiente, tal como tu organización define la palabra *magnífico*.

La manera de crear una cultura es adoptar una norma de excelencia en la que estemos todos de acuerdo. Más concretamente, así es como se crea una cultura sobresaliente. Cuando definimos el aspecto que tiene un ambiente magnífico, y cómo se deben sentir en él las personas, estamos proporcionando una poderosa protección para toda la cultura de nuestros ministerios. Cuando tus líderes comprenden y hacen suya la norma a través de la cual se evalúan los ambientes, se sensibilizan en cuanto a las cosas que no están a la altura de tus normas. Cualquiera que sea el lugar en el que sirvan, se sentirán con autoridad para hablar cuando observen algo que no está de acuerdo con lo establecido. Con el tiempo, el *factor de repulsión* se vuelve el mismo para todos.

Por ejemplo, después que predico dos o tres veces durante un fin de semana, mi ayudante y uno de nuestros policías de la ciudad me acompañan hasta mi auto. Nueve de cada diez veces, el policía que me acompaña es el teniente Scott Rose. Además de acompañarme hasta el auto, Scott se sienta en los cultos para observar cómo van las cosas. Suele estar tras la plataforma conmigo y con nuestro personal cuando estamos comentando sobre qué funcionó bien y qué necesita algo de atención.

La razón principal por la cual Diane, mi ayudante, nos acompaña, es para averiguar cuál de las dos o tres versiones de mi mensaje yo quiero enviar a nuestras otras iglesias, y cuál me agradaría que pusieran en la Internet. Así que mientras caminamos, vamos evaluando en voz alta. Por lo general me agrada la forma en que comienza una versión y la forma en que termina otra. Algunas veces hago el comentario de que me hubiera agradado hacer un trabajo mejor con alguna ilustración. Así que Scott nos había estado escuchando durante un par de años a Diane y a mí mientras hablamos sobre los puntos fuertes y los puntos débiles de mis mensajes, cuando un domingo por la tarde, inesperadamente, intervino. Todavía puedo recordar lo que dijo mientras caminábamos: «Sí. Parecías cansado en el segundo culto. A mí me parece que el más fuerte fue el primer mensaje; no te repetiste tanto». Diane y yo nos miramos y nos echamos a reír. No estoy seguro de que Scott lo hubiera notado, pero estaba en la modalidad de evaluación. Se sintió cómodo al intervenir, y a mí me alegra que lo hiciera. Y sí, seguimos su consejo y escogimos el primer mensaje.

Si estandarizas y defines de manera cuantitativa el significado de la palabra *magnífico* para los ambientes que usas en tus ministerios, la evaluación se convertirá en una forma de vida. No se limitará a una reunión. Toda tu organización va a operar a unos niveles más elevados, con un umbral más bajo de tolerancia hacia lo común y corriente.

Si te parece que se trata de una gran cantidad de trabajo innecesario, permíteme recordarte algo.

Todos y cada uno de los ambientes de tu ministerio son evaluados semanalmente. De acuerdo con su evaluación, algunas personas deciden no regresar. Además de esto, todos los voluntarios y los miembros del personal están evaluando el éxito de su ambiente en particular, comparándolo con algún tipo de estándar. Si tú no defines qué quiere decir que algo sea sobresaliente, para que se ajusten a esa definición los miembros de tu personal y los voluntarios, ellos lo van a definir por sí mismos. Y cuando no te guste lo que veas, solo te podrás echar la culpa a ti mismo.

Si tú no creas una norma objetiva, la evaluación que se hará de tu iglesia descansará sobre dos pilares: la asistencia y las historias. Aunque sea bueno prestarles atención a estas dos cosas, no son suficientes.

TRES INGREDIENTES ESENCIALES

Nosotros hemos identificado tres cosas que son críticas para nuestra misión cuando de crear ambientes magníficos se trata. A estas tres cosas las llamamos nuestros *tres ingredientes esenciales*. Son la prueba definitiva que les aplicamos a todos los ambientes de nuestros ministerios, desde el ministerio con las familias, hasta los grupos y nuestras experiencias de los fines de semana. También constituyen el filtro a través del cual evaluamos la irresistibilidad de nuestros campamentos, retiros y conferencias. Como te imaginarás, cada uno de los ambientes de los distintos ministerios tiene sus propios filtros específicos que también usa. Pero estos tres se aplican a todo lo que hacemos. Estos ingredientes esenciales los expresamos en forma de preguntas. Eso los hace menos estáticos y más portátiles.

PRIMERA PREGUNTA: ¿ES ATRACTIVO EL ENTORNO?

Todos los ambientes donde se desarrollan los ministerios comprenden un entorno físico. Tal vez se trate de un salón amplio, o de un cuarto pequeño. Podrá tener sillas, o alfombras circulares para sentarse. Quizá sea un parque, o una sala de estar. Cualquiera que sea la clase de entorno, es necesario que este sea atractivo para las personas que lo van a usar. Conocemos por experiencia los efectos físicos y emocionales que un ambiente cómodo y atractivo puede tener. Todos hemos llegado a unas oficinas, unos hogares o unos lugares de vacaciones donde nos hemos sentido inmediatamente como en casa. En cambio, hemos entrado en esos mismos ambientes en otros lugares, y hemos sentido exactamente lo contrario.

Hoy estoy trabajando en una de las agencias de automóviles Audi, mientras le dan servicio a mi auto. Cuando llegué, me dijeron que les tomaría de entre dos horas y media y tres darle servicio a mi auto. Me ofrecieron gratis un auto alquilado. No lo acepté. Este es uno de mis lugares favoritos para trabajar. Alguien se tomó su tiempo para crear un entorno atractivo para que la gente como yo pudiera trabajar mientras espera su auto. Además de un ambiente de sala de estar bien amueblado, hicieron una sección con estaciones de trabajo. Cada una de esas estaciones está equipada con una cómoda silla y una toma eléctrica. Y por supuesto, hay Internet inalámbrica gratuita.

Yo he tenido varios autos en mi vida. Y nunca antes había visitado una agencia donde el ambiente fuera tan atrayente, que de veras me quisiera quedar a trabajar. Tú tendrás tu propia historia. Tal vez puedas pensar enseguida en un entorno en el que te sientes tan cómodo que detestas dejarlo; un ambiente que quisieras poder visitar con mayor frecuencia.

El afán de crear orden a partir del caos es un vestigio de las huellas dactilares que ha dejado Dios en nuestra alma. Algunos de nosotros lo hacemos de manera intuitiva por medio de números. Otros, con organizaciones. Y también existen esas personas talentosas que pueden hacer esto mismo con los espacios físicos. Dios ha dotado a un grupo de seres humanos con la habilidad de tomar un espacio y volverlo cómodo. Atractivo. Interesante. Yo no pertenezco a ese grupo de personas. Pero sí me he hecho el hábito de asegurarme de que haya unas cuantas de ellas alrededor de mí con los ojos puestos en nuestros ambientes. ¿Por qué? Porque quiero que nuestros ambientes físicos sean magnéticos. Irresistibles.

Si tú no tienes ese *don*, tal vez te sientas tentado a pensar que no tiene importancia. Eso es un error. A menos, por supuesto, que quieras una iglesia llena de gente que sea como tú. Claro, el problema que tiene eso es que nadie va a progresar. Hablando en líneas generales, nos sentimos atraídos hacia las personas que son exactamente iguales a nosotros. Pero tal vez tengas necesidad de hablar sobre este asunto con tu consejero.

Se podría alegar que lo primero que Dios hizo en el tiempo fue crear un ambiente atractivo, hecho a la medida de su criatura más preciada, esa parte de la creación que él haría a su imagen; la imagen de aquel que había creado un ambiente irresistible. En esencia, esta es la historia de la creación.

En el principio, la tierra era como un cuarto mal iluminado y descolorido, con todos los muebles metidos en cajas en el pasillo, esperando a que los armaran y los colocaran en su debido lugar. Así que Dios comenzó a reubicar los muebles.

Y dijo Dios: «¡Que exista la luz!» Y la luz llegó a existir. Dios consideró que la luz era buena. (Génesis 1.3–4)

«Buena». En otras palabras, mejor. Dios mejoró la situación. La luz era mejor que las tinieblas. No puso a Adán y a Eva en un cuarto oscuro, caótico, vacío y sin forma. Creó un ambiente atractivo, y después los puso en él. Creó un jardín, un ambiente

perfectamente a la medida de su criatura más preciada. Claro, yo sé
que el Génesis no nos fue entregado como una defensa apologética
de lo importante que es tener unas aulas adecuadamente dedicadas
a los niños. Pero es interesante que lo pensemos así. Dios fue el
decorador de interiores original. Fue el organizador original. No
es de extrañarse que ese anhelo de orden y esa apreciación de la
belleza estén también en nosotros. Solo son un reflejo de algo que
encontramos en él.

LAS PRIMERAS IMPRESIONES

El entorno físico de los ambientes en que se desarrollan tus
ministerios crea una primera impresión. Puesto que solo tenemos
una oportunidad de causar una primera impresión, es necesario que
alguien esté al tanto de nuestros ambientes físicos. Como señalé en
la ilustración de la página 153, el ambiente físico hace más que dejar
una impresión: también envía un mensaje. A veces, varios mensajes.
Y esos mensajes pueden vencer *al* mensaje. Un ambiente incómodo
o que cause distracciones puede descarrilar el ministerio antes de
que comience.

Yo tengo un amigo que estuvo fuera de la iglesia durante trece
años después que falleció su hija de tres años de edad. Cuando
conocí a Lou, supuse que no había regresado porque estaba enojado con Dios. Más tarde, me dijo que su ausencia no había tenido
nada que ver con eso. Lou creció en el catolicismo. El funeral de
su hija tuvo lugar en una iglesia católica. Me dijo que la única vez
que regresó a la iglesia después del funeral, todo lo que le venía
a la mente era el pequeño ataúd de su hijita al frente, delante del
altar. No estaba enojado con Dios, sino que el entorno físico era
demasiado doloroso. Yo le aseguré que nuestro centro de adoración no se parecía en nada a una iglesia católica. Sonreí y le dije:
«Lou, nosotros ni siquiera tenemos un altar». Vino. Después volvió a venir. Meses más tarde, tuve el privilegio de bautizarlo. Lo sé;
se trata de un ejemplo extremo. Pero representa el poder potencial
que tiene un entorno físico. Un entorno incómodo hace que las
personas se sientan *incómodas*.

¿Acaso no es esa la razón por la que tantos de nosotros hemos hecho esfuerzos increíbles para edificar y renovar edificios, de manera que no tengan el aspecto de iglesias? ¿Acaso no es cierto que nuestro alejamiento de la arquitectura tradicional de las iglesias les haya hecho más fácil el regreso a una gran cantidad de personas que se habían marchado? También ha hecho más fácil el que llegaran personas que nunca antes habían estado. Lo cierto es que, después de asistir a algunas de nuestras iglesias, la gente dice que todavía siente que no ha estado en una iglesia. Y así es como nos agrada a nosotros. Lo celebramos. Cuando oímos que alguien dice: «En verdad no me pareció que fuera una iglesia», o bien, «Su iglesia no tiene mucho de eclesiástico», ¿no lo tomamos todos como un elogio? La mayoría de nosotros ya tenemos una cierta sensibilidad en cuanto a lo importante que es crear la clase correcta de ambiente. Sabemos que la arquitectura, el diseño, la decoración, los sonidos y las luces causan un impacto en la manera en que la gente mide nuestros ministerios. Puesto que ese es el caso, no hagamos lo que hizo una generación previa, en la suposición de que aquello que atrae hoy va a seguir atrayendo mañana.

Andrew, mi hijo mayor, tiene veinte años. La única iglesia que él conoce es North Point. La música a todo volumen, las pantallas, las luces en movimiento, las ayudas visuales, un banquillo y una mesa de bar *son* tradición para él. ¿Esas cosas siempre van a ser atrayentes? ¡Por supuesto que sí! ¡Esto es lo que Dios ha bendecido! ¡Esto es lo que nos ha traído hasta donde estamos! Este es el camino de North Point; *camina por él*. ¡No toques al ungido de Dios! ¡Danza con el que te trajo! ¡Navega en tu barco hasta que se seque el río; como ave al viento, estas aguas son mi cielo![41]

Lo siento.

No. No van a ser atrayentes para siempre. Pero yo voy a ser el último en enterarme. Yo voy a ser el que va a defender la iglesia de la década del diez, o la década del veinte, o comoquiera que lo queramos decir. Yo voy a ser el guardián de algo que funcionó en el pasado, pero ya no funciona. Es decir, a menos que yo le haya dado autoridad a la próxima generación y haya decidido escucharla para modificar y adaptar nuestros ambientes a medida que seguimos adelante.

Todos los entornos físicos comunican algo. No hay ambientes neutros. *Limpio y ordenado* comunica que estás esperando a alguien. A todos nos ha pasado que nos han llegado visitas inesperadas, en un momento en que nuestra casa estaba totalmente desordenada. Si hubiéramos sabido que venían, habríamos *limpiado* y *ordenado* las cosas un poco. De igual manera, cuando los ambientes de nuestra iglesia no están limpios, estamos comunicando algo: «¡En realidad, no pensábamos que ustedes fueran a venir!». Para la familia, limpiamos; pero para los huéspedes, restregamos. Lo *sucio* dice: «Tú no valías la pena que nos pusiéramos a limpiar». O peor aun: «Nosotros ya ni vemos la suciedad». No importa lo buena que sea la predicación en tu iglesia, porque si los padres se llevan la impresión de que eres *tolerante con los gérmenes*, no les pidas que inscriban a sus bebés. Van a visitarte por primera y última vez.

La experiencia de Sandra y mía con las niñeras por horas nos ha enseñado que hay gente que ve los desastres y gente que no los ve. Los que no los ven, nunca los verán. Los que los ven, los limpian. Si no ves un desastre; si no te molesta el desorden, necesitas asegurarte de tener cerca de ti alguien que *sí* los vea y le molesten. Si no estás seguro, mira al interior de tu auto. Mira alrededor de tu oficina. Si hay montones de papeles, revistas y «cosas» en las esquinas y en todas las superficies planas, entonces es probable que seas una de esas personas que no ven los desastres. Si ese es el caso, no te debes ocupar de ellos. No trates de hacerlo. Lo que necesitas hacer es darle autoridad a alguien de tu equipo para asegurarse de que las cosas tengan un aspecto excelente.

Lo *organizado* comunica que te tomas en serio lo que haces. Lo organizado dice: *Estamos haciendo algo importante aquí*. Por eso nunca visitarás un banco nacional que tenga el aspecto de estar desorganizado. Para los bancos es importante comunicar que todo va bien, y que lo tienen todo bajo control. Su éxito depende de que la gente perciba que su dinero está seguro con ellos. Los bancos entienden algo que las iglesias muchas veces pasan por alto. No basta con que *seamos* organizados. Tenemos que *presentar* el aspecto de que somos organizados. Esa es la razón por la cual es imprescindible que pongas gente en tu estacionamiento, tanto si tienes problemas con los parqueos, como si no. La gente que está en el estacionamiento dirigiendo a los autos comunica algo. Lo que dice es: *Te estábamos esperando, y lo tenemos todo bajo control.* Lo desorganizado equivale a *poco atractivo.* La gente es lista. Si tu iglesia se ve desorganizada en los lugares que la gente *puede ver,* darán por seguro que las cosas son mucho peores detrás de los escenarios. Y hay mucha verdad en esto. Por eso, es necesario que limpies bien el interior de tu auto antes de tener una entrevista de trabajo, o acudir a una primera cita amorosa.

Lo que podemos decir de *organizado,* también lo podemos decir de *seguro.* No basta que los ambientes de tus ministerios a las familias *sean* seguros. También deben dar el *aspecto* de que lo son. Lo inseguro equivale a *poco atractivo.* Muchas veces, al hablar de nuestros ambientes para los niños, digo que son los lugares más seguros en todo el Condado de Fulton. Sí, los niños van a aprender acerca de Jesús. Pero eso no es lo que más le preocupa a un padre o una madre, ¿no es cierto? Un ambiente que tenga el aspecto de ser seguro comunica que tú valoras debidamente a los hijos de ellos, tanto como valoras a los tuyos propios. Así que no dejes la puerta trasera o el patio de juegos al aire libre abiertos cuando los padres estén entregando a sus hijos por primera vez. Y asegúrate de que haya más de un voluntario en la habitación. Me imagino que ya lo haces, ¿no es cierto? ¿De veras? Bueno, ¡me imagino que el director de niños de la iglesia a la que me referí al comenzar esta sección, leerá este libro y pensará lo mismo! Los instructivos y los manuales de normas son importantes y necesarios. Sin embargo, ¿quién es el que anda recorriendo los lugares para asegurarse de que todas esas piezas estén realmente en el lugar debido? Yo sé que tú haces una investigación sobre el historial de las personas. Pero tus visitantes no la hacen. Los ambientes seguros deben dar el *aspecto* de seguros para que el ambiente sea atractivo.

Se cita esta frase de Fred Thompson, antiguo Senador de los Estados Unidos convertido en actor: «En la política no basta con hacer el bien. Es necesario que lo vean a uno haciéndolo». Esto es aplicable a un gran número de las cosas que hacemos en el mundo de la iglesia... pero si, y solamente si estás interesado en crear una iglesia a la que quiera asistir la gente sin iglesia.

La gente de iglesia no es tan quisquillosa, ni con mucho. Bueno, son gente quisquillosa; solo que no lo son en cuanto a cosas importantes; cosas como el aspecto que tienen nuestras dependencias para la gente que no va allí y ofrenda. De manera que sí, la percepción lo es todo.

¿Justo? No.

¿Cierto? ¡Seguro!

Diseño, decoración y atención a los detalles son cosas que comunican que comprendes a las personas a las que quieres alcanzar. Les asegura a los asistentes que has hecho la tarea que te correspondía; que te tomaste tu tiempo para investigar qué les haría sentirse cómodos. Si creas un entorno atractivo para mi estudiante de escuela media, a mí me va a ser mucho más fácil creer que le vas a presentar un contenido que sea relevante para la etapa de la vida por la que está pasando. Diseño, decoración y atención a los detalles con las cosas que comunican a quién tú valoras. Cuando recorras los pasillos de nuestras iglesias, no te quedará duda alguna de que valoramos a los niños. Las bellas decoraciones que hay en las paredes y en los vestíbulos de nuestras iglesias no están allí para los niños. Esas cosas les anuncian a los padres que el ministerio con los niños es para nosotros una prioridad.

Nosotros experimentamos personalmente lo opuesto a esto cuando me pidieron que hablara en una iglesia grande de otra ciudad. La iglesia tenía quince años en esos momentos, y hacía poco tiempo que había edificado un centro de adoración totalmente moderno. Muy impresionante. Después de comprobar rápidamente el micrófono, Sandra y yo pedimos que nos llevaran a conocer las dependencias, concretamente las zonas dedicadas a los niños. La esposa del pastor nos acompañaba. Frunció el ceño y nos advirtió que el espacio dedicado a los niños no era aquello a lo que nosotros estábamos acostumbrados. Se quedó corta en su advertencia. Se veía con claridad que el ala para los niños era una improvisación de última hora. Todo el dinero se había empleado en los ambientes para los adultos. No era de sorprenderse que hubiera una gran cantidad de bebés y de niños en el culto de los adultos. Tampoco nos sorprendió que esta iglesia fuera conocida por su adoración, pero no por su ministerio a las familias. Su proporción entre adultos y niños es menor que la mitad de la nuestra.

Puesto que somos una iglesia dedicada a atraer a gente sin iglesia, empleamos nuestro dinero en nuestra misión, y hemos creado ambientes semejantes a las salas de estar, para uso de los que regresan y los que andan buscando. Los únicos espacios para grupos pequeños que hay en nuestras dependencias, que están dedicados a grupos de adultos, son nuestros cuartos de Starting Point. Como Starting Point es más una conversación que una clase, hemos creado un entorno físico que conduce a la conversación. Los cuartos están decorados y amueblados como salas de estar, y no como aulas. Los participantes siempre se sorprenden cuando entran en ellos. El entorno les envía tres mensajes:

1. Este ambiente es importante para nosotros.
2. Ustedes son importantes para nosotros.
3. ¡Conocemos unos cuantos decoradores realmente buenos!

Ojos nuevos

De vez en cuando, todos necesitamos unos ojos nuevos que observen los ambientes que dedicamos al ministerio. Una vez más te digo que mientras más tiempo vive uno en alguna parte, más cosas tienden a desaparecer de su vista. Además, lo que hoy es atrayente, tal vez no sea tan atrayente mañana. Con el tiempo, todos los ambientes comienzan a tomar un aspecto algo cansado. Es necesario que alguien de tu organización vea de la manera que ven tus visitantes. Yendo más al grano, es necesario que esa persona vea lo que tus visitantes van a ver, pero antes que ellos lo vean. Dale autoridad a alguien para que recorra las dependencias con un ojo crítico. ¿Qué distrae? ¿Qué se ve cansado? ¿Dónde se necesita pintar? ¿Qué es necesario desechar? ¿O reemplazar?

¿Son atractivos tus entornos?

SEGUNDA PREGUNTA: ¿ES INTERESANTE LA PRESENTACIÓN?

El segundo ingrediente de un ambiente irresistible en nuestro mundo es el de una *presentación interesante*. Por eso, preguntamos con respecto a cada ambiente: *¿Fue interesante la presentación?* No preguntamos: *¿Fue veraz?* Eso lo damos por sentado. Digámoslo de una vez: Las iglesias no están vacías porque los predicadores estén mintiendo. La gente de veintitantos años no ha abandonado la iglesia porque los pastores hayan abandonado la Biblia. La iglesia no sufre de una falta de charlas llenas de verdades. Lo que nos falta es tener unas presentaciones *interesantes*. La razón por la que hay cada vez menos gente que se identifique con la iglesia local es... ¡qué nosotros no somos tan interesantes!

¿Querrías que hubiera más gente de tu comunidad que se interesara en tu iglesia? Vuélvete más interesante. Haz el compromiso inquebrantable de que haya presentaciones interesantes en todos los niveles de tu organización.

Es una vergüenza que el grupo que se reúne en el nombre de Jesús haga un trabajo tan pobre cuando trata de comunicarse de parte de él. Esto es especialmente embarazoso cuando leemos los Evangelios y descubrimos lo interesante que era Jesús. ¿Cuántas veces comenzó Jesús una presentación diciendo: «El reino de los cielos es como...»? Y entonces, relataba una historia. Una parábola. Tomaba lo que ellos conocían y lo usaba para explicar aquello que se estaban preguntando. Analiza estos ejemplos tomados de Mateo 13.

«*El reino de los cielos* es como un hombre que sembró buena semilla en su campo». (v. 24)

«*El reino de los cielos* es como un grano de mostaza que un hombre sembró en su campo». (v. 31)

«*El reino de los cielos* es como la levadura que una mujer tomó y mezcló en una gran cantidad de harina, hasta que fermentó toda la masa». (v. 33)

«*El reino de los cielos* es como un tesoro escondido en un campo». (v. 44)

«También se parece *el reino de los cielos* a un comerciante que andaba buscando perlas finas». (v. 45)

«También se parece *el reino de los cielos* a una red echada al lago, que recoge peces de toda clase». (v. 47)

Después del Sermón del Monte, Mateo nos dice: «Cuando Jesús terminó de decir estas cosas, las multitudes se asombraron de su enseñanza, porque les enseñaba como quien tenía autoridad, y no como los maestros de la ley»[42]. Estas palabras fueron dichas inmediatamente después de su historia acerca del hombre sabio y el hombre necio que construyeron sus casas. Sabes cómo sigue: «Cayeron las lluvias, crecieron los ríos, y soplaron los vientos...». Ni siquiera Jesús se contentó con decir: «¡Oigan, OBEDEZCAN!». En lugar de hacer algo así, ideó una historia interesante para ilustrar lo que les terminaba sucediendo al obediente y al desobediente.

Jesús no se contentaba con decir solamente lo que era cierto. No le bastaba con tener razón. No le bastaba con ser bíblico. No era suficiente con hacer una exegética correcta. No fue ese su propósito cuando vino a la tierra. Él vino para buscar y salvar lo que se había perdido. Y se comunicó con ese fin en mente. Jesús comprendía que son demasiados los que han olvidado las cosas, o a los que nunca se les han dicho, en primera instancia. Para buscar y salvar a las almas perdidas, lo primero que debes hacer es captar su atención. Y eso es precisamente lo que él hacía. Nosotros, que somos su cuerpo, también lo debemos hacer. A menos. A menos que nos contentemos con presentarle las cosas a la gente de iglesia. En este aspecto, la gente de iglesia es asombrosa. Vuelven semana tras semana para escuchar unas presentaciones poco atrayentes, poco inspiradoras y carentes de imaginación. Estoy convencido de que hay gente de iglesia que piensa que soportar una presentación de las Escrituras carente de inspiración es una disciplina necesaria para ser seguidor de Cristo. ¿Por cuál otra razón se habrían de hacer eso a sí mismos? ¿Por cuál otra razón se lo habrían de hacer a sus hijos?

Una vez más, estoy de acuerdo con Howard Hendricks, a quien le apasionaba decir: «Es un pecado aburrir a un niño con la Palabra de Dios». Presentarle las Escrituras a un niño o a un adolescente de una manera poco atractiva es enseñar lo diametralmente opuesto de lo que tenemos la intención de enseñar.

Primera lección: La Biblia es aburrida.
Segunda lección: La Biblia es irrelevante.
Tercera lección: La iglesia es irrelevante.

¡Oigan, muchachos, vuelvan la semana que viene para escuchar otro emocionante episodio! ¡Y traigan un amigo! No es de extrañarse que los jóvenes se gradúen de la escuela secundaria y desaparezcan de la vida de la iglesia por años... ¡o para siempre!

CRÍTICAS PARA LA MISIÓN

Las presentaciones interesantes son centrales para el éxito de la misión de la iglesia. Nosotros estamos dedicado al negocio de las presentaciones. Somos la única entidad a la que se le ha encomendado la responsabilidad de *presentar* el evangelio. Puesto que esta responsabilidad es únicamente nuestra, lo lógico es que necesitemos cumplirla de una manera sobresaliente. Dado que la gente no nos está rompiendo las puertas para entrar a escucharnos, somos nosotros los que tenemos que encauzar hasta la última onza de nuestras energías creativas para hacer que nuestras presentaciones sean interesantes.

Interesar a alguien es *captar su atención*. Nosotros decidimos muy pronto que queríamos que nuestras presentaciones fueran extraordinarias en todos los niveles de la organización. Queríamos que las presentaciones interesantes fueran la marca distintiva de lo que hacemos. En la mayoría de los casos, *la presentación es la que hace que la información sea interesante*. Es la presentación la que crea y mantiene el interés. Casi cada vez que vas a un restaurante, pides pollo, carne de res o pescado (claro, a menos que seas vegetariano). Tu restaurante favorito no es el que tiene la selección de carnes exóticas. Es el que tiene la mejor presentación de sus platos de pollo, carne de res o pescado. En nuestro mundo, la mejor presentación no es la que se centra en algún texto perdido del siglo primero (la comida exótica). La presentación estupenda es la que hace que un texto muy conocido cobre vida por medio de una ilustración y de una aplicación nueva. Digamos la verdad: David siempre vence a Goliat, y siempre habrá diez mandamientos. Lo único que cambia es la presentación.

La presentación también determina otro detalle: el tiempo que van a estar atendiendo. Esto explica por qué hay quien se queda dormido a los cinco minutos de comenzar un sermón, pero se encuentra emocionado, sentado en el borde de su asiento durante las tres horas que dura la película *El Señor de los Anillos*. Una presentación interesante hace que lo largo que sea el sermón se vuelva casi irrelevante. Piensa en los comediantes. Pueden mantener interesados a sus oyentes durante una hora, o más. No tienen puntos ni aplicaciones. No tienen un contenido que ayude absolutamente a nadie. Pero el tiempo vuela.

Ya sé, ya sé. Nosotros no somos comediantes. No somos artistas tampoco. Tienes razón. Y si esa es tu respuesta, lo más probable es que no seas ni divertido ni ameno. Y en este mismo momento te estarás sintiendo amenazado. Sabes que tus presentaciones no son tan interesantes que digamos. Te has estado escondiendo detrás de una excusa: «Bueno, yo estoy predicando la Palabra». Tranquilízate. Estás totalmente solo. Estás leyendo un libro. Yo ni siquiera te conozco. Todo lo que estoy diciendo es que en la mayoría de los ambientes de comunicación, es la presentación la que determina el interés, y no el contenido. En tu comunidad hay algunas personas carentes de interés que necesitan escuchar la verdad que tú traes.

Hay algunos niños y estudiantes sin interés en tu comunidad que necesitan escuchar la verdad que tus ambientes de ministerio a las familias están ofreciendo. Para que todo esto permanezca, tiene que ser interesante. Así que, por el bien de la gente de tu comunidad que no está asistiendo (aún) a tu iglesia, te quiero invitar a salir de detrás de tu muro de excusas durante unas pocas páginas. Quiero que pienses en la posibilidad de hacer unos pocos cambios de poca monta en tu enfoque; unos cambios que te podrían dar el poder necesario para reforzar y ampliar el factor de interés de las presentaciones en todos los puntos de tu ministerio.

He aquí algunas de las cosas que nosotros hemos aprendido por el camino.

PIENSA DE NUEVO EN TU ENFOQUE

Las presentaciones interesantes exigen que los presentadores o los medios de presentación sean también interesantes. No obstante, los presentadores interesantes no siempre son buenos creadores de contenido. Igualmente, es mejor que algunos creadores de contenido con profundidad no suban a una plataforma con un micrófono. En el mundo del espectáculo, esta es la diferencia entre los escritores y los actores. Sí, ya sé que no estamos en el negocio de los espectáculos. Ya hemos hablado de eso.

Sin embargo, aquí hay una importante verdad para la iglesia. Si quieres hacer una película excelente, necesitas excelentes actores y excelentes escritores. No necesitas excelentes actores que puedan escribir. Y no vas en busca de excelentes escritores que puedan actuar.

No obstante, en el mundo de la iglesia tenemos una cierta tendencia a esperar que los creadores de contenido sean unos presentadores interesantes, y que los presentadores sean excelentes creadores de contenido. Ahora bien, hay quienes son realmente buenos en ambas cosas. Pero son las excepciones, y no la regla. Para complicar más las cosas, en nuestro mundo se presenta con frecuencia un tercer componente de esta ecuación: los líderes de los grupos pequeños. Alguien que sea excelente como líder de grupo pequeño no tiene por qué ser fuerte como presentador, o como creador de contenido, pero podría estar muy por encima del promedio cuando se trate de facilitar una conversación. El reto consiste en que muchos de nosotros hemos heredado, o creado, unos modelos de ministerio que exigen que nuestros presentadores y líderes de grupo se destaquen en dos o tres de estas disciplinas. Así que les damos un plan de estudios a los líderes de grupo y esperamos de ellos que hagan una buena presentación. O contratamos a alguien que está estudiando para ser pastor y esperamos de él o de ella que creen un contenido excelente para nuestros estudiantes, y lo presenten de una forma tal que interese a uno de los grupos más difíciles de interesar en todo el planeta. Entonces nos sentimos frustrados cuando nuestros líderes de grupo que son excelentes en sus relaciones con los estudiantes de la escuela media no «enseñan la lección». Y no podemos comprender por qué esa gran Personalidad de la Escena no tiene nada profundo ni importante que decir. Dicho en términos de Hollywood, esperamos que los grandes actores sean grande escritores y editores.

Si tu sistema depende de que los miembros de tu personal y los voluntarios sean excelentes en dos o tres de estas disciplinas, siempre vas a obtener resultados mediocres. La excepción será el miembro superestrella del personal que lo puede hacer todo bien. Y una persona así, la encontramos muy de vez en cuando. ¡El problema está en que el resto del personal lo va a detestar! Bueno, tal vez *detestar* sea una palabra demasiado fuerte. No. Lo van a detestar. Pero aunque no lo detesten, no puedes edificar un modelo de ministerio que tenga éxito alrededor de la excepción a la regla. Necesitas un sistema que permita que los presentadores interesantes sean los que presenten, los creadores con capacidad para crear contenido sean los que creen el contenido, y que los líderes de grupo expertos en las relaciones sean los que faciliten la comunicación en los grupos.

Allí mismo están

Ahora, hay algo que sé acerca de tu iglesia. En algún lugar de tu congregación hay gente que hace presentaciones en vivo de algún tipo de información. Son presentadores interesantes. Tal vez nunca se ofrezcan a servir de voluntarios en tu trabajo con los niños o los estudiantes. En cambio, si tú les dieras un bosquejo y un micrófono, te podría sorprender lo que sucedería. Tienes un grupo de maestros en tu iglesia. Lo menos que quieren hacer los domingos es sentarse en un círculo con ocho niños durante una hora. Pero saben lo que es un plan de estudios. Saben organizar el contenido. Y a algunos de ellos les encantaría presentar la historia bíblica en el entorno de un grupo grande, siempre que no tengan que comprometerse con un grupo pequeño. También tienes algunos que no les tienen miedo a los varoncitos de la escuela media, pero no saben nada de Biblia... todavía. Tienen un miedo mortal a que tú les des lecciones de Biblia para que las enseñen. Pero si supieran que su única responsabilidad consiste en sentarse con sus muchachos mientras un presentador en verdad bueno hace una presentación en verdad buena, y después comenta tres preguntas concretas tomadas de esa presentación verdaderamente buena, les encantaría hacerlo. Creo que me explico. Si creas un sistema que divida estas disciplinas, vas a reclutar una clase distinta de voluntarios. Pero yendo más al grano, vas a tener un sistema que libere a tus presentadores interesantes para que puedan hacer presentaciones interesantes.

Nosotros hemos hecho un esfuerzo inmenso para crear un sistema que libere a los comunicadores y a los desarrolladores de contenido para que hagan lo que mejor hacen. El corolario de esto es que hemos hecho un gran esfuerzo por proteger a nuestras audiencias de los presentadores que no son interesantes. Escogemos a nuestros presentadores más interesantes, les damos un contenido excelente y después los soltamos. Y usamos esos presentadores en diferentes departamentos dentro de toda la organización.

La persona de nuestra organización que ha sido modelo de esto desde el principio es Kevin Ragsdale, nuestro director de estudiantes. Kevin fue la séptima persona que contratamos. No tenía experiencia en el ministerio con estudiantes cuando lo contratamos. Pero lo contratamos para que creara y administrara nuestros ambientes para estudiantes. Él nos dijo de inmediato que nunca lo veríamos al frente. También nos dijo que si les parecía bien contar con un estudiante para pastor que no enseñara, tocara la guitarra ni creara planes de estudio para lecciones, pero que fuera capaz de reclutar gente que lo hiciera, él era el que necesitábamos. En estos momentos, Kevin supervisa los cinco ministerios con estudiantes que tenemos en nuestras iglesias de la zona de Atlanta. Todavía no sabe tocar guitarra, y que yo sepa, nunca ha enseñado un solo estudio bíblico en un grupo grande. En realidad, Kevin es excelente como líder de grupos pequeños. De las tres disciplinas que mencionamos antes, la de ser líder de un grupo pequeño es la única por la cual siente pasión. Pero es brillante para reclutar gente. Ve el potencial, lo desarrolla y después les entrega las riendas. Si hubiéramos tratado de contratar siguiendo el modelo tradicional de estudiante para pastor, nunca habríamos contratado a Kevin para ese puesto.

Una de mis tareas más agradables consiste en sentarme con el equipo de contenido que tiene Kevin para sugerir entre todos aquellos factores que son fundamentales para los presentadores que trabajan en InsideOut, nuestro ambiente para maestros de escuela secundaria. En esa sala de reuniones hay gente que no tiene interés alguno en subirse a una plataforma frente a los estudiantes, pero conoce la Biblia y sabe lo que hace falta comunicar. Kevin reclutó a varios de los presentadores que ahora hablan regularmente durante nuestros cultos del fin de semana. Aun en ese nivel, se preparan con un equipo. Ellos invitan a personas que nunca van a poner un pie en el escenario con un micrófono delante de su cara, pero que conocen las Escrituras y saben crear un contenido y unas ilustraciones convincentes. Esos presentadores son mejores porque se han habituado a incluir a unos creadores de contenido con profundidad dentro del proceso.

Más allá de la charlatanería

Ciertamente, las presentaciones interesantes no se limitan a los charlatanes. De hecho, la predicación o la enseñanza en vivo podrían ser una de las formas de presentación menos interesantes. Como regla general, si puedes presentar algo de una forma que no consista en que alguien se suba a una plataforma y se ponga a hablar, ¡hazlo! Si puedes comunicar algo por medio de un vídeo, pon el vídeo. Una de las formas en que hemos aplicado este principio consiste en sustituir los temidos anuncios de fin de semana con un segmento de vídeo que llamamos el 10Before. La mejor forma de comprender el 10Before es verlo. Si te vas a nuestro portal en la web y miras a la esquina derecha de la parte inferior de la página inicial, podrás ver realmente el 10Before que se presentó en el culto del fin de semana pasado (*www.northpoint.org*).

El 10Before es un vídeo corto que les da la bienvenida a los asistentes y los orienta hacia el culto. También contiene secciones divertidas e informativas de vídeo acerca de las oportunidades de participar que van a estar disponibles próximamente. Es sumamente entretenido. Divertido muchas veces. Los miembros de nuestra congregación esperan la presentación del 10Before. Esto significa, y por favor, no dejes que se sepa, que esperan con gusto los anuncios.

Hablando de anuncios, en la iglesia donde crecí, el director de educación era el que hacía los anuncios del domingo por la mañana. ¿Quieres saber por qué? Porque él era el director de educación, y eso era lo que el director de educación hacía. No tenía absolutamente nada que ver con la capacidad de un director de educación el presentar las cosas de una manera interesante. Algunos pudieron hacerlo. La mayoría no. Dar los avisos formaba parte de su papel. Ahora bien, la afirmación que sigue es tan importante que quisiera encontrar la forma de destacarla para que no la pases por alto. Nunca le asignes una tarea que dependa de la presencia de un don a alguien que ocupe un lugar en el personal. Nunca. Asígnales responsabilidades, pero no tareas. Si nosotros le hubiéramos asignado a Kevin Ragsdale la *tarea* de enseñar a nuestros estudiantes, él habría fracasado como director de estudiantes. En realidad, él es lo suficientemente listo para no haber aceptado jamás el trabajo. Nosotros le asignamos la *responsabilidad* de asegurarse de que se les diera buena enseñanza a los estudiantes.

Ahora bien, si eres un lector y pensador sagaz, te estarás preguntando: «¿Quiere eso decir que una iglesia no le debería asignar al pastor la responsabilidad de predicar?». ¡Aaah! Buena pregunta. Y aquí viene otra: ¿Le debería asignar una iglesia al pastor el papel de pastorear? Hablar en público, pastorear y guiar son cosas un tanto dependientes de los dones de la persona, ¿no es eso? Y hallar un hombre o una mujer que sea competente en estas tres disciplinas es difícil. A mí me suena como la receta perfecta para un desastre. Regresaremos a este punto en el capítulo catorce.

Hay mucho más de lo que podríamos hablar dentro de este punto: los medios visuales, las entrevistas, los bosquejos para tomar notas, las fotos. Todas esas cosas le añaden un elemento de participación a una presentación verbal. La conclusión es esta: Haz lo que sea necesario para crear una cultura que se caracterice por una dedicación infatigable a hacer unas presentaciones interesantes a todos los niveles de la organización. Tu mensaje es demasiado importante para que te contentes con menos que eso. Los adultos y los niños de tu congregación y de tu comunidad se merecen que tú hagas tus mejores esfuerzos con respecto a esto.

Si se va a hacer una presentación de algún tipo en tu iglesia, debe ser interesante. Aspira a lo mejor. Crea una cultura que tenga una tolerancia muy baja para las presentaciones que sean poco interesantes. Ajusta tu sistema o modelo, de manera que sean tus mejores presentadores los que presenten. Halla los pensadores teológicamente sagaces que hay entre tu gente, y que podrían ser buenos para ayudar con el contenido. Emplea las habilidades de tus maestros y educadores. Diseña un sistema que libere a tus líderes de grupos pequeños para que más que presentar, faciliten. Y a todos los niveles de tu organización, pregunta: *¿Fue interesante la presentación?*

TERCERA PREGUNTA: ¿ES ÚTIL EL CONTENIDO?

El tercer y último componente de un ambiente de ministerio que sea irresistible en nuestro mundo es un *contenido útil*. La pregunta que hacemos con respecto a todos nuestros planes de estudios, mensajes, charlas de campamento, lecciones de liderazgo y bosquejos para grupos pequeños es esta: *¿Es útil el contenido?* Damos por sentado que es veraz. Pero, ¿es útil? Al hablar de útil nos referimos a que tenga

alguna *aplicación a la práctica*. ¿Les va a parecer útil a los oyentes?
¿Va a cambiar la manera de pensar de los oyentes? ¿Ofrece una pers-
pectiva nueva? ¿Sabrán los oyentes qué hacer con lo que han oído?
¿Es susceptible de llevar a la acción?

Para que el contenido sea útil, debe lograr por lo menos una de
estas tres cosas:

1. Ayudar a la gente a pensar bíblicamente.
2. Ayudar a la gente a comportarse bíblicamente.
3. Ayudar a la gente a situar dentro de un contexto las enseñanzas de la Biblia.

PENSAR CORRECTAMENTE

Jesús presentó su trilogía de parábolas que terminaba con la historia
del hijo pródigo para ajustar la manera de pensar de sus oyentes en
cuanto al concepto que tiene Dios acerca de los pecadores. Todos
hemos visto lo que sucede cuando alguien acepta la verdad de que
el amor de Dios es una clase de amor que «ama a pesar de todo».
Para muchos, esta idea es transformadora. Nunca vuelven a ser los
de antes. Ellos considerarían que esa enseñanza es útil. ¿Práctica?
No de manera directa, pero sumamente útil. Ayudar a la gente a
pensar de una manera correcta es algo extraordinariamente útil. Y
creer de una manera correcta es con frecuencia lo que sucede antes
de que la persona se comience a comportar de una manera también
correcta. Cuando los adolescentes se convencen del hecho de que
son sus amistades las que determinan la dirección y la calidad de su
vida, ese convencimiento es útil. Cuando un adulto soltero reconoce
la verdad de que la pureza moral abre el camino a la intimidad, eso
también es transformador. Todos hemos visto lo que sucede cuando
alguien con recursos materiales se enfrenta a la verdad de que Dios
es el dueño de todo, y él solo es un administrador, un mayordomo,
y acepta ese principio. Tal vez tú tengas una historia propia al respecto. Tal vez puedas recordar dónde estabas la primera vez que en
verdad comprendiste, y que fuera lo que fuera, significó un cambio
en tu paradigma. Fue un momento definidor. Nada había cambiado,

pero de alguna forma, tú sí habías cambiado. Y todo ese cambio giró alrededor de un cambio en tu manera de pensar.

Las hemos oído y leído, los políticos las usan mal, muchos de nosotros las hemos enseñado, pero aun así, subestimamos la importancia de las palabras de Jesús cuando dijo: «Y conocerán la verdad, y la verdad los hará libres»[43]. Esto mismo sucede con la declaración del apóstol Pablo en su epístola a los cristianos de Roma que citamos con tanta frecuencia: «No se amolden al mundo actual, sino sean transformados mediante la renovación de su mente»[44]. En pocas palabras, la renovación de la mente tiene como consecuencia la transformación de la vida. Es útil ayudar a la gente a pensar de una manera distinta. Puede llegar a ser transformador. Por esta razón yo dedico tanto tiempo a darles forma a unas sencillas declaraciones que tengan el potencial de llegar a alojarse en la mente y el corazón de mis oyentes. Pero las cosas no terminan aquí. Insisto en que nuestros comunicadores y creadores de planes de estudio escriban y comuniquen de manera que lleguen a unas conclusiones sencillas y claramente pensadas. La verdad no es útil, si nadie la comprende o la recuerda. Pero cuando se la presenta con claridad, nos puede hacer libres. ¡Las declaraciones cuidadosamente elaboradas acerca de la verdad tienen el poder de cambiar la forma en que una persona ve sus relaciones, su matrimonio, la mortalidad, la crianza de sus hijos, el dinero, la pobreza... el mundo! Y eso es útil.

Pensar correctamente. Creer correctamente. Ver el mundo a través de los ojos de Dios. Todas estas cosas son catalizadoras de un cambio. Pero a fin de cuentas, *es la aplicación la que marca toda la diferencia*. Tanto Jesús como su medio hermano Jacobo o Santiago no habrían podido ser más claros en cuanto a este punto. Todos estamos familiarizados con la declaración de Santiago de que la fe sin obras está muerta[45]. Lo que a veces pasamos por alto es que él define en un versículo anterior lo que quiere decir cuando habla de que es una fe *muerta*. En ese versículo, afirma que la fe sin obras es *estéril*[46]. En otras palabras, es inútil que sepamos algo, si no sabemos qué hacer con lo que sabemos. O más dentro de lo que él nos quiere decir, es inútil que lo sepamos, si no tenemos intención alguna de hacer nada con lo que sabemos. Como dice Howard Hendricks con frecuencia: «Hablando en un sentido bíblico, oír y no hacer es no oír nada».

Jesús concluyó el Sermón del Monte con una exhortación a aplicar lo que había enseñado. «Por tanto, todo el que me oye estas palabras y las pone en *práctica* es como un hombre prudente que construyó su casa sobre la roca»[47]. Cuando leemos toda la parábola, la idea que nos quiere comunicar Jesús es inconfundible: *Me alegra que hayan podido asistir al sermón de hoy en este monte. Mateo va a hacer copias de sus notas y las distribuirá más tarde. No obstante, si no llevan a la práctica lo que han escuchado hoy, habría dado lo mismo que se quedaran en sus casas. Aunque yo soy Jesús, escucharme predicar no es lo que los va a ayudar. En cambio, aplicar a sus vidas lo que han escuchado hoy es lo que los va a mantener y les va a dar firmeza.*

El conocimiento solo vuelve *arrogante* al cristiano. La aplicación lo hace *santo*. Puedes usar esto. Si quieres una iglesia llena de creyentes que hayan estudiado bien su Biblia, limítate a enseñarles lo que dice la Biblia. Si quieres lograr una transformación en tu comunidad, y tal vez en el mundo entero, dales a las personas maneras de responder, pasos a seguir y aplicaciones concretas. Lánzales un reto para que hagan algo. Como todos hemos visto, no hay seguridad en dar por sentado que la gente va a saber de manera automática qué hacer con lo que se le ha enseñado. Necesita instrucciones concretas. Esto es difícil. Exige un paso más en la preparación. Sin embargo, esta es la manera de hacer crecer a la gente. Por eso, nosotros nos preguntamos con respecto a todas nuestras presentaciones y lecciones: *¿Sabrán los oyentes qué hacer con lo que se les ha enseñado?* Si no lo saben, entonces nosotros tenemos más trabajo que hacer.

LA CONTEXTUALIZACIÓN DELIBERADA

Reggie Joiner tiene un dicho que de vez en cuando lo mete en problemas: «Aunque toda la Escritura es igualmente inspirada, no toda ella es igualmente aplicable». De acuerdo; es un poco disonante la primera vez que uno lo oye o lo lee. Pero si eres padre, sabrás por instinto que hay mucha verdad dentro de esa declaración tan breve y fácil de recordar. Yo se lo he oído decir también de esta manera: «Aunque toda la Escritura es igualmente inspirada, no es igualmente aplicable a todos los grupos de edad». Para que tu contenido sea útil, es necesario que des el paso adicional de contextualizarlo para tus oyentes. El contenido que las personas conciben como útil, siempre es el que va dirigido a una necesidad que ellas sienten. El contenido que no va dirigido a una necesidad que sienten, es percibido como irrelevante. Observa que dije *percibido*. Tal vez pueda ser la información más relevante que un grupo de oyentes haya escuchado jamás. Pero si los oyentes no comprenden de qué manera se relaciona ese contenido con la vida de ellos, sencillamente no tiene mucho de interesante. Por eso, el contenido útil es el presentado de una manera que sea específica para la edad y la etapa de la vida de los oyentes.

Hasta cierto punto, todo esto lo hacemos de una manera intuitiva. Lo más probable es que tú no les enseñes la historia de David y Betsabé a tus preescolares. Y también es probable que el estudiante de pastor que está contigo nunca haya enseñado una serie extensa sobre los siete sellos del Apocalipsis. Ahora bien, limitarnos a *evadir* un contenido que nos parezca inadecuado para una audiencia específica no es útil. Es considerado, pero no útil. *Cuando evadimos lo que es inadecuado, no estamos haciendo nada por asegurarnos de que nuestros oyentes escuchen lo que más se adecúa a ellos.* El hecho de evitar una comida que te caiga mal no te asegura que vayas a comer aquella que es la mejor para ti. Pero para que el contenido sea extraordinariamente útil, se necesita algo más que una postura defensiva. Se necesita algo de deliberación. Se necesita hacer más estrecho el enfoque de nuestro contenido, de manera que sea lo más útil posible para un grupo específico de oyentes. Y aunque sin duda, es adecuado que tu ministerio con los niños se salte la historia de David y Betsabé, es probable que debiera constituir uno de los componentes que aparezcan una y otra vez en el plan de estudios de tus pequeños grupos para adultos. Mientras que los estudiantes de la escuela media no necesitan forzosamente que se les expliquen los siete sellos del Apocalipsis, sí les vendría bien una dosis constante de las ideas de Salomón en Proverbios 13.20 con respecto al impacto que sus amigos tienen en su vida.

Nosotros decidimos desde el principio que no era suficiente evadir lo que es inadecuado. Por eso, hemos seleccionado de manera deliberada nuestro contenido para cada uno de nuestros grupos de oyentes. Comprendemos que el tiempo del que disponemos con cada segmento de la población de nuestra iglesia es limitado. La gente se muda. Los niños de hoy son los adolescentes de mañana. La mayoría de los solteros solo son solteros durante una etapa de su vida. Las preguntas que hace una pareja recién casada son un poco distintas a las que hacen las parejas con hijos. Cada edad y cada etapa de la vida introducen un nuevo conjunto de retos, y también de oportunidades. Para que el contenido sea realmente útil, necesitamos tener en cuenta cada una de estas dinámicas.

En los primeros tiempos, nos hacíamos preguntas como estas: ¿Qué sería más útil que los preescolares supieran? ¿Qué sería más útil que los niños en la edad de la escuela primaria supieran? ¿Cuál es el puñado de verdades que queremos que sepan los estudiantes de la escuela media y la superior antes de salir de nuestra influencia? ¿Cuáles narraciones y cuáles principios bíblicos serían los más útiles para los solteros? A la luz de lo que enseñan las Escrituras acerca del matrimonio, ¿qué necesitan saber los recién casados? ¿Qué necesitan saber los padres? ¿En qué nos debemos enfocar cuando nos reunimos con unos padres que se acaban de divorciar? ¿Qué necesitan saber los nuevos cristianos? Ese tipo de preguntas nos obligaban a hacer más estrecho nuestro enfoque y la amplitud de nuestra enseñanza.

Tal vez hayas leído o visto nuestro libro *The Seven Checkpoints for Student Leaders* [Los siete puntos de chequeo para los líderes de estudiantes][48]. El libro entero fue escrito como resultado de este ejercicio. Identificamos siete principios que queríamos que los estudiantes comprendieran e interiorizaran antes de hacer la transición hacia fuera de nuestro ministerio con ellos. Entre el ochenta y el novena por ciento de todo lo que enseñamos a nivel de escuela media y superior se relaciona con una de estas siete ideas. ¿Cómo logramos que no lo sientan repetitivo? Eso va de vuelta a la sección anterior. Todo está en una presentación siempre cambiante. Nuestras divisiones de preescolares y de niños tienen cada una de ellas tres grandes ideas que dirigen la selección de su contenido. Nuestra división de personas casadas limitó su enfoque a seis ideas primarias. Cada vez que les enseñamos esta idea a los líderes de las iglesias, todos nos hacen la misma pregunta: «¿Dónde podemos conseguir una copia de las listas de ustedes?». Yo lo hubiera preguntado también. Sin embargo, tal vez sea mejor esta pregunta: «¿Con cuánta rapidez puedo reunir mi equipo para comenzar un estudio acerca del contenido que sería más útil para los diversos grupos que tenemos en nuestra iglesia?».

Ahora bien, te lo tengo que advertir. Esa es una conversación que podría estar cargada de peligros. *Cargada de peligros...* Debería estar escribiendo novelas.

TODA LA VERDAD

Por obvio que parezca todo esto, la dedicación a contextualizar te va a poner en oposición a un enfoque ampliamente aceptado de la enseñanza y el desarrollo de planes de estudio de la Biblia. Mi problema no son los supuestos que hay detrás de ese enfoque, sino el enfoque en sí. Según este punto de vista, que es el punto de vista con el cual yo crecí, puesto que toda la Biblia es inspirada, hace falta enseñarla toda. Por lo menos a los adultos. Y estoy totalmente de acuerdo. Es necesario enseñarla toda... *en alguna parte.* Pero no en todas. Concretamente, no en una iglesia grande. Y tampoco en la Escuela Dominical ni en grupos pequeños. Y lo cierto es que en el ambiente de una iglesia local, nadie le enseña en realidad toda la Biblia a nadie. Es posible que haga un estudio general de la Biblia, pero no la enseña. He aquí cómo yo sé que esto es lo que sucede.

En la Biblia hay 1.189 capítulos. Hay más de 31.000 versículos. Puedes sacar las cuentas. Si hicieras planes para enseñar toda la Biblia en un año, tendrías que cubrir algo más de veintidós capítulos por semana. Eso es un estudio general. Si decidieras enseñarla toda en dos años, serían más de once capítulos por semana. También es un estudio general. Si enseñaras un capítulo por semana, te llevaría

veintitrés años. Y eso es suponiendo que nunca te perdieras un culto
de fin de semana. Sé que entiendes lo que quiero decir. En realidad,
nadie predica o enseña versículo por versículo toda la Biblia ante la
misma congregación. Todo el mundo escoge y prefiere, y salta y deja
a un lado y corta partes y «se le acaba el tiempo» y «se siente llamado
a una iglesia diferente». Esto es lo que te quiero decir: puesto que de
todas maneras tenemos que escoger y seleccionar, ¿por qué no escoger y seleccionar los pasajes y principios que sean los más adecuados
para cada grupo específico de oyentes? No los limitemos a evadir lo
raro y lo inadecuado. Actuemos con deliberación en cuanto a lo que
enseñamos, dónde lo enseñamos y a quién se lo enseñamos. Como...
como Jesús.

Lucas nos dice que cuando Jesús llegaba a una sinagoga, tenía
la costumbre de ponerse en pie y leer un texto. En una ocasión en
particular, le entregaron el rollo del profeta Isaías. Pero él no comenzó a leerlo desde el principio. De hecho, fue desenrollándolo hasta
llegar casi al final del libro. He aquí la descripción de Lucas sobre lo
que sucedió:

> Se levantó para hacer la lectura, y le entregaron el libro del
> profeta Isaías. Al desenrollarlo, *encontró el lugar donde está*
> *escrito*: «El Espíritu del Señor está sobre mí, por cuanto me
> ha ungido para anunciar buenas nuevas a los pobres. Me ha
> enviado a proclamar libertad a los cautivos y dar vista a los
> ciegos, a poner en libertad a los oprimidos, a pregonar el año
> del favor del Señor». (Lucas 4.16−19, énfasis del autor)

¿Lo captaste? Había algo que sus oyentes necesitaban saber, así
que él se fue al texto específico que lo expresaba mejor.

A mí me parece una idea excelente.

Ni siquiera al nivel de los fines de semana, nunca me he fijado la
meta de ir enseñando toda la Biblia. Mi meta consiste en equipar e
inspirar a los adultos para que se conviertan en seguidores de Jesús.
Nuestra declaración de misión lo capta bien: *llevar a la gente a una*
relación creciente con Jesucristo. Como la mayoría de los pastores de

iglesias locales, yo ministro dentro de un contexto de iglesia local muy específico. Mi responsabilidad consiste en presentar el evangelio de una manera tan irresistible como yo pueda. Más allá de ello, mi labor consiste en escoger temas, narraciones, principios, aplicaciones y teología de la Biblia que tengan que ver con las cuestiones específicas con las que está batallando la gente en mi comunidad, y hacer mi mejor esfuerzo por responder a las preguntas que ellos están haciendo. ¿Tengo la responsabilidad de enseñar «todo el propósito de Dios», como a veces se le llama? Sí. ¿Toda la Biblia? No voy a durar tanto. Y tú tampoco.

Por eso, cada año predico uno o dos mensajes sobre el matrimonio, el dinero, la educación de los hijos, la generosidad, la codicia, la pureza sexual, el perdón y la toma de decisiones. Y sí, vuelvo a enseñar esos mismos textos cada dos años más o menos. Considero que si podemos lograr que los cristianos de nuestro país vivan lo que enseña la Biblia en ese puñado de temas, eso bastaría para realizar un cambio bastante grande en todo. Vaya, es más sencillo que eso. Si solo pudiéramos lograr un cese de la inmoralidad sexual durante doce meses en nuestro país, todo sería diferente.

No estoy tratando de producir eruditos bíblicos. Y dicho sea de paso, la enseñanza de toda la Biblia de todas maneras no crea eruditos bíblicos. Crea individuos que se *creen* que son eruditos en temas bíblicos. Y esos individuos se hallan entre los seres humanos más mezquinos y faltos de compasión que hay en el planeta. Tú sabes de quiénes estoy hablando. También los tienes en tu iglesia. Son los que te corrigen cuando cometes el más mínimo error. Sin embargo, no están dispuestos a servir en nada. Están demasiado ocupados para eso. No solo creen en un infierno literal, sino que llegas a tener la impresión de que se alegran de que haya gente que vaya a parar allí. Yo me siento personalmente más inclinado a favorecer a los cristianos ignorantes y hambrientos. Esa clase de cristianos que se contentan con amar a Jesús y a la gente por la cual él murió. Prefiero tomar al cristiano que no lo sabe todo, pero está comprometido a hacer lo que sabe hacer, antes que al cristiano que lo sabe todo y hasta ahí llega solamente. ¿Recuerdas a la viuda que dio todo lo que tenía? Jesús la prefirió a los fariseos. Era una persona que actuaba. A Jesús le gustaban las personas de acción. Me imagino que todavía le caen bien.

EN ALGÚN LUGAR, PERO NO EN TODO LUGAR

Algunos párrafos atrás te dije que toda la Biblia se debe enseñar en algún lugar, pero no en todo lugar. Concretamente, no se debe hacer en una iglesia grande. Entonces, ¿dónde es ese «algún lugar»? En nuestra red tenemos tres caminos para los superinteresados en adquirir una educación bíblica más completa. Tenemos una vía para líderes llamada Theopraxis[49]. Es una serie de clases de seis semanas, diseñada para ayudar a nuestros líderes voluntarios en el ministerio a desarrollar un marco teológico y bíblico más completo. No es un entrenamiento de habilidades. Es de naturaleza puramente bíblica y teológica. Además de tener Theopraxis, estamos asociados con un ministerio llamado Bible Training Centre for Pastors and Leaders[50]. El BTCP ofrece una serie de cursos en dos años que es el equivalente de un estudio de postgrado en teología, visión general de la Biblia y métodos de estudio bíblico. Este curso se enseña en el mundo entero. El fundador, un buen amigo nuestro, es lo suficientemente bondadoso como para enviar a sus entrenadores a nuestras iglesias para que dirijan estos estudios. Y entonces, para los superserios, tenemos un recinto de extensión del Seminario Teológico de Dallas.

La buena noticia en esto es que, para la gente de nuestras iglesias que quiera más entrenamiento teológico profundo, hay más enseñanza y entrenamiento a su alcance de los que podrían ellos conseguir por sí mismos en toda una vida. De hecho, los hombres, las mujeres o los estudiantes que quieran abrirse paso por todo el texto estudiándolo, están viviendo en la era correcta. Gracias a la Internet, lo pueden encontrar en todos los tamaños, formas, idiomas y ediciones concebibles. Y les estoy muy agradecido a los maestros y expertos que trabajan de manera incansable para proporcionarnos unos recursos tan excelentes y de tan fácil acceso. ¡En verdad somos una generación que no tiene excusa!

Pero quiero volver al punto central de esta sección por un instante. Cuando desarrolles el filtro a través del cual evalúes tu contenido, permíteme sugerirte cuatro preguntas para que las añadas a tu arsenal:

1. ¿Es *útil* ese contenido?
2. ¿Ofrece ese contenido una perspectiva potencialmente nueva y útil?
3. ¿Proporciona ese contenido recursos, aplicaciones o pasos a dar?
4. ¿Ese contenido va específicamente dirigido a una edad y a una etapa de la vida?

Los tres grandes

Así que esos son los tres filtros que usamos para medir la irresistibilidad de nuestros ambientes. Evaluamos el entorno, la presentación y el contenido. Con respecto al ambiente de cada ministerio, preguntamos:

1. ¿Es atractivo el entorno?
2. ¿Es interesante la presentación?
3. ¿Es útil el contenido?

Ese es nuestro filtro. ¿Cuál es el tuyo? Recuerda: los ambientes de todos los ministerios son evaluados todos los fines de semana. La única pregunta es ¿de acuerdo a *qué* norma, o a la norma de *quién*? Si quieres que tus ambientes sean excelentes, tienes que definir lo que significa *excelente*. Si quieres que sean irresistibles, entonces tienes que definir *irresistible* en unos términos transferibles y fáciles de comprender. Todos y cada uno de los miembros del personal y los voluntarios de tu iglesia están convencidos de saber el aspecto que tiene algo excelente. Se presentan los fines de semana para trabajar con vistas a algún fin predeterminado. Les debes a ellos el tratar de dar en el blanco tan claro como te sea humanamente posible.

No va a ser fácil llegar hasta ese punto. Todos tendrán una opinión. Si a ti no te gustan las reuniones, tal vez detestes el proceso.

Pero al final, habrá valido la pena. Una vez que llegues, todo va a ser mejor. Todo va a moverse con mayor fluidez. Todo el mundo estará trabajando y evaluando a partir de las mismas normas. Cuando los visitantes lleguen por vez primera a tus dependencias, sabrán que allí está pasando algo significativo. Verán la coherencia. Se sentirán seguros. Algunos sabrán de inmediato que tu organización es algo de lo que quieren formar parte, y también quieren que sus hijos participen en ella. El ambiente importa. Así que observa con ojos nuevos los ambientes en que se desarrollan tus ministerios. Haz que sean los mejores posibles.

Capítulo diez

LAS REGLAS
PARA CREAR INTERÉS

Es posible que el ambiente más importante de cualquier iglesia sea el culto de adoración del fin de semana. Tanto si es el domingo por la mañana, como si es el sábado por la noche, este ambiente define a tu iglesia más que cualquier otro. Tus cultos de fin de semana determinan la forma en que la gente percibe y experimenta tu iglesia. Y esto hace del equipo que crea las experiencias de adoración del fin de semana uno de los equipos más importantes de tu organización; posiblemente el más importante de todos. En un alto grado, son ellos los que determinan la reputación que tenga tu iglesia ante la comunidad. Esa es la razón por la cual yo me reúno todos los martes por la mañana con los directores de la programación de cultos de todas nuestras iglesias de la zona de Atlanta. No hay nada que sea más crítico para nuestra misión, que el culto del fin de semana.

Puesto que así son las cosas, es imprescindible que tu equipo de programación de cultos esté alineado alrededor de un propósito y un enfoque comunes. Como en todas las cosas, el *propósito* es el que debe determinar el *enfoque*. Al fin y al cabo, lo que nosotros hagamos, y no lo que nos propusimos hacer, es lo que define nuestra vida y nuestra reputación. Lo mismo es cierto con respecto a nuestras iglesias. Una de las desconexiones más comunes en el mundo de las iglesias es la discrepancia entre *propósito* y *enfoque*. Casi todos los pastores principales con los que he hablado en toda mi vida jurarían (bueno, tal vez jurar no), proclamarían con toda firmeza que quieren que la gente sin iglesia asista a su iglesia y se conecte con ella. Pero entonces, dan media vuelta y crean unos cultos de fin de semana en los cuales dan por sentado que todos los presentes son creyentes y asisten todas las semanas. Eso es lo que quiero decir cuando hablo de una falta de conexión entre el propósito y el enfoque. El enfoque que escoge una iglesia mata su propósito una y otra vez. A menos, por supuesto, que el enfoque y el propósito se hallen alineados entre sí. Pero no te engañes. Si el propósito que has expresado no está de acuerdo con tu enfoque, nunca realizarás lo que te has propuesto realizar.

De manera que una de las primeras cosas que un equipo para la programación de los cultos debe hacer, es aclarar el propósito que se tiene con la experiencia del fin de semana. En nuestro mundo, a esto lo llamamos «aclarar el éxito». Hay una profunda explicación de lo que significa *aclarar el éxito* en el capítulo diez de nuestro libro *The Seven Practices of Effective Ministy* [Las siete prácticas del ministerio eficaz][51]. En mi opinión, la sección titulada «Cuatro pasos para la aclaración del éxito» vale lo que cuesta el libro entero. Allí sostenemos que todo equipo que es responsable de cualquiera de los ambientes que haya dentro de una iglesia, debe reunirse para hacerse una serie de preguntas que den por resultado una sencilla declaración en la cual se aclare la manera de tener éxito en ese ambiente en particular. En el Apéndice C proporcionamos una lista de «éxitos» para cada una de las áreas de nuestro ministerio. Si el éxito no está claro, estarás forzando a tu equipo —tanto líderes como voluntarios— a adivinar qué aspecto tiene un éxito. Cada uno de ellos va a adivinar algo distinto. Y puesto que a todo el mundo le gusta tener éxito, es probable que haya gente que considere que su área del ministerio está logrando el éxito, tanto si lo está logrando, como si no. Por eso es tan dolorosamente difícil cambiar o eliminar las programaciones en una iglesia local. Los que más se hayan esforzado siempre estarán convencidos de que están funcionando. Sean lo que sean. ¿Por qué? Porque según la forma en que ellos miden el éxito, ¡están funcionando! Si no aclaras qué es lo que constituye el éxito para un equipo, ellos se encargarán de aclararlo. Y una vez que un grupo se enamora de un ministerio o un estilo en el ministerio, hallará la manera de convencerse a sí mismo de que aquello que están haciendo es esencial para el éxito de tu iglesia. Tanto si en verdad lo es, como si no.

EL ÉXITO EN EL FIN DE SEMANA

Aquí te tengo una pregunta con la cual tu equipo debe luchar hasta dominarla por completo: ¿Cuál es el éxito en tus cultos de fin de semana? ¿Qué hace que tú y los miembros de tu equipo sientan que: *¡Vaya, este fin de semana sí que dimos el golpe!?* ¿Qué *es*? Ya sé. Ya sé. Son una serie de cosas diversas. Así que haz una lista. Inicia tú el análisis.

¿Cuál es el éxito en los fines de semana?

La pregunta es difícil. Cada serie de mensajes es diferente. No siempre tienes control sobre lo que van a decir los predicadores invitados. No quieres que las cosas se vuelvan demasiado predecibles tampoco. Yo entiendo todo eso. Pero a pesar de todas las variables inevitables, los miembros de tu equipo de programación de cultos tienen algo en mente cuando se sientan para crear una experiencia de fin de semana. Comienzan con un conjunto de supuestos que no está escrito, pero que define el éxito. En algún punto hay consenso alrededor de lo que hace que un fin de semana grandioso sea grandioso. Puesto que ese es el caso, te debes a ti mismo y le debes a tu equipo el que descubran lo que todos están pensando y creen todo un lenguaje alrededor de ese pensamiento. Tengo la corazonada de que una vez que comiences a averiguar y sacar a la superficie la forma en que los miembros del equipo definen un éxito de fin de semana, vas a descubrir tanto un alineamiento, como una falta de alineamiento. Sigue cavando cuanto haga falta y te tropezarás con aquella cosa que es *la* que hace subir el nivel de energía en la sala de reuniones; la cosa que causa que todo el mundo se siente en el borde mismo de sus asientos. Cualquiera que sea el denominador común, necesitas hallarlo y expresarlo con palabras. Una vez que lo hagas, todo lo que te faltará será decidir si lo que es considerado como éxito es lo que debería ser considerado como tal.

Para demasiados equipos, el éxito de un fin de semana es que el auditorio esté lleno. Para el director del grupo preescolar, el éxito podría ser que el culto terminara a tiempo para que los voluntarios no se amotinaran. Para el líder de la adoración, el éxito podría ser el permiso para presentar un canto nuevo. *¡Preferiblemente, uno de los compuestos por él mismo!* Para el predicador, el éxito podría ser una gran respuesta al final del mensaje; una respuesta tan grande, que haya que extender el tiempo del culto, creándole así un problema al director de los preescolares. Lo cual significa que el próximo domingo el predicador va a pedir más tiempo para predicar, lo que a su vez hará necesario que el director de la adoración prepare un canto menos. *Preferiblemente, un canto compuesto por alguna otra persona.* El éxito para el director de educación podría ser tener más tiempo para los anuncios.

Ya sé lo que estás pensando. *¿Y cómo lo supe?* Lo sé porque vivo en el mismo mundo que tú. Pero te digo una cosa, que una vez que tu equipo se ponga de acuerdo en cuanto a lo que significa el éxito en el fin de semana, se reducirá la tensión inevitable creada cuando cada cual busca el éxito que le parece el correcto ante sus propios ojos.

NUESTROS ÉXITOS

Nosotros hemos definido dos éxitos para nuestros cultos de fin de semana. Uno inmediato y otro a largo plazo. Nuestro éxito inmediato se produce cuando una persona que asiste de forma regular trae consigo a un amigo sin iglesia que disfruta tanto del culto, que regresa a la semana siguiente. Si el amigo sin iglesia regresa el domingo siguiente con otro amigo sin iglesia a rastras, nosotros abrimos la botella de champán y contratamos una orquesta. No; en serio. Nuestra meta en los fines de semana consiste en crear un entorno tan atractivo, una presentación tan interesante y un contenido tan útil, que la gente sin iglesia no solo quiera volver a la semana siguiente, sino que se sienta cómoda y motivada al mismo tiempo para invitar a otro amigo. Eso es lo que celebramos. Estas son las historias que presentamos en las reuniones de un personal ansioso por oírlas. Ese es el contenido de las cartas y los mensajes por correo electrónico que nos vamos pasando en la oficina. Esas son las historias que yo hago circular entre nuestros ancianos.

¿Celebramos el que la gente cruce la línea de la fe? Sí. ¿Celebramos cuando alguien decide recibir el bautismo? Ya hablé de esto. Y sí, nos encanta que la música nos ponga la carne de gallina y nos llene de lágrimas los ojos. Nos encanta cuando alguien se anota como voluntario. A mí me emociona que la gente responda en público a mi predicación. Nos encanta salir a tiempo y aplaudimos la capacidad para escribir cantos que tienen los líderes de nuestra adoración. Todas estas cosas son unos componentes maravillosos e importantes. Pero el éxito —lo que nos despierta por la mañana y nos mantiene despiertos por la noche— es cuando una de las personas que asisten a nuestros cultos se toma el riesgo de invitar a un amigo que está alejado de Dios, y ese amigo viene, se siente conmovido y decide regresar el fin de semana siguiente. Eso sí que es dar en el blanco, amigo. *¡No hay nada mejor que eso!* Así que planificamos nuestros cultos de fin de semana teniendo en mente a nuestros invitadores y a sus invitados. Nuestros equipos de programación de cultos se consideran socios en el evangelismo con nuestros miembros y con los que asisten regularmente. ¿Quiere eso decir que preparamos el contenido a la medida de los que no son cristianos? No. Lo que preparamos a la medida de los que no son cristianos es la experiencia. Hay una gran diferencia. Y esa diferencia es el pensamiento central de este capítulo.

Ya mencioné que además del éxito inmediato, también tenemos un éxito a largo plazo. El éxito a largo plazo es la *transformación de las vidas*. El éxito a largo plazo se produce cuando las personas que asisten de forma regular a nuestros cultos cambian su manera de pensar y de actuar, tomando una dirección divina. Queremos que nuestros cultos de los fines de semana sean catalizadores de una transformación en las vidas personales. Queremos inspirar a la gente para que crea de una manera diferente, y se conduzca también de una manera diferente. Como es el caso con nuestros éxitos inmediatos, estos son los mensajes electrónicos, las cartas y los tweets que nos pasamos de uno a otro, leemos, copiamos y circulamos por toda la oficina. Cuando un cambio significativo en una vida forma parte de la historia de un bautismo, presentamos el vídeo en nuestras reuniones con el personal, con los ancianos, y, cuando conseguimos permiso, lo ponemos en nuestras páginas de Facebook. Aquí tienes una distinción importante. Aunque nuestra experiencia de los fines de semana está diseñada con los que no tienen iglesia en mente, el contenido de nuestro mensaje está destinado a la transformación de las vidas.

Como he repetido una y otra vez desde el principio, no estoy sugiriendo que todas las iglesias adopten *nuestro sentido del éxito* para el fin de semana. En cambio, lo que sí te estoy exhortando que hagas, es que descubras o definas el tuyo. Una vez que lo hagas, será cuando comience la verdadera diversión.

Una vez que hayas decidido en qué consiste tu éxito para los fines de semana, el siguiente paso consistirá en crear un enfoque o un patrón que se ajuste a ese éxito que buscamos. Crearlo es una cosa; llevarlo a la práctica es otra totalmente distinta. Como sabrás, cuando una iglesia hace la transición hacia un nuevo enfoque del culto de fin de semana, existe el potencial de que se produzca una división en la congregación. Yo experimenté esto en carne propia. Al final de este capítulo, he puesto algunas ideas sobre la preparación de tu iglesia para un cambio. Sin embargo, con sinceridad, no es este un aspecto en el que pueda yo hablar con tanta autoridad como en otros. Nuestro equipo logró hacer la transición de un grupo grande de voluntarios y líderes comprometidos hacia un nuevo modelo para los fines de semana. Pero eso es diferente a hacer esa transición en una iglesia ya establecida. No obstante, anímate; es posible hacerlo. Se ha hecho. ¡Dios te podría estar llamando a hacerlo!

EL DESARROLLO DE TU PROPIO PATRÓN

Cuando les hablo a los pastores y a los equipos de programación de los cultos acerca de la creación de un patrón para sus fines de semana, siempre recibo la misma resistencia. Y lo comprendo. La idea de seguir el mismo patrón una semana tras otra parece limitadora. Los que son creativos sienten náuseas. Los del tipo teológico levantan de inmediato las manos y preguntan cuál es el papel del Espíritu Santo en la adoración. ¿La existencia de un patrón deja lugar a la obra del Espíritu? ¿Acaso tener un patrón no sería como meter a todo el mundo en la misma caja?

En realidad, las cosas no son así. El patrón no *pone* a tu equipo en una caja. Tu equipo ya está en esa caja. Es tu equipo el que diseña la experiencia del fin de semana dentro de los límites de algún tipo de caja, tanto si sigues un patrón, como si no. Todos tenemos una caja de tiempo. Tal vez sea una hora, o tal vez dos. Pero al final, se te acaba el tiempo. Hay una caja de recursos, más conocida popularmente como lo que permite tu presupuesto. Hay una caja de talentos. Y también está la caja de la denominación. Hay una caja de estilo. En otras palabras, ya estás trabajando dentro de unos límites. El hecho de crear y seguir un patrón asegura que tu enfoque apoye a tu objetivo. En nuestro caso, nuestro patrón nos obliga a pensar como piensa la gente de fuera.

La creatividad siempre tiene sus limitaciones. Una vez que el pintor escoge el tamaño de su lienzo, ya se ha limitado a sí mismo. Los productores de cine tienen una limitación de tiempo de alrededor de dos horas y media. Los dramaturgos trabajan dentro de unas limitaciones. Los escultores también las tienen.

Los compositores que tienen la esperanza de que sus cantos salgan al aire, tienen una limitación de unos tres minutos y medio. Y es bien interesante que casi todos los éxitos de los cincuenta últimos años hayan seguido un patrón similar: estrofa–coro–estrofa–coro–puente–coro–coro. Piénsalo. Dentro de un marco de tiempo de tres a cuatro minutos, parece haber una variedad interminable de melodías, temas, progresiones de acordes y estilos. ¿Hay limitaciones? Sí. ¿Hay espacio para crear dentro de esas limitaciones? Basta con que prendas la radio.

Cada vez que *crees* una experiencia para un fin de semana, estarás trabajando dentro de unas limitaciones. Igual que Picasso. Lo que te quiero ayudar a hacer, es hallar o crear el patrón que te va a permitir encauzar la capacidad creativa de tu equipo de una manera tal que apoye aquello que tú consideras como el éxito para ese fin de semana, dentro de las limitaciones que te han sido dadas. Quiero ayudarte a establecer tu propia versión de esa secuencia de estrofa–coro–estrofa–coro–puente–coro–coro.

Tanto si te das cuenta, como si no, ya tienes un patrón para tu experiencia del fin de semana. Es posible que no sepas lo que es, pero tienes uno. Y todo el que haya asistido a tu iglesia durante seis meses o más, tiene una idea bastante exacta sobre qué aspecto tiene.

¿Por qué? Porque tus cultos de adoración siguen más o menos el mismo patrón, también conocido como plantilla, todas las semanas. Cambian los cantos y los temas de los mensajes. Cambian esos temidos anuncios. La ampliación del tema central cambia. Es posible que cambien el anfitrión y el líder de la adoración. Pero en cualquier domingo hay cantos, un mensaje, anuncios, un tema central ampliado, un líder de la adoración y un anfitrión. Tienes un patrón. Tienes tu propia versión de ese estrofa–coro–etc. Mi pregunta es esta: ¿Tienes el patrón correcto? ¿Tienes un patrón que apoye el éxito que quieres lograr? ¿Está ajustado con precisión para ayudarte a lograr lo que tú *dices* que quieres lograr y por eso estás allí? El primer paso consiste en descubrir el patrón que estás siguiendo en el presente. Junta a tu equipo y usa unos cuantos términos para presentar esas suposiciones y enfoques que tienes para los cultos de fin de semana, y que hasta ahora no has escrito, sino que has mantenido en secreto. El descubrimiento de lo que estás haciendo en la actualidad, y la creación de una terminología a su alrededor, es importante por un par de razones. Para comenzar...

DISEÑADO A LA PERFECCIÓN

Si te agrada lo que está sucediendo durante los fines de semana, te debes a ti mismo el descubrimiento de tu propia salsa personal, para defenderla con tu vida. *Tu patrón actual está perfectamente diseñado para producir los resultados que estás consiguiendo en el presente.* Si te encantan tus resultados, lo menos que querrías hacer es desviarte de manera involuntaria hacia una dirección diferente. La única manera de asegurarte de que no vas a desviarte, es tirar el ancla bien hondo. Y eso te va a exigir que pongas alguna objetividad en lo que es posible que sea un proceso predominantemente intuitivo. En cambio, si no estás satisfecho con los resultados del presente, necesitarás hacer algunos cambios. Pero es difícil analizar y cambiar algo que, para empezar, nunca ha sido identificado y definido. En ambos casos, necesitas identificar tu actual patrón para los fines de semana, y crear una terminología que lo describa. Una vez que hagas eso, tendrás que hacer la más difícil de todas las preguntas: ¿A la luz de lo que hemos establecido como nuestro *éxito*, es este realmente nuestro mejor *enfoque*? ¿Facilita tu enfoque el que tengas éxito?

En las páginas que siguen, voy a caminar contigo a través de nuestro patrón. Como ya dije antes, nosotros no nos tuvimos que enfrentar al reto de hacer una transición en el patrón de fin de semana de una iglesia local. Tuvimos la ventaja de comenzar desde el principio con un enfoque que creíamos que apoyaba los objetivos para el fin de semana que describí al principio de este capítulo. Nuestro patrón ha evolucionado. Hay cosas que hacemos ahora, que no podíamos hacer al principio. Hay cosas que hacíamos al principio, que abandonamos en algún punto del camino. Estamos modificando y ajustando constantemente, a medida que va cambiando la cultura. Pero tenemos un obsesivo compromiso con la creación de una experiencia que traiga a los que vienen por primera vez, y que mueva a la gente hacia la madurez.

EL PATRÓN DE NORTH POINT

Nuestro patrón ha sido diseñado para mover a un grupo variado de adultos, suponiendo que tienen poco interés, si es que tienen alguno, desde el punto en que están, cualquiera que sea, cuando entran con su auto en nuestra propiedad, hasta el punto del mensaje. La versión corta es esta: *Nuestra meta es atender a los que asisten a nuestros cultos desde el estacionamiento hasta el punto del mensaje.* Tal como sucede también en tu iglesia, entre nuestros asistentes hay de todo tipo de personas, desde escépticos hasta santos. Y aunque nuestra meta inmediata es captar a los escépticos, nuestra meta a largo plazo se aplica a todos los que están en la sala. Para mover a una audiencia, y en especial una audiencia donde hay diversidad, desde donde está hasta donde tú quieres que esté, se necesita que haya unos *intereses comunes*. Si tú quieres que yo te siga en un viaje, tienes que venir a buscarme. El viaje debe comenzar donde yo estoy, y no donde tú estás, o donde tú crees que yo debería estar.

Esto es algo realmente importante. Donde comienza continuamente una experiencia de fin de semana, determina en última instancia quién se presentará continuamente para hacer el viaje. Si el viaje comienza en el supuesto de que todo el mundo aquí sabe lo que estamos haciendo, terminarás teniendo una audiencia de gente que ya sabe qué estás haciendo. Si tu viaje comienza en el supuesto de que todo el mundo en la audiencia es creyente, entonces tu audiencia terminará estando llena de creyentes. ¿Quiénes asisten a los conciertos de Third Day? En su mayoría la gente que conoce y espera la música del conjunto Third Day. Donde tú comienzas continuamente y lo que tú das por sentado continuamente, determinan quién será el que asistirá continuamente. ¿Por qué? Porque lo que tú supones crea los intereses comunes que regirán en el viaje. Los grandes comunicadores hacen esto de manera intuitiva. De alguna manera, saben en qué punto del camino te encuentras, y te toman consigo hasta donde ellos quieren que llegues a estar.

Entonces, ¿cuáles son los intereses comunes en un público formado por gente de diversas procedencias, edades, etapas en la vida, experiencias en la iglesia, complejidad teológica, etc.? ¿Qué podría tener en común un grupo tan diverso? Puesto que nuestro éxito inmediato tiene que ver con personas que no forzosamente comparten nuestra cosmovisión, y mucho menos nuestra teología, los intereses comunes no pueden ser estos. Por eso nosotros nos remontamos muy lejos, hasta llegar a nuestras *experiencias y emociones comunes*.

Lo más frecuente es que nos apoyemos fuertemente en una emoción concreta. Nosotros hemos aprendido que el acceso a una emoción común es muchas veces la mejor vía de entrada para influir en la manera en que una persona ve y enfoca la vida. Todo el mundo, desde los escépticos hasta los santos, sabe lo que es sufrir, lo que es dudar y lo que es tener una esperanza. A todo el mundo le encanta reír. A todo el mundo le encanta celebrar una historia de redención. Todo el mundo tiene dudas y temores. Todo el mundo tiene interrogantes. Por eso, nosotros trabajamos fuertemente para crear muy pronto un momento en el cual todos los que se hallan en la sala estén de acuerdo, moviendo la cabeza en la misma dirección.

Ahora bien, si esto te molesta, acabas de experimentar lo mismo que nosotros tratamos de hacer todos los fines de semana en todas nuestras iglesias. Si comenzaras una conversación imaginaria conmigo acerca de lo barato y poco bíblico que es ese enfoque, estarías experimentando precisamente lo poderoso que es. Te hallas emocionalmente comprometido. Estás interesado. Estás interesado porque no estás de acuerdo. Entre mis mensajes favoritos están aquellos en los que comienzo con una declaración que hace que todo el mundo se sienta incómodo. Crea tensión, y habrás creado interés. Plancha toda la tensión, y estarás eliminando ese interés. Nunca olvides esto. Pero antes de que lo eches a un lado como un truco barato, tal vez te interese saber de dónde nos vino esa idea.

EL MAESTRO DE MAESTROS

Un día, Jesús levantó la mirada y se encontró rodeado por unos oyentes extraordinariamente diversos: recaudadores de impuestos, pescadores, fariseos, los poderosos de Roma, y junto a ellos, los parias de Israel. El espectro entero. Gente que no se consideraba tan mala como algunos, pero sabía que no era ni con mucho, tan buena como otros. A pesar de lo diversos que eran, Jesús reconoció que todos ellos tenían algo en común. Todos compartían una confusión común con respecto a la actitud de Dios hacia los pecadores. Por eso escogió esta oportunidad en particular para enfrentarse a su confusión. Pero, ¿dónde comenzar una discusión un tanto teológica con un grupo donde hay unos niveles tan variados de complejidad teológica? ¿Dónde comenzar una discusión acerca de la forma en que Dios ve a los pecadores, con un grupo en el cual hay pecadores que no se ven a sí mismos como tales, hombro con hombro con pecadores que se ven a sí mismos como demasiado perdidos para que un día se los pudiera redimir?

¿Qué te parece este enfoque?

«Supongamos que uno de ustedes tiene cien ovejas y pierde una de ellas». (Lucas 15.4)

Perfecto. Una situación hipotética que tenía que ver con unas ovejas. Jesús comenzó su explicación utilizando una experiencia humana común que evocaba una emoción también común. La pérdida. Entre sus oyentes, todo el mundo había perdido algo en algún momento. Y entre ellos, todos sabían lo que harían si tuvieran cien ovejas y descubrieran que una de ellas se había extraviado.

«¿No deja las noventa y nueve en el campo, y va en busca de la oveja perdida hasta encontrarla?». (v. 4)

En aquel punto, todos estarían asintiendo con la cabeza. Y me puedo imaginar que había algunos fariseos que se sentían incómodos, porque de repente descubrían que estaban de acuerdo con los recaudadores de impuestos. ¡Brillante! Absolutamente brillante. Todo el mundo de acuerdo. Todo el mundo siente lo mismo. Jesús, el Maestro de maestros, sabía que para lograr que sus oyentes, tan diversos, lo siguieran hacia algo nuevo, él primero tendría que ir donde ellos estaban. Tendría que hallar los intereses comunes de un grupo que tenía poco en común. Así que eso fue lo que hizo. Eso es lo que también debemos hacer nosotros. No se trata de un ardid. Se trata de apoyarse en la forma en que fuimos creados. Se trata de interesarnos tanto por los demás, que vayamos hacia donde ellos están, antes de pedirles que nos sigan hacia donde nosotros estamos convencidos de que deberían estar. Jesús continuó diciendo:

«Y cuando la encuentra, lleno de alegría la carga en los hombros y vuelve a la casa. Al llegar, reúne a sus amigos y vecinos, y les dice: "Alégrense conmigo; ya encontré la oveja que se me había perdido"». (vv. 5–6)

De nuevo, es probable que todos estuvieran asintiendo con la cabeza. Eso es exactamente lo que ellos habrían hecho. Eso es lo que hace la gente cuando encuentra algo que ha perdido. En especial, si es algo de valor. Ahora que todos estaban de acuerdo, él les pediría que lo siguieran a otro lugar nuevo.

«Les digo que así es también en el cielo: habrá más alegría por un solo pecador que se arrepienta, que por noventa y nueve justos que no necesitan arrepentirse». (v. 7)

Aquello era nuevo. Jesús acababa de desafiar el concepto generalmente aceptado acerca de la actitud de Dios hacia los pecadores y los justos. Pero no los tuvo que llevar al segundo capítulo de Génesis. En lugar de hacerlo, les dijo:

«O supongamos que una mujer tiene diez monedas de plata y pierde una. ¿No enciende una lámpara, barre la casa y busca con cuidado hasta encontrarla? Y cuando la encuentra, reúne a sus amigas y vecinas, y les dice: "Alégrense conmigo; ya encontré la moneda que se me había perdido"». (vv. 8–9)

Mientras que los fariseos que había entre sus oyentes tal vez no se podrían relacionar con la ilustración de la oveja perdida, la mayoría de ellos sí se podrían relacionar con una moneda perdida, en especial con una que hubiera perdido la esposa de alguno de ellos.

«Les digo que así mismo se alegra Dios con sus ángeles por un pecador que se arrepiente». (v. 10)

Ya para entonces, todo el mundo estaba comenzando a comprender de qué estaba hablando. Ciertamente, los fariseos estaban interesados. «Espérate un minuto. ¿Estás diciendo que Dios se *siente* de la misma forma acerca de un pecador, que como yo me *siento* acerca de una moneda perdida? Las monedas tienen valor. Los pecadores son... pecadores». También los pecadores estaban interesados. «¿Así que Dios *siente* por mí lo mismo que sintió el pastor por su oveja?».

Después de haber interesado a sus oyentes con una emoción que les era común, Jesús les habló de algo que era mucho más importante, al pasar de las ovejas y las monedas a la relación íntima entre un padre y su hijo. Rodeado tal vez por docenas, tal vez centenares de hombres, muchos de los cuales se proclamaban hijos de Abraham, y algunos de los cuales no querrían reclamar para sí ninguna relación con Dios en absoluto, los desafía a cambiar su manera de pensar en cuanto a la forma en que Dios ve a los pecadores... ¡la forma en que los veía a *ellos*! Pero no comenzó con Dios. Comenzó con *ellos*. Comenzó despertando una emoción que se convirtió en el catalizador para algo que podríamos sostener que es su mensaje más importante. ¿Lo aceptaron todos? No. ¿Hubo quienes se ofendieron por lo que Jesús les dijo? Por supuesto. ¿Les interesó a todos? Lo más probable. ¿Hubo alguno que no comprendió lo que él les estaba tratando de decir? Es muy poco probable. Su idea quedó tan inevitablemente clara, que esta trilogía de parábolas es uno de los pasajes más populares de toda la Biblia.

LAS REGLAS PARA CREAR INTERÉS

Desde el principio estamos buscando la manera de interesar emocionalmente a las personas. Y cuando hablo del principio, me refiero al estacionamiento. Nuestro patrón ha sido diseñado para crearles un verdadero viaje a los que asisten a nuestras reuniones. Como podrás ver en el diagrama que aparece en la página 208, incluye tres partes grandes, con varios pasos cada vez mayores dentro de cada una de ellas. En el macronivel, nuestra meta es *interesar* a la audiencia, *involucrarla* y por último, *desafiarla*. La razón por la que creamos nuestro patrón en forma de embudo sirve para recordarnos que nuestra responsabilidad cada semana consiste en *interesar* a todos nuestros oyentes. No solo a la gente de iglesia. Sé por experiencia que aquí es donde la mayoría de las iglesias fallan por completo. Comienzan a partir del supuesto de que todo el mundo ya se siente interesado, está involucrado y ha sido informado. Eso está bien para una iglesia pensada para gente de iglesia. En cambio, no está bien para las iglesias dedicadas a interesar los corazones y las mentes de los que no tienen iglesia. Queremos que todos, desde los escépticos hasta los santos, se sientan interesados desde el principio.

El segundo paso en este viaje consiste en *involucrar*. Es todo un reto, pero es necesario. Nosotros hemos descubierto que si hemos hecho un buen trabajo en cuanto a interesar emocionalmente a nuestros oyentes, nos es posible involucrarlos físicamente. Y por último, los *desafiamos*. Desafiar a la gente antes de que se haya interesado e involucrado equivale a violar el orden en que fueron creadas las cosas. Es lamentable que las iglesias, y los comunicadores en particular, intenten hacerlo todo el tiempo. Si piensas en función de unas relaciones personales, podrás comprender de inmediato por qué esto no funciona. Desafía la conducta o la actitud de alguien a quien no conozcas, y verás hasta qué punto esto cambia las cosas. Tal vez tengas razón. Tal vez te hayas expresado con claridad. Sin embargo, no vas a cambiar nada. Lo que harás será buscarte un enemigo.

Si la meta de una iglesia o de un pastor solo se limita a decir la verdad, entonces interesar e involucrar son pasos innecesarios. Todo lo que tienes que hacer es cantar un par de cosas, tomar la ofrenda y predicar. No hay necesidad de construir un puente de relación. En cambio, si la meta consiste en marcar una diferencia; en cambiar en realidad la manera de pensar o de conducirse que tiene una persona, entonces la construcción de un puente de relación es un paso crítico. Nos resistimos a dejar que influyan en nosotros unas personas a quienes no conocemos, o en quienes no confiamos. En cambio, sí estamos abiertos a la influencia de aquellos en quienes confiamos, o quienes percibimos que están deseando lo mejor para nosotros. La confianza exige que haya intereses comunes. La confianza exige que haya empatía. Todo esto tiene el propósito de decirte que tenemos que hacer ciertas cosas antes de esperar que la gente interiorice nuestros mensajes y viva de acuerdo con ellos. Y esto es especialmente cierto en el caso de los que son nuevos en la iglesia, o los que han tenido malas experiencias con la religión organizada.

LAS REGLAS PARA CREAR INTERÉS

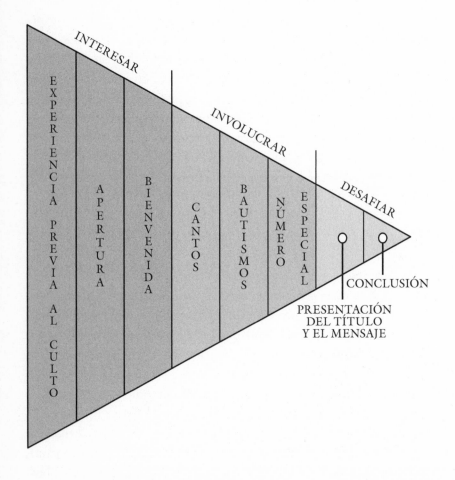

Para recorrer con nuestros oyentes este viaje en tres etapas, empleamos ocho elementos en nuestros cultos de adoración. Cuatro de esos ocho elementos forman parte de todos los cultos. Los cuatro restantes son usados cuando lo consideramos adecuado.

PRIMER ELEMENTO DEL PATRÓN: LA EXPERIENCIA PREVIA AL CULTO

La *experiencia previa al culto* abarca todo lo que se encuentran nuestros oyentes desde el momento en que entran con su auto en nuestros terrenos, hasta que comienza el culto en sí. Esto incluye lo que experimentan en el estacionamiento y en los vestíbulos, el procedimiento para recibir a sus hijos y el proceso de encontrar asientos en nuestro centro de adoración. Incluye la claridad en los carteles indicadores, la limpieza en los baños, la temperatura en el edificio y la iluminación. Como ya sabrás, si ofendes a alguien *antes* de un culto, te va a ser prácticamente imposible interesarlo *en* el mismo. Por eso nosotros nos esforzamos en el servicio que les prestamos a las personas antes del culto, para crear una experiencia tan agradable como sea posible.

Hablando más específicamente, queremos que la gente se sienta cómoda. ¿Por qué cómoda? Porque cada vez que entramos en un ambiente nuevo, en especial si también nuestros niños están involucrados, entramos con un elemento de incomodidad. No estamos seguros sobre dónde debemos ir ni qué debemos hacer. Traer con nosotros a nuestros hijos a un ambiente desconocido es algo que hace brotar toda una letanía de preguntas. Por lo general, los hombres quieren saber cuánto va a durar todo aquello, y a qué hora van a estar de vuelta en su casa. Nosotros nos esforzamos por resolver estas cuestiones tan pronto como nos sea posible.

Una de las mejores cosas que hicimos a este respecto fue crear un portal en la web donde la gente que nunca ha asistido, pero que está haciendo planes para asistir, pueda ver vídeos cortos donde aparecen todos nuestros ambientes de los fines de semana (*www.northpoint.org/new*). Pueden ver lo que sucede en nuestros cuartos para niños pequeños, nuestros ambientes para niños en edad de escuela primaria, y nuestros ambientes para los jóvenes de la escuela media y superior. Y por supuesto, hay una sinopsis en vídeo de lo que sucede en nuestro ambiente de adoración. Los que traigan niños, incluso los pueden inscribir por medio de la Internet, de manera que cuando se presenten en el lugar de inscripción, haya alguien que realmente los esté esperando. Todo esto se hace en nombre del interés por hacer las cosas más cómodas.

En la experiencia previa al culto, lo *cómodo* toma precedencia sobre lo *teológico*.

Esto tal vez te parecerá un poco extremista. Pero si nuestro éxito inmediato consiste en captar el interés de una gente sin iglesia, entonces en el extremo más ancho del embudo necesitamos quitar de en medio todos los obstáculos que se pudieran presentar en el camino de los visitantes desinteresados, suspicaces, llevados en contra de su voluntad, que preferirían estar en algún otro lugar, porque no tienen iglesia. El estacionamiento, los vestíbulos, el auditorio y la plataforma deben ser zonas libres de obstáculos.

Hace varios años, yo sentí que nos estábamos comenzando a descuidar en este aspecto. Entonces, reuní a los equipos de programación de cultos que trabajan en nuestras iglesias de la zona de Atlanta, para celebrar una especie de asamblea. No les dije cuál era el propósito de esa reunión. Los llevé a uno de nuestros auditorios, en el cual hice que encendieran las luces de la plataforma y las del lugar como lo habríamos hecho durante un culto de fin de semana. Les distribuí sobres y plumas, e hice que se sentaran en diferentes zonas del auditorio. Les pedí que se sentaran quietos durante varios minutos, y después abrieran los sobres y siguieran las instrucciones que había en las hojas que tenían dentro. Las instrucciones decían algo como lo siguiente:

Imagínate que esta es la primera vez que estás en nuestra iglesia. No eres una persona que asista de forma regular a una iglesia. No eres enemigo de las iglesias. Sencillamente, no consideras que sean necesarias. Alguien te invitó, y aquí estás.

Entonces les pedí que respondieran varias preguntas desde el punto de vista de alguien que asiste por vez primera. Eran preguntas como estas: Cuando miras a la plataforma, *¿qué te viene a la mente? ¿Qué te preocupa? ¿Qué quisieras saber? ¿Qué tienes la esperanza de que no suceda? ¿Qué te haría sentir más cómodo ahora mismo? ¿Qué información querrías ver en la pantalla?*

Como te podrás imaginar, tuvimos una sesión de información increíble. Por primera vez en largo tiempo estábamos mirando nuestro salón como gente extraña, y no como gente de casa. Como gente de casa, sufrimos de lo que Dan y Chip Heath llaman «la maldición del conocimiento»[52]. Sabemos tanto acerca de nuestra iglesia, que nos es difícil programar teniendo en mente a los que asisten a ella por primera vez. Pero los ejercicios como el que acabo de describir, ayudan. Uno de los grandes hallazgos que tuvimos en ese ejercicio fue que la mitad de los hombres de nuestro equipo respondieron a la pregunta «¿Qué quisieras saber?», con otra pregunta: «¿Cuánto va a durar esto?». Como consecuencia, les hemos pedido a nuestros anfitriones de fin de semana que incluyan en sus observaciones iniciales las siguientes palabras: «Vamos a estar aquí alrededor de una hora».

Nosotros escogemos toda nuestra música anterior al culto teniendo en mente a las personas sin iglesia que asisten por primera vez. Incluimos en ella una mezcla de tonadas seculares que les son familiares, y cantos de adoración que no lo son tanto, mientras la gente va entrando al centro de adoración. Como muchas iglesias, presentamos varias veces en las pantallas unas transparencias con información, entre las que se incluye una con el texto o textos bíblicos del día, para permitir que la gente que es nueva en el estudio de la Biblia, se adelante y los busque. Y como ya mencioné en el capítulo nueve, alrededor de diez minutos antes de iniciar el culto, comenzamos el 10Before.

Hay cosas que es necesario comunicarle a una iglesia local. Sin embargo, por lo general están tan enfocadas a los de casa, que crean la posibilidad de una desconexión entre los visitantes. Por eso, ponemos toda la información para los de casa en el 10Before, y lo presentamos justo antes de que comience el culto de manera oficial. ¿Que

se lo pierden los que llegan tarde, o incluso si llegan justo a tiempo?
Sí. Pero me imagino que ya sabrás quiénes son esas personas, ¿no es
cierto? Son las que llegan por vez primera; la gente que piensa que
si el culto comienza a las diez de la mañana, uno se debe presentar a
las diez de la mañana en punto.

SEGUNDO ELEMENTO DEL PATRÓN: LA APERTURA

El segundo segmento potencial en la parte de creación de interés de
nuestro patrón es la *apertura*. Por lo general, la apertura consiste
en un canto o en un juego interactivo diseñado para interesar a los
presentes. Nosotros empleamos estas aperturas alrededor de una vez
cada cuatro a seis semanas.

En nuestro mundo, es un gran éxito el que logremos que todos
los asistentes sonrían o se rían durante los tres primeros minutos del culto. Por lo general, la apertura es diseñada para crear
una sensación de disfrute. En todas nuestras iglesias hay gente que
asiste a ellas sin haberse reído nunca *en* la iglesia. Muchas veces
se han reído *de* la iglesia. Pero nunca han disfrutado un culto de
iglesia. Nosotros trabajamos duro para crear esos momentos de
sorpresa en los cuales, por vez primera, o por primera vez en largo
tiempo, una persona descubre lo que es sentirse bien en la iglesia.
El canto de apertura se suele relacionar con el tema del mensaje o
de la serie. Es frecuente que escojamos una apertura para lanzar
una idea. Una buena apertura crea una sensación. En este punto
del culto, lo secular y lo familiar son mejores que lo sagrado y lo
extraño. Cada vez que ponemos música de los Beatles, tenemos el
día ganado. Hasta la fecha, nuestra mejor apertura ha sido nuestra
iBand (que puedes encontrar en YouTube bajo el nombre de North
Point's iBand). Todo en ella era perfecto en cuanto a lo que a aperturas respecta. Era entretenida. Usaba trucos electrónicos. Nadie
había visto nunca nada así. Todo el mundo conocía las canciones.
La ejecución era impecable. Todos los asistentes sonreían. A los
adolescentes les encantaban. También les encantaban a los hombres
de mediana edad. A las mujeres les encantaban porque a sus novios
y sus esposos les encantaban.

De vez en cuando nos vienen reacciones negativas en cuanto al uso de tonadas seculares en la iglesia. Entiendo la preocupación. No; esos cantos no «glorifican a Dios». Sí, los artistas que cantan algunos de esos cantos son paganos. Pero ninguna de esas cosas nos molesta. Nuestra meta no es crear un ambiente que sea «apartado del mundo». Estamos buscando algo mucho más significativo que eso. Queremos cambiar el mundo.

TERCER ELEMENTO DEL PATRÓN: LA BIENVENIDA

En los fines de semana en que tenemos apertura, lo siguiente que sucede es que nuestro anfitrión les da la bienvenida. En los fines de semana en que no tenemos apertura, comenzamos con la *bienvenida*. No se trata de un momento para dar avisos. La llamamos bienvenida, porque eso es lo que uno hace cuando llega alguien a su hogar. Le da la bienvenida. No esperamos que las personas que visitan nuestro hogar entren por sí mismas mientras nosotros seguimos conversando con nuestra familia. Tampoco vamos a recibir a la gente en la puerta, y allí mismo comenzamos a dispersar información al azar. Cuando llegan unos visitantes a nuestra puerta, les brindamos toda nuestra atención, sin distracción alguna. Hacemos cuanto podemos por hacerles sentir... redoble de tambores, por favor... *en casa*. Queremos que se sientan *cómodos*. En nuestro mundo, la bienvenida es totalmente para la gente nueva; no para la gente de casa. Abundando solo por un instante en el tema del «visitante que está en la puerta», yo he estado en demasiadas iglesias en las cuales tuve que entrar por mi cuenta, hallar un lugar donde sentarme, y después escuchar cómo la familia de la iglesia hablaba entre sí.

Por eso tratamos a los visitantes en nuestra iglesia de la manera que los habríamos tratado en nuestro hogar. Después de darles una calurosa bienvenida, les ofrecemos información acerca de los siguientes pasos que pueden dar en nuestra iglesia. Pero solo les ofrecemos una información que sea adecuada para los visitantes. Evitamos presentar un calendario de sucesos que vaya dirigido a los que asisten regularmente. El impulso gravitacional de todas las iglesias va dirigido a los de casa. En ningún otro punto es esto más común, ni causa más interrupción, que en el tiempo que se dedica normalmente a los anuncios. Nosotros hemos decidido abandonar por completo esa letra «A».

CUARTO ELEMENTO DEL PATRÓN: LOS CANTOS

La *bienvenida* señala el final de la etapa dedicada a *causar interés*. Entonces es cuando invitamos a la gente a *involucrarse*, a participar. Notarás que a esta parte del culto le hemos dado el nombre de *cantos* y no de *adoración*. Lo hacemos de manera deliberada. Y se trata de una distinción de extraordinaria importancia. Los cristianos, y en particular los líderes de las iglesias, usan de una manera muy amplia el término *adoración*. Digámoslo de una vez: lo usamos más con función adjetival, que con función sustantiva. Tenemos música de adoración, líderes de adoración, centros de adoración y cultos de adoración. Sin embargo, los de fuera no usan el término de esa forma. Para ellos, *adorar* sigue siendo primordialmente un verbo. Y como verbo, adorar siempre cuenta con un objeto directo. La gente dice que adora a sus hijos, su profesión, su barco, y de vez en cuando, su cónyuge. Pero incluso para los que no son religiosos, el término *adorar* tiene un matiz de tipo religioso. Entonces, hay gente de diferentes creencias. A esa gente, el término le trae a la mente algo muy concreto. Y puedes estar seguro de que es algo sumamente diferente a lo que nosotros estamos haciendo durante nuestras reuniones de los fines de semana. Así que, con todo esto como telón de fondo, ¿qué crees que le viene a la mente a una persona que realmente no tiene iglesia, o a alguien cuya fe es diferente a la nuestra, cuando alguien pasa a la plataforma e invita a todo el mundo a ponerse de pie mientras «adoramos juntos»?

Permíteme preguntártelo de una manera distinta. Como cristiano, si estuvieras asistiendo a una reunión de fin de semana en una mezquita, y la persona que está al frente invitara a todo el mundo a adorar, ¿qué pensarías? Yo sé lo que a mí me vendría a la mente: *¡Oh no! ¿Puedo yo hacer esto? ¿No estaría traicionando mi fe?* Es increíblemente injusto poner a los no creyentes o a gente que tiene otras creencias en unas situaciones en las que se sientan forzados a adorar. Es ofensivo. Es un auténtico fraude. Es un insulto. Pero, ¿qué van a hacer? ¿Quedarse sentados? ¿Marcharse? Solo les queda la opción de quedarse de pie y fingir que están haciendo con todo el mundo algo que no comprenden, o en lo que no creen. ¡Ahora hemos hecho de ellos unos hipócritas! Nunca se te había ocurrido, ¿no es cierto? ¿Sabes por qué? Porque nuestra inclinación natural consiste en crear iglesias para la gente de iglesia.

Ahora bien, comprendo que esta sección está enfocada en el patrón de North Point. Pero permíteme por un momento que me salga de mi patrón para entrar al tuyo. Si piensas que podría haber no creyentes en tus reuniones de fin de semana, elimina el término adoración de tu vocabulario para esas reuniones. Además, todos sabemos que la adoración es algo más amplio y que abarca más cosas que los cantos. Si lees detenidamente el Nuevo Testamento, descubrirás que de todas maneras, la gente no «se ponía en pie» para adorar. La mayoría de ellos lo que hacían era «postrarse».

Entonces, usa el verbo *cantar*. Desde la perspectiva de una persona sin iglesia, tiene el aspecto y el sonido de un conjunto de cantos. Invitar a alguien a ponerse en pie para cantar es muy diferente a pedirle que adore. Si quieres crear una iglesia a la cual le encante asistir a la gente sin iglesia, tienes que pensar como piensan los de fuera.

Ahora bien, después de haber dicho todo esto, me apresuro a señalar que hay algo muy poderoso que se produce cuando los creyentes cantan juntos. Está lleno de *adoración*. Para muchos, es adoración. La verdad a la que se le pone música penetra en el corazón como pocas cosas pueden hacerlo. El canto colectivo tiene un poder evangelístico. Esto es especialmente cierto cuando alguien que hace mucho tiempo que no asiste a una iglesia se enfrenta de repente con un himno que conoce desde su niñez. De pronto, está de vuelta a un lugar donde la vida era más sencilla. Los himnos pueden llevar a los adultos de vuelta a capítulos de sus vidas que fueron anteriores a unas decisiones que son las que más lamentan haber tomado. Pero no son solo los que regresan los que sienten el impacto del canto colectivo. Al igual que yo, estoy seguro de que habrás visto a gente que llega por primera vez a una iglesia, y unos cantos que nunca antes habían oído los hacen llorar; su letra vence la resistencia de ellos. De repente, se sienten emocionados y no saben la razón. Así que no creas que estoy menospreciando el valor de los cantos de adoración, o de la adoración colectiva por medio del canto. Lo que quiero decir es que llamemos a las cosas por su verdadero nombre, ¡y dejemos que Dios las use como a él le parezca mejor!

¿Trato hecho?

¿No?

Bueno. Yo lo intenté.

CUÁLES Y DÓNDE

La selección de los cantos y su orden de ejecución son importantes en nuestro patrón. Como muchos otros equipos, escogemos y ordenamos los cantos basados en su ritmo y en la facilidad de transición de uno a otro. Nos agrada comenzar *arriba*. Comprendemos la dinámica que significa moverse de la celebración a la reflexión. Pero hay un elemento adicional, además de la selección y el orden de los cantos, que es importante para nosotros. Planificamos sabiendo que le vamos a pedir a una gente que tal vez no esté muy convencida de todo el tema sobre Jesús, que participe en el canto colectivo. No los queremos convertir en mentirosos más pronto de lo necesario. Y si ellos decidieran no cantar algo en lo que no creen, a nosotros nos agradaría ayudarlos a aplazar esa situación lo más posible. Por eso hacemos lo que podemos para comenzar nuestros grupos de cantos con los que tienen la letra menos ofensiva que podamos. Tratamos de abrir con cantos que destacan la gloria de Dios revelada en la naturaleza, su amor, su poder, su misericordia, su perdón, etc. Las cosas con las cuales la mayoría de las personas no tienen ningún problema. Entonces pasamos a los cantos más centrados en Jesús. Es algo sutil. Pero creemos que es importante. No siempre nos sale bien. Pero lo ponemos en el frente y el centro del proceso de planificación. Hay cantos que nunca incluiríamos en nuestra lista del fin de semana, pero es posible que los escojamos como cantos temáticos para una noche de adoración y comunión a mediados de semana. Los dos grupos que asisten son diferentes, y la manera de obtener el éxito en esos dos ambientes también es diferente por completo.

Nuestros grupos de cantos incluyen dos o tres cantos, dependiendo de si vamos a bautizar en ese fin de semana. Esto se debe en parte a los oyentes que queremos alcanzar, y también a nuestras restricciones en cuanto al tiempo. Le damos permiso a la gente para que cante mal. Les damos permiso para que no canten en absoluto, si lo prefieren. Es importante que los líderes del canto recuerden que hay un segmento de nuestra población al que no le gusta cantar. Nunca. Ni siquiera cantan en su auto ni en la ducha. Y no van a cantar en la iglesia. Yo les recuerdo a nuestros líderes de canto de vez en cuando que ellos no están haciendo nada malo. Sencillamente, son personas a las que no les gusta cantar. Y no tenemos problemas con eso. Y por favor, no hagas sentir culpable a la gente para que cante. El que una persona esté dispuesta o no a participar en el canto colectivo no es un reflejo de su entrega a Cristo, ni de su madurez espiritual. Y esto va en ambos sentidos. ¿Conoces algún líder de iglesia que haya perdido su ministerio debido a unos fallos morales? Estoy seguro de que se sabía la letra de todos los cantos, y hasta levantó las manos una o dos veces.

QUINTO ELEMENTO DEL PATRÓN: EL BAUTISMO

Nosotros bautizamos dos o tres veces al mes. Como ya lo mencioné, les exigimos a los que quieren ser bautizados que nos permitan grabar un vídeo en el cual ellos describan su peregrinar en la fe. Estas grabaciones de tres a cuatro minutos de duración están pensadas para interesar emocionalmente a nuestra audiencia. Y lo logran. Es difícil discutir con la historia de una persona. Tenemos un complicado proceso para ayudar a las personas a organizar y grabar sus historias. Para la mayoría de los que son bautizados, esta va a ser su mejor oportunidad de causar un impacto en el mayor número de personas posible. Por eso hacemos todo lo que podemos para ayudarlos a hacer sus historias tan claras y convincentes como sea posible. La mayoría de ellos invitan a miembros de su familia. Sin embargo, no es extraño que alguien traiga consigo una docena o más de amigos sin iglesia.

El momento en que bautizamos es estratégico para nosotros. Lo hacemos inmediatamente antes de la ofrenda. Y solo para que lo sepas, tomamos una ofrenda cada semana. La razón por la que esto es estratégico, es que hay muy pocas cosas que sean tan incómodas para la gente sin iglesia, como la forma en que una iglesia habla del dinero. Al bautizar primero, y después recoger las ofrendas, esto nos permite relacionar el cambio de vida con la generosidad. Eso es sumamente importante, tanto para los visitantes sin iglesia, como para los que asisten de manera regular. Como líderes de la iglesia, sabemos que la generosidad monetaria de las personas es la que las capacita para crear unas experiencias inspiradoras e instructivas para toda la familia. Y sabemos lo costoso que es hacer bien esas cosas. Sabemos que existe una correlación directa entre los recursos que tengamos a nuestra disposición y el impacto que podamos tener en nuestras comunidades. Sin embargo, esa relación no es siempre evidente para la persona promedio que asiste a la iglesia. Por eso, en cuanto podemos, señalamos que las historias sobre la transformación de unas vidas que acabamos de presenciar son un desbordamiento de su generosidad monetaria hacia su iglesia local. Y eso no es una publicidad de ventas, ¿no es cierto? No es más que la verdad sincera ante Dios.

Esta es la parte de nuestro culto en la cual nos dirigimos con frecuencia de manera directa a la gente sin iglesia. Les hacemos saber que construimos el edificio para ellos, y que tenemos la esperanza de que Dios haga en los corazones de ellos lo mismo que hemos visto en las vidas de los que fueron bautizados. Les decimos que pueden asistir gratuitamente todas las semanas, y la razón por la que la asistencia es gratuita, es que están sentados junto a algunas de las personas más generosas del estado de Georgia; unas personas que están tan interesadas en ayudarlos a relacionarse con su Padre celestial, que les encanta ofrendar en su iglesia local. Después oramos y pasamos los recipientes de la ofrenda.

SEXTO ELEMENTO DEL PATRÓN: EL NÚMERO ESPECIAL

Este es el elemento de nuestro patrón que usamos con menos frecuencia. Los *números especiales* suelen ser cantos, o algunas veces entrevistas o pequeños dramas grabados en vídeo, pensados para crear la tensión sobre la cual va a hablar el mensaje. Se trata de otro punto de interés emocional, y hasta cierto punto intelectual. Hasta este punto, hemos hecho todo lo que sabemos hacer para que la gente se sienta *cómoda*. Y es en este punto de nuestro patrón en el que cambiamos de velocidad. Los especiales son escogidos para hacer que la gente se sienta un poco incómoda. Hacen surgir interrogantes. Señalan hacia misterios sin resolver. Sacan a la superficie las necesidades que las personas sienten y las preguntas para las cuales no han podido obtener respuesta. Un buen especial deja el final abierto. Un canto que resuelva todas las tensiones no funciona aquí. Nosotros queremos agitar a la gente, en lugar de tranquilizarla. Por esa razón, casi nunca usamos un canto cristiano en este momento. Los cantos cristianos resuelven las cosas. Responden las preguntas. Y no es ese el papel del especial. Dos de mis especiales favoritos para predicar después de ellos eran «Storm» [Tormenta], de Lifehouse, y «Confessions of a Broken Heart» [Confesiones de un corazón destrozado], de Lindsay Lohan. Los cantos de esta clase llegan hasta el nervio mismo de la experiencia humana. Todos hemos pasado por largas temporadas de angustia, preguntándonos si alguna vez se acabará. Muchas mujeres de nuestra congregación han languidecido en la tierra sin hombre creada por un padre ausente. Cuando te pones en pie para comunicar después de cantos de ese calibre, tienes ante ti la mesa puesta. Se siente la tensión en el auditorio. Todo el mundo anda buscando un salvavidas. Las cuestiones que suscitan los cantos de ese tipo nos llevan más allá de nuestra persuasión religiosa y de nuestros prejuicios antirreligiosos. Sirven como camino de entrada al más común de todos los terrenos en común. Pero tengo una palabra de advertencia si llevas sobre ti el manto de comunicador: Si introduces tu tema con un canto desgarrador y cargado de emoción, más te vale que tengas algo de igual importancia que decir. No escojas un canto que suscite una pregunta que tú no estés preparado para responder. No escojas un canto que prometa más de lo que tú puedes entregar.

A mí me ha pasado.

SÉPTIMO ELEMENTO DEL PATRÓN: LA PRESENTACIÓN DEL TÍTULO Y EL MENSAJE

La *presentación del título* es un vídeo de un minuto que les sirve de introducción al título y al tema de una serie de mensajes determinada. En el sentido funcional, lleva el propósito de ser una transición interesante mientras preparamos la plataforma para el orador. El próximo capítulo se centra en la preparación y presentación del mensaje. Lo que es importante notar aquí es que cuando yo, o cualquiera de nuestros comunicadores, nos levantamos a predicar, comenzamos de nuevo el proceso de *interesar, involucrar* y *desafiar*. Buscamos los intereses comunes con la meta de hacer salir a la superficie una emoción que nos sea común, y que pueda servir como trampolín para entrar en el texto. Nos esforzamos lo más que podemos por lograr que los presentes muevan la cabeza en la misma dirección que lo hacían antes de la transición hacia las Escrituras. Pero una vez que entramos en las fuertes realidades de la Palabra de Dios, los movimientos de cabeza comienzan a desaparecer. Y eso está bien.

Como podrás ver en el diagrama sobre las «Reglas para crear interés» (página 208), el mensaje se encuentra en el punto más estrecho del embudo. De acuerdo con nuestro enfoque, este es el lugar adecuado para desafiar de manera directa las creencias, los supuestos, los estilos de vida de la gente, y todo aquello que vaya en un sentido contrario a lo que enseñan las Escrituras. Aquí es donde corremos el riesgo de ofender a nuestros oyentes. Aquí es donde comenzamos a perder gente. Y no tenemos problema con eso. El apóstol Pablo nos advirtió que el evangelio es motivo de tropiezo para algunos, y para otros simplemente una locura[53]. Pero al mismo tiempo que dijo esto, hizo la observación de que el evangelio es «el poder de Dios y la sabiduría de Dios». Unos lo recibirán, mientras que otros se apartarán de él. En Mateo 13, Jesús introdujo esta idea en la parábola del sembrador. Nuestras iglesias están llenas de personas que tienen diferentes niveles de receptividad. Yo me imagino que nuestros oyentes representan todas las clases de suelos descritos por Jesús. En el pasado, he oído a pastores que han interpretado que esta enseñanza de Jesús significa que nuestra insistencia en cuanto a la presentación del evangelio es casi irrelevante. Sostienen que la naturaleza del suelo es la que marca la diferencia. Y yo estaría de acuerdo con esta última afirmación. Pero aunque no es nuestro enfoque en la labor de sembrar la semilla de la Palabra de Dios el que determina que la semilla vaya a echar raíces o no, ¡sí determina si la persona va a estar abierta a la idea de regresar la semana próxima para otra sesión de siembra!

He aquí algo que sé por experiencia propia. Los suelos cambian. Ciertamente, el mío cambió. Y me imagino que también cambió el tuyo. Estoy muy agradecido por haber asistido a una iglesia que me conectó por medio de relaciones cuando mi corazón se resistía. Aunque en mí se desperdició una gran cantidad de semilla, al final, el suelo de mi corazón se hizo más receptivo. Y la semilla echó raíces. Por eso nosotros celebramos cuando la gente sin iglesia decide regresar. Sabemos que es posible conectarse con una persona por medio del establecimiento de una relación, antes que esa persona se conecte con nosotros por medio de la teología. Sabemos que los corazones cambian con el tiempo. Estamos convencidos de que es la manera en que una iglesia enfoca el fin de semana la que determina si van a regresar incluso aquellos que tienen el corazón menos receptivo.

Estoy convencido de que nuestro patrón, nuestro enfoque, es lo que nos permite presentar el evangelio en unos términos en los que no hacemos concesiones, predicar fuertemente contra el pecado y enfrentarnos a los temas más cargados de emoción de nuestra cultura, al mismo tiempo que proporcionamos un ambiente en el cual la gente sin iglesia se siente cómoda. Uno de los mitos acerca de las iglesias grandes es que son grandes porque hacen concesiones en el evangelio, debilitan las exigencias del discipulado y no hablan de los temas difíciles, todo con el afán de conseguir una gran cantidad de gente. Aunque es posible que esto sea cierto en un puñado de casos, en realidad no es la norma. A nosotros no nos importa ofender a la gente con el evangelio. Damos por sentado que ofenderemos a alguien con él. Como predicador, tengo la responsabilidad de ofender a la gente con el evangelio. Esa es una de las razones por las que nos esforzamos tanto por no ofender a nadie en el estacionamiento, en el vestíbulo, cuando entregan a sus niños o en las primeras secciones de nuestro culto. ¡Queremos que la gente regrese a la semana siguiente para volverla a ofender otra vez!

OCTAVO ELEMENTO DEL PATRÓN: LA CONCLUSIÓN

El último elemento de nuestro patrón es la *conclusión*. Como es de esperarse, a menudo se trata de un canto. Como sucede con los *especiales*, usamos estas conclusiones muy de vez en cuando. Por lo general, las reservamos para el final de una serie, o para aquellos mensajes en los que nos parece que le necesitamos dar a la gente la oportunidad de sentarse a reflexionar en lo que acaba de oír. En algunos casos, combinamos una conclusión con un llamado a la acción. De vez en cuando les damos a los asistentes la oportunidad de pasar al frente como evidencia de que han decidido confiar en Cristo. Por lo general, estas ocasiones van acompañadas de música. Pero no siempre. Yo no soy tímido a la hora de pedirles a las personas que han tomado la decisión de seguir a Cristo que se pongan de pie allí donde están, sin inclinar la cabeza ni cerrar los ojos, mientras todo el mundo recorre el lugar con la mirada.

La razón de ser de la conclusión es enfatizar un mensaje o una serie. Ese es uno de los motivos por los que la usamos raras veces. No siempre es fácil encontrar un canto que diga en específico algo que se ajuste a un mensaje o a una serie. Es tentador cerrar el culto cada semana con un canto, por aquello de crear un elegante sujetalibros para la experiencia. Pero hemos tomado la decisión de no seguir esa ruta.

Si no podemos hallar un canto que en verdad enfatice la experiencia, optamos por hacer una oración final y despedir a la gente.

Cierto; a veces parece un poco soso. Pero también asegura el que la gente no considere nuestras conclusiones como un hábito y las use como excusas para llegar antes que todo el mundo al estacionamiento. ¡Sí, nosotros también tenemos de ese tipo de gente! La otra razón por la que no usamos una conclusión cada semana se remonta a lo que dije antes: la música no le gusta a todo el mundo. Así que complacemos a esa gente con tanta frecuencia como podemos, y la dejamos ir. Como en la mayoría de las iglesias, las conclusiones que usamos cubren toda la gama desde baladas reflexivas hasta cantos de celebración; desde solos hasta cantos colectivos.

REGLAS PARA LAS EXCEPCIONES A LAS REGLAS

Así que esas son nuestras reglas. Las «Reglas para crear interés» son el patrón de acuerdo al cual vivimos, planificamos y producimos... la mayor parte del tiempo. Pero vivimos en el mismo mundo que tú. Hay fines de semana en los cuales, sencillamente, el patrón no funciona. Hay unos pocos fines de semana al año en los cuales seguir nuestro patrón en realidad funcionaría en nuestra contra. Así que hacemos excepciones. Nuestra regla práctica es que, aunque es aceptable apartarse del patrón a *propósito*, no está bien que nos alejemos de él por *accidente*. Si vamos a hacer una excepción, es necesario que haya una buena razón para hacerla. No nos alejamos de «Las reglas» porque estemos aburridos. No abandonamos nuestro patrón con el fin de «hacer algo estupendo». Y no desertamos de ese enfoque, solo porque nos sentimos con deseos de «cambiar un poco las cosas». Todas esas razones son muy de gente de *adentro*. El personal de producción es el único grupo que se aburre con el patrón; no la congregación. Estoy seguro de que la joven que hace el papel de Cenicienta en Disney World se aburre de hacer la misma cosa un día tras otro. Pero no le pagan por ser creativa. Le pagan por ser Cenicienta. Así que sigue el patrón de conducta de Cenicienta. Y las cosas funcionan.

De vuelta a mi idea. Hay fines de semana en los cuales una agenda única exige que no sigamos por esa vez las «Reglas para crear interés». Por ejemplo, el Domingo de Servicio Estratégico. Ese es el fin de semana en el cual canalizamos toda nuestra energía y nuestra creatividad al reclutamiento de voluntarios para la próxima temporada del ministerio. Todo lo que hacemos en el fin de semana de Servicio Estratégico va enfocado a inspirar a las personas para que se comprometan a servir. Una o dos veces al año, dedicamos todo un fin de semana a mover gente hacia los grupos pequeños. En esos fines de semana, todo se relaciona con la vida de los grupos. El lanzamiento de una campaña para recoger fondos es otra ocasión en la que nos apartamos de nuestro enfoque normal.

Como te podrás imaginar, esto crea tensiones en nuestro equipo. Son tensiones buenas. Nadie quiere ofender o alejar a los que vienen por primera vez. Queremos que haya seguridad en nuestros cultos. Pero al mismo tiempo, hay veces en la vida de una iglesia local, en las que es necesario centrarse en la familia.

En los fines de semana en los que tenemos el plan de apartarnos de nuestras propias reglas, lo anunciamos con toda franqueza. Decimos cosas como esta: «Si esta es la primera vez que usted viene, queremos que sepa que hoy va a ser un día un poco diferente a lo usual. De hecho, es posible que la persona que lo invitó sienta antes que se acabe el culto que le debe una excusa. La buena noticia en todo esto, es que dentro de una hora, usted habrá visto por dentro qué es lo que hace funcionar a esta iglesia».

En el Domingo de Servicio Estratégico, yo soy muy sincero con respecto a nuestra agenda. Muchas veces digo: «Hoy tenemos una agenda muy específica. Vamos a usar todas nuestras habilidades creativas y persuasivas para conseguir que el mayor número posible de ustedes se una a un equipo de Servicio Estratégico». Entonces me dirijo a nuestros visitantes: «Si esta es la primera vez que usted viene, no habría podido escoger un fin de semana mejor para asistir. Cuando entró a esta propiedad, es posible que se haya estado preguntando: *¿Quiénes son todas estas personas, y cómo está tan organizado este lugar?* Bueno, está a punto de descubrirlo. Y nos encantaría que se nos uniera en algo que creemos que es la empresa más importante de todo el planeta». Cada año tenemos gente que viene por vez primera, y que se une a un equipo de voluntarios. Todos los años.

También hay temas que exigen un enfoque diferente para el fin de semana.

Nos hemos pasado varias semanas promoviendo un culto de fin de semana dedicado al tema de la pornografía. Como sabes, cuando estás haciendo planes para tocar un tema clasificado como restringido, las familias agradecen que las orienten de la manera más correcta posible. Así que casi todo el mundo se presentó ese fin de semana, sabiendo por adelantado que iba a ser un culto más fuerte que los cultos promedio. A nosotros no nos pareció bien comenzar con nuestros típicos cantos para animar. Así que eliminamos por completo ese segmento, y nos fuimos directamente al asunto, más rápido de lo que normalmente lo habríamos hecho.

LOS PASOS SIGUIENTES

Como ya dije anteriormente, por supuesto que no tienes por qué adoptar nuestro patrón. Pero no puedes darte el lujo de no desarrollar un patrón propio. Recuerda: tu equipo ya está siguiendo un patrón de alguna clase. O tal vez haya caído en una rutina. Comoquiera que sea, están operando a partir de algunos supuestos y evaluando por medio de algún tipo de filtro. La existencia de un patrón para la programación de los cultos hará tu planificación más sencilla, y tus resultados más constantes. Va a impedir que te desvíes de tus propósitos. Va a asegurar que un nuevo grupo de personal y voluntarios encargados de programar los cultos sepa con exactitud qué se espera de él. Habrá menos que adivinar y la ejecución será mejor. Al aclarar las expectativas, el patrón simplifica el proceso de evaluación. Todo el mundo estará evaluando a partir de los mismos criterios.

El patrón les proporciona a tus ayudantes más creativos un lienzo; unos parámetros. A la gente creativa le encanta crear. Pero como todos sabemos, la creatividad nunca es la meta de un equipo dedicado a la programación de los cultos. La meta es utilizar la creatividad para lograr el *éxito*. Si aclaras el éxito para el fin de semana, y llegan a un acuerdo en cuanto al patrón a seguir, a tu equipo de artes creativas le será mucho más fácil enfocar su energía creadora.

Así que dedica el tiempo que sea necesario al establecimiento de un éxito para el fin de semana. Después desarrolla un patrón que te lleve allí. Deja el espacio necesario para las excepciones. Pero asegúrate de que las excepciones sean excepciones reales, y no unas simples excusas para «hacer algo diferente».

Capítulo once

UNA PREDICACIÓN COMPUESTA

La predicación. Con mucho, la parte más estresante de mi trabajo. Todo lo demás es fácil, comparado con la presión que significa preparar y entregar un mensaje. La gente me pregunta todo el tiempo cómo me las arreglo para manejar la presión de dirigir una organización grande y con tantas facetas. Siempre sonrío entre dientes. Me encantaría tomar un año y *solamente* dirigir una organización grande y multifacética.

Comparada con la presión y el estrés que significa ponerse en pie treinta y tantos fines de semana al año para enfrentarme a un grupo de congregantes exitosos y altamente educados, algunos de los cuales me han estado escuchando durante diecisiete años, la parte organizativa de lo que hago carece de estrés. Por esa razón, si estás leyendo esto y eres el que cargas con el manto de la comunicación en tu iglesia, es posible que tengamos más en común de lo que pensabas en un principio. Al igual que tú, vivo con la constante presión que solo aquellos de nosotros que hacemos lo que tú y yo hacemos, podemos comprender.

Un abrazo en grupo.

Pero al mismo tiempo, es una honra, ¿no es cierto? Qué increíble es que podamos ponernos en pie para proclamar la Palabra de Dios ante la iglesia. Nadie está más consciente de nuestra indignidad que nosotros. Y sin embargo, Dios ha decidido usarnos. En realidad es algo asombroso. Espero que nunca lo abandones. Espero que yo tampoco lo abandone jamás. Espero que nunca perdamos el asombro de saber que unas palabras salen de nuestros labios, unas personas toman decisiones y la dirección de sus vidas cambia. Pero el sábado por la noche, cuando estoy contemplando mi bosquejo frío y soso, preguntándome adónde iría a parar la *idea* que quería transmitir... bueno, ya sabes. Algunas veces, simplemente es cuestión de trabajo. Trabajo fuerte. Lo podemos llegar a sentir como una especie de examen oral semanal. Cuando la gente comienza con aquello de: «¿Acaso los predicadores no trabajan más que un día a la semana?», yo tengo una buena manera de responderle. Siéntete en libertad para usarla. Les digo: «Piensa por un instante en la parte más estresante de tu trabajo; la parte que es la que decide tu futuro económico. Imagínate que la tengas que realizar todas las semanas sobre una plataforma frente a tu familia, tus amigos, extraños, y gente a la que no le caes precisamente bien. Imagínate que no tienes la opción de llamar para decir que estás enfermo, o cambiar la cita para otro momento, porque aún no estás listo para hacer la presentación». Fin de la conversación.

Ahora bien, tengo que aceptar que hay una gran cantidad de predicadores perezosos por ahí. He hablado con algunos que se comienzan a preparar el sábado. ¡Hasta a veces, el sábado por la noche! Y después están los hombres y las mujeres de las denominaciones principales, a los que les envían por correo electrónico todo el mensaje. Solo tienen que levantarse a leerlo. Tengo una amiga que es pastora de la iglesia Episcopal. Durante su entrevista, le informaron que nunca debía predicar más de doce minutos. Según me dijo, un caballero —si es que se le puede dar ese título— se le acercó antes de un culto y le preguntó si podría reducir su mensaje a ocho minutos. Era su cumpleaños, y necesitaba ir a un almuerzo que iban a celebrar en su honor. Ella sonrió y le dijo que vería qué podría hacer, con la intención de ignorarlo por completo. Cuando iba por la mitad de su mensaje, levantó la mirada y lo vio de pie en medio de la iglesia, haciendo un círculo con un dedo en el aire, como señal para que ella acabara de hablar. ¿Te lo puedes imaginar? Tengo la esperanza de que te resulte inconcebible. No le digas a nadie que yo te dije esto, pero hay algunas iglesias que no merecen tener un pastor.

Audiencia doble y agenda única

Como te podrás imaginar, a mí me hacen muchas preguntas acerca de la predicación. Una que tal vez sea la que más me hacen es: «¿Cómo se puede interesar al mismo tiempo a la gente de iglesia y a la que no tiene iglesia en el mismo mensaje?». En otras palabras, ¿cómo les predico tanto a los cristianos como a los no cristianos, y me las arreglo para mantener interesados a ambos grupos y animarlos a que regresen? Me encanta esa pregunta. Me encanta, porque señala la presencia de un supuesto falso que es necesario corregir; un supuesto que influye en la forma en que los comunicadores preparan y presentan sus mensajes.

Si quieres crear una iglesia a la que le encante asistir a la gente sin iglesia, entonces es necesario que a esa gente le encante el mensaje del fin de semana. Y aunque no les encante, es necesario que les interese hasta el punto de que quieran regresar el fin de semana siguiente. Tú, o alguien de tu personal de predicadores, necesitan aprender a interesar a la gente que no esté de acuerdo con la premisa, y posiblemente con la aplicación de lo que se está enseñando. Y eso es complicado. En el caso de la mayoría de los predicadores, exige que olviden algo de lo que han aprendido. Que usen otras herramientas distintas. Pero es posible. Y no es tan difícil como parece. Así que en este capítulo te voy a comunicar todo lo que he aprendido durante los últimos veinticinco años acerca de la comunicación con una audiencia doble.

Para comenzar, necesitamos estar claros en cuanto a una cosa en particular. Interesar a la gente sin iglesia en el mensaje del fin de semana no exige que lo rebajemos, que nos pasemos cosas por alto, o que recorramos el texto sin profundizar demasiado en él. Se puede.

Algunos predicadores lo hacen. Pero no es necesario. A la larga, hacer esto va en detrimento tanto de los creyentes como de los no creyentes. Los cristianos maduros no se interesan en los sermones superficiales en su interpretación de las Escrituras, ni se benefician con ellos. Y los no creyentes que piensan no se sienten impresionados, ni inspirados a regresar para escuchar sermones flojos en profundidad bíblica. En realidad, nadie sale ganando. Así que sácate de la cabeza esa idea.

La clave para interesar con éxito a la gente sin iglesia en un mensaje de fin de semana tiene más que ver con tu *enfoque* y tu *presentación*, que con tu *contenido*. Anteriormente te presenté mi idea de que la manera en que una iglesia enfoque el fin de semana determinará si la gente sin iglesia va a volver o no. Este principio es igualmente cierto con respecto al mensaje. En nuestra explicación sobre los ambientes irresistibles desarrollamos la relación que existe entre la presentación y el interés. La presentación es la que determina el interés. Con frecuencia, el contenido es secundario. Como señalamos, no es el contenido de la rutina de un comediante el que despierta nuestro interés. Es la presentación. Así que, con todo esto como telón de fondo, hablemos en concreto de tu manera de enfocar y presentar el mensaje del fin de semana.

LA ZONA DE DESCUBRIMIENTO

Todos los pastores principales con los que he hablado insisten con firmeza en que quieren que la gente sin iglesia asista a su iglesia y se conecte con ella. Tal vez haya excepciones, pero aún no he encontrado ni una sola. Sin embargo, muchos de esos mismos pastores tratan la parte de comunicación del fin de semana como si no hubiera ningún no creyente en el lugar. Predican como si todos los presentes fueran creyentes y asistieran todas las semanas. De manera parecida, todos los pastores que yo conozco se sienten preocupados por la cantidad alarmante de personas entre los dieciocho y los veinticinco años que desaparecen de la iglesia y nunca vuelven. Sin embargo, no hay misterio alguno en cuanto a la razón por la que se marchan. ¡Estoy convencido de que se marchan porque nada les ha hecho sentir el deseo de quedarse! Los líderes de las iglesias que al parecer están más preocupados en cuanto a la disminución radical de ese dato demográfico son los mismos que crean las experiencias de fin de semana que ese grupo demográfico encuentra totalmente incapaces de convencerlos. Por decirlo de otra manera, el grupo responsable de la conexión de los jóvenes entre dieciocho y veinticinco años con las congregaciones locales es el grupo de los catalizadores que provocan el que se alejen de ellas. Esto es simplemente trágico. Ellos no han tenido la intención de alejarlos. Su *propósito* no ha sido ese. Pero en este país, con cada fin de semana que pasa, algo echa abajo las buenas intenciones y los elevados propósitos de la iglesia local promedio. Y ese algo no es la teología, la intención ni el presupuesto. Está formado por el enfoque y la presentación. Semana tras semana, los predicadores optan por un enfoque que socava su deseo de conectarse con los que se han marchado de las iglesias y los que no tienen iglesia. El enfoque que escoge una iglesia echa abajo su propósito todo el tiempo. El enfoque que escoge un comunicador, echa abajo también su propósito continuamente. Peor aun: el enfoque equivocado puede neutralizar el contenido que presenta el comunicador. Al igual que tú, yo he escuchado presentaciones del evangelio que eran tan confusas, que ni siquiera yo mismo estaba seguro de la forma en que se esperaba de un no creyente que respondiera. Aunque en el contenido, es decir, en el evangelio, no había ningún error, la presentación era tan mala que hizo que el evangelio pareciera confuso y falto de atractivo. Cualquiera que sea nuestra intención en cuanto a lo que queremos lograr, nuestra forma de hacerlo es lo que determina los resultados.

LA HERENCIA

El reto para muchos de nosotros es que hemos heredado unas maneras de enfocar la predicación que en muchos casos entran en conflicto con la razón por la cual nos dedicamos a predicar.

Si eres como la mayoría de los predicadores, tu llamado a predicar fue impulsado por el anhelo de alcanzar a la gente con el evangelio. Llegaste a la predicación con una carga por los que se hallan fuera de la fe. En aquellos momentos, sentiste que el mejor vehículo del que disponías para alcanzar a los de fuera era la predicación.

Sin embargo, la predicación era lo que veías semana tras semana en la iglesia en la cual creciste, cualquiera que fuera su forma.

Si no creciste en una iglesia, entonces era predicación el enfoque que modeló el predicador que finalmente logró abrirse paso hasta ti. Comoquiera que sea, todos hemos recibido una fuerte influencia de aquello que nos ha servido de modelo. Y eso se vuelve problemático si el enfoque que nos ha servido de modelo, el enfoque hacia el cual gravitamos, está en conflicto con nuestro propósito. Con nuestro llamado. Con la razón por la que nos metimos en esto desde el principio.

He aquí lo que sé acerca de ti. No te rendiste al llamado de Dios sobre tu vida para perpetuar un modelo, estilo o enfoque específico en la predicación. No le dijiste que sí a Dios para perpetuar un enfoque de nada. Le dijiste que sí con la esperanza de que él te usara para causar un impacto en tu generación. Y si eso hace que tu corazón palpite un poco más de prisa, entonces permíteme que te empuje un poco más aun. Si has sido llamado a alcanzar a esta generación de gente sin iglesia, entonces debes adoptar un enfoque acerca del ministerio, y de la comunicación en particular, que haga avanzar ese llamado.

No te puedes dar el lujo de ponerte a proteger el enfoque de la generación pasada sobre la manera de actuar en la iglesia. No hay tiempo para eso. Además, solo tienes una vida que dar para invertirla en esta gloriosa causa. Así que inviértela bien. Hazle a tu enfoque los ajustes que sean necesarios.

APRENDE A PEDIR

Tal vez nos sea útil sacar esto del contexto de la predicación. Esta misma dinámica ya la has experimentado en tu familia. ¿Recuerdas cuando eras niño y querías algo de uno de tus padres? Con el tiempo, fuiste aprendiendo *cuándo* pedir, *cómo* pedir, y *cuánto* pedir. Aprendiste a juzgar cuándo «no» quería decir *no*, y cuándo «no» quería decir *si sigues discutiendo, tal vez te salgas con la tuya*. Si eres casado, habrás experimentado esta misma dinámica a un nivel diferente. Todos los esposos hemos ensayado conversaciones con nuestra esposa una y otra vez en nuestra mente cuando tenemos algo grande que pedirle. ¿Por qué? Porque los esposos listos saben *cuándo* pedir y *cómo* pedir. Y los esposos listos saben qué ofrecer a cambio. Yo tengo dos adolescentes y un hijo mayor de veintiún años. En incontables ocasiones, Sandra y yo hemos hablado detenidamente sobre la manera de tratar algún tema delicado con uno de nuestros hijos. Sabemos, como cualquier padre que tenga hijos adolescentes, que no basta con estar en lo cierto. El contenido no lo es todo. Es el enfoque el que marca la diferencia. Escoge el enfoque incorrecto, y crearás una resistencia innecesaria. Escoge el enfoque correcto y todo será más fácil. Así que la buena noticia es que ya tienes años de experiencia en cuanto a adaptar tu enfoque para lograr tu meta. Ahora necesitas aplicar todo eso que has aprendido a tus habilidades en la comunicación pública.

Así que las dos primeras preguntas con las que necesitas luchar hasta derribarlas, son:

1. ¿Mi manera de enfocar la predicación facilita el cumplimiento de mi deseo de ver que la gente sin iglesia asiste, regresa, y después regresa de nuevo con un amigo?
2. Si no lo logra, ¿estoy dispuesto a cambiar mi enfoque?

Si no estás seguro acerca de la respuesta a la primera pregunta, ve a preguntarle a alguien. Específicamente, pregúntales a los líderes centrales de la iglesia para ver hasta qué punto se sienten cómodos invitando a sus amigos sin iglesia a un culto de fin de semana. O se sienten cómodos, o no. Y tú necesitas saberlo. Si no se sienten cómodos, tú deberías saber por qué. Si en verdad quieres saber qué experiencia sacan de tu predicación los que vienen por primera vez y los que llevan largo tiempo en la iglesia, eres lo suficiente listo para buscar la forma de recoger esos datos. Sí, puede resultar doloroso. Pero tal vez esa sacudida de la realidad sea la que te empuje a ajustar tu enfoque.

MI META

Ahora, antes de entrar en los detalles concretos acerca de interesar a la gente sin iglesia por medio de tus sermones, te quiero revelar mi meta y mi enfoque con respecto al fin de semana. Por supuesto, yo pienso que esta es la forma en que todo el mundo lo debería hacer. Sería capaz de discutir contigo, y estoy dispuesto a hacerlo, para que tú también adoptes este enfoque. Si no creyera en él, no estaría haciendo las cosas de esta manera. Pero si no te agrada mi estrategia para la comunicación en el fin de semana, no te sientas satisfecho con limitarte a desechar la mía. Eso es fácil. No hace falta mucho esfuerzo para derribar un castillo de arena a patadas. Solo asegúrate de aclarar cuáles son *tu* meta y *tu* enfoque.

En primer lugar, *mi meta*. En el fin de semana, mi meta consiste en presentar las Escrituras de una manera que sea tan útil y tan atrayente, que *todos* mis oyentes se alegren de haber asistido, y cuando se marchen, lo hagan totalmente decididos a regresar el fin de semana siguiente.

Bastante profundo, ¿no?

Quiero que mis oyentes estén tan felices de estar allí, que regresen a la semana siguiente. Quiero que se marchen intrigados con el hecho de que acaban de escuchar a alguien que estaba enseñando a partir de la Biblia, y lo que dijo fue... *útil.* Quiero que los escépticos duden de su incredulidad. Quiero que los creyentes crean con mayor profundidad. Quiero que la gente que no tiene una Biblia se marche decidida a encontrar una. Quiero que los que son cristianos por cultura desempolven la suya y la comiencen a leer de nuevo. Esa es mi meta. Ese es mi *éxito* como comunicador.

Si alguna vez me has escuchado, sabrás que en casi todos mis mensajes animo a mis oyentes a leer la Biblia por sí solos. Estoy diciendo constantemente cosas como: «¿Pueden creer que está aquí? Lo deberían leer en sus Biblias». Trato de eliminar las excusas. Les recuerdo: «No es imprescindible que crean que es inspirada para que la lean». Hasta les hago bromas cuando es necesario: «Algunos de ustedes no han abierto la Biblia desde que un profesor del colegio universitario les dijo que era un mito. ¿Cuáles fueron los demás consejos que aceptaron de aquel profesor? Es probable que ninguno más. ¿Y si estaba equivocado? Oigan, ¿y si el profesor del colegio universitario que les dijo eso estuviera sentado hoy en alguna iglesia, sintiéndose mal al pensar en todos los estudiantes de primer año jóvenes e impresionables a los que engañó?». Les digo: «No evadan la Biblia porque no la creen toda. Uno no lee nada porque lo cree por completo. La infalibilidad no es su prueba definitiva para leer ningún material, ¿no es cierto?». No dejo de decir cosas como: «Ustedes deberían leer la Biblia, de manera que tengan más autoridad moral cuando le digan a la gente que no creen en ella. No sean como el niño que dice que no le gustan las judías verdes, pero nunca las ha probado. ¡Vamos! ¿A qué le tienen miedo?».

Ahora bien, si todo eso te hace preguntarte por qué un creyente que tenga bien todas sus facultades mentales se molestaría en entrar por la puerta de una de nuestras iglesias, y mucho menos en regresar de nuevo, es porque hay algo importante de lo que no te has dado cuenta por el camino. ¿Tienes tu marcador a mano? *Cuando las personas están convencidas de que quieres algo PARA ellas, y no algo DE ellas, es menos probable que se ofendan cuando tú las retes.* ¿Recuerdas a tu entrenador favorito? ¿El que era duro contigo, pero logró lo mejor de ti? Volveremos a esto dentro de una o dos páginas.

En última instancia, lo que yo quiero es que la gente se enamore del Autor de las Escrituras y de su Hijo. Pero sobre eso no tengo ningún control. Por lo tanto, mi mejor opción consiste en concertar la cita. Me imagino que si hago mi trabajo bien hecho, aun si no se enamoran en la primera cita, siempre existe la posibilidad de que suceda algo en la segunda cita, o en la tercera. Vaya, pero me he encontrado con personas que han estado asistiendo a nuestras iglesias durante varios años, y dicen que todavía no han *llegado*. Yo no puedo hacer nada al respecto, más que seguir concertando citas. ¡Mientras se sigan sentando bajo la proclamación del evangelio, hay esperanza!

Es posible que tengas toda clase de problemas teológicos con respecto a mi meta. Está bien. Todo el mundo tiene derecho a equivocarse. Y me incluyo en esto. Pero tengo la esperanza de que dediques algún tiempo a decidir qué es lo que estás tratando de lograr durante los fines de semana. ¿Por qué? Porque si no aclaras tu meta, nunca identificarás el mejor enfoque posible. No quiero que te pases esta próxima temporada de tu ministerio frustrado con una falta de resultado que se derive de un enfoque del ministerio que choque con tus propias metas. Yo sé que todo fin de semana es un poco diferente al anterior. No obstante, en el gran nivel de las cosas, ¿en qué cifras tus esperanzas? ¿Qué estás tratando de lograr? ¿Cuál consideras que sea tu *éxito* como comunicador?

MI ENFOQUE

Puesto que mi propósito en la predicación es centrarme en la Biblia, *mi enfoque* también lo es.

Esta es mi estrategia en la comunicación de los fines de semana. No se la digas a nadie. Mi enfoque consiste en persuadir a mis oyentes para que me sigan a un pasaje de las Escrituras, con la promesa de que el texto, o bien va a responder una pregunta que ellos se han estado haciendo, o va a resolver una tensión con la que han estado cargando. Una vez que estamos en el texto, hago cuanto puedo para dejarlo que hable por sí mismo. Voy con lentitud. Destaco las palabras. Tomo ventaja de las situaciones dramáticas. Las muevo dentro del texto, hasta que este las envuelva a todas. Llevo mi energía a un texto, y hago mi mejor esfuerzo por descubrir la energía que hay en él. Una vez que están totalmente metidos dentro del pasaje, tomo una declaración cuidadosamente elaborada que surge de la idea que presenta el texto, y hago cuanto está en mi poder para hacer que se les quede en la mente.

Entonces, hago que salgan a tiempo.

Ese es mi enfoque

¿Cuál es el tuyo?

SIETE RAZONES PARA NO HACER LISTAS

En *Communicating for a Change* [Comunicación, la clave para lograr cambios][54], describo en detalle la manera en que enfoco la preparación y la comunicación de los sermones. Para el propósito que tenemos en este momento, me quiero centrar en siete directrices que tienen que ver directamente con una predicación destinada a personas sin iglesia. Seis de ellas son útiles. Y la otra es simplemente algo que necesitaba sacarme del pecho.

PRIMERA DIRECTRIZ: HAZLES SABER QUE TE HAS DADO CUENTA DE QUE ELLOS ESTÁN ALLÍ...
...y te sientes feliz de que estén

La clave para interesar a las personas sin iglesia en tu comunicación del fin de semana es hacer que sientan que forman parte del grupo. Pero para que esas personas se *sientan* incluidas, tienen que saber que tú te has dado cuenta de que están allí, y de que te sientes feliz de que estén. ¿Sabías que la gente que no ha estado en una iglesia por largo tiempo se siente extraña cuando regresa por vez primera? Dan por sentado que son «la gente rara». Hasta las mujeres. Piensan que en tu iglesia todos se conocen entre sí, y saben que ellos son gente que viene de fuera. En su mente, la distancia entre ellos y la persona que está en la plataforma es de kilómetros de largo, y no de unos pocos metros. En muchas iglesias, se sienten como unos huéspedes que se hubieran metido a hurtadillas en la casa de alguien. No están seguros de que tú estés contento de que estén ellos allí. De hecho, en algunos casos la razón por la que no han asistido a una iglesia en largo tiempo es que las últimas iglesias a las que asistieron, y a veces las iglesias en las que crecieron, ¡se sintieron felices de verlos marcharse! Así que si nunca los mencionas en tu mensaje, es posible que estén confirmando todas sus sospechas infundadas. Por lo tanto, menciónalos. Y hazlo lo más pronto que puedas.

No te limites a dirigirte a «los que están aquí por primera vez», o a decir: «Si usted nos está visitando hoy...». No es eso de lo que te estoy hablando. Necesitas desarrollar tu propio estilo. Y nunca deberías decir algo que no sientas, o que no te sientes cómodo al decirlo. Pero he aquí un muestrario de la clase de cosas que nosotros decimos todo el tiempo:

«Si estás aquí por vez primera, y no te consideras una persona religiosa, estamos muy contentos de tenerte entre nosotros. Quédate aquí el tiempo suficiente, y descubrirás que tampoco nosotros somos tan religiosos».

«Si no te consideras cristiano, o tal vez no te sientas seguro, no habrías podido escoger un fin de semana mejor para unirte a nosotros».

«Si tienes interrogantes acerca de la fe, la Biblia, Jesús, o tal vez incluso la existencia de Dios, queremos que sepas que este lugar lo construimos para ti. Nuestra meta desde el principio ha sido crear una iglesia a la que les encante asistir a las personas que no tengan iglesia».

«Si la única razón por la cual estás aquí hoy, es porque estás visitando a unos parientes tuyos, y ellos te dijeron que no te iban a dar almuerzo si no asistías con ellos a la iglesia, recibe mis disculpas. Todos tenemos todavía mucho que aprender».

«Tal vez estés aquí porque alguien te sobornó con el almuerzo, o te dijo que aquí ibas a conocer a alguien atractivo. Cualquiera que sea la razón, estamos muy contentos de que estés aquí».

«Si esta es la primera vez que estás en una iglesia, o la primera vez en largo tiempo, y te sientes un poco incómodo, relájate. Nosotros no queremos nada *de* ti, pero sí queremos hacer algo *por* ti. Queremos que conozcas la paz que viene de hacer las paces con nuestro Padre celestial».

«Si esta es la primera vez que estás en una iglesia, o la primera vez en largo tiempo, y te sientes fuera de lugar porque piensas que nosotros somos todos unas buenas personas, y tú no eres tan bueno, necesitas saber que estás rodeado por gente que ha pecado diez veces más que tú. No dejes que esas caras bonitas te engañen».

«Tal vez no todos creamos lo mismo, pero todos luchamos con las mismas tentaciones, los mismos temores, inseguridades y dudas. Tú tienes más en común con nosotros que cuanto te pudieras imaginar. Y nos alegra mucho que te hayas tomado el riesgo de venir hoy a la iglesia».

Con eso basta para ayudarte a comenzar. Pero recuerda: mientras más pronto, mejor.

Segunda directriz: comienza teniendo en mente a tus oyentes...

...no a tu mensaje

Como hablamos antes, los grandes comunicadores llevan de viaje a la gente. El lugar donde el comunicador *comience* ese viaje es el que determinará quién lo va a querer seguir. Si lo que tú quieres es que los asistentes que no tienen iglesia te sigan, tal vez necesites retroceder unos cuantos pasos desde el punto donde comienzas normalmente. Vimos cómo Jesús logró esto en su trilogía de parábolas que hablaban de la reacción de Dios ante los pecadores. Él no comenzó por los *pecadores*. Ni siquiera comenzó hablando de Dios. Comenzó por ovejas. Habría podido comenzar por Dios, o por los pecadores. ¡Y todo lo que dijera habría sido perfecto! Pero Jesús no vino a este mundo a decir verdades. No vino a estar en lo *cierto*. Vino a explicar al Padre y a pagar por el pecado. Así que en esas ocasiones en las cuales era sumamente importante que hubiera claridad en lo que decía, retrocedía lo suficiente para subir a bordo a todos sus oyentes. Te lo repito: el lugar desde el cual comiences es el que decidirá quiénes te seguirán.

Esta es mi intención cuando digo que mi enfoque consiste en persuadir a mis oyentes para que entren conmigo en un pasaje. Antes de llevar a las personas al texto, quiero que ya estén pensando: *¡Qué estupendo! Me alegro de haber venido hoy.* Esto lo logro a base de crear tensión. La tensión que hay en un texto se suele hallar en la respuesta a una o varias de las preguntas siguientes:

- ¿Qué pregunta responde este texto?
- ¿Qué tensión resuelve este texto?
- ¿Qué misterio revela este texto?
- ¿Cuál es la cuestión de la que trata este texto?

Antes de dirigir la atención de la gente hacia una solución, me quiero asegurar de que esté emocionalmente interesada en el problema. Si el texto responde una pregunta, no me atrevo a ir allí hasta que todos mis oyentes quieran conocer realmente la respuesta. Los misterios, los interrogantes y las tensiones con los que todos batallamos, sirven de punto en común para creyentes y no creyentes por igual. Si quieres que las personas no cristianas se involucren contigo en tu viaje, comienza en ese lugar en el que todos nos encogemos de hombros y decimos: «No sé, pero quisiera que alguien me lo dijera».

Esto no es difícil. En realidad, es bastante fácil. Al contrario de lo que tal vez te hayan dicho, o que hayas llegado a creer de otra manera, tenemos muchas más cosas en común, que diferencias con las personas sin iglesia. Todos nos preocupamos por las mismas cosas. Ninguno de nosotros siente que tiene suficiente dinero. Todos los matrimonios se enfrentan a desafíos similares. Todos nos preguntamos qué sucede cuando morimos. Los padres se sienten preocupados por los amigos de sus hijos. Todos necesitamos amigos. Todos nos enfrentamos a unas tentaciones abrumadoras. Todos tenemos cosas de las cuales nos lamentamos, y que no sabemos qué hacer con ellas. A todos nos han herido. A todos nos cuesta trabajo perdonar. Estamos llenos de sentidos de culpabilidad. Con franqueza, no me viene a la mente ni un solo problema que sea exclusivamente «cristiano». Todo lo que hay son sencillamente problemas. Lo cual significa que habrá un fértil campo común dondequiera que miremos. Y allí es donde debemos comenzar.

¿Dónde comienzas tú?

Tercera directriz: escoge un solo pasaje, y no te salgas de él...

...a todos les va a alegrar que lo hayas hecho

Puesto que mi meta al predicar es presentar las Escrituras de maneras que sean útiles y atrayentes, tengo que hacer que estas sean accesibles. Las personas que no están familiarizadas con la Biblia se sienten intimidadas ante ella. Es diferente a todos los demás «libros» que ellos han manejado jamás. Se les dice que no traten de leerla de principio a fin. Imagínate cómo suena eso. Muchas veces se les dice que comiencen con la lectura del Evangelio de Juan. *¿Quién? Y mira lo que me encuentro. Hay cuatro secciones que se llaman «Juan». Tres de ellas tienen un número delante. Debe haber sido alguna carrera.*

Todo lo que podamos decir para hacer la Biblia más asequible y menos intimidante, será un éxito. Por eso yo defiendo tanto el que se centre el mensaje alrededor de un texto. Comprendo que hay temas que exigen que atraigamos la atención de las personas hacia más de un pasaje. Pero mi consejo es que hagamos de esto la excepción, y no la regla. Cuando andamos saltando por toda la Biblia, todo lo que hacemos es demostrar lo listos que somos. Raras veces aumenta la comprensión de las Escrituras o el amor por ellas en nuestros oyentes. Y confunde por completo a los que no son cristianos. Lo que es peor, sienta un terrible precedente en cuanto a la manera en que ellos deben leer la Biblia. No nos interesa que los nuevos cristianos y los que aún no lo son, anden buscando en toda la Biblia un versículo que diga lo que ellos tienen la esperanza de que diga. Lo que queremos es que aprendan a permitir que las Escrituras hablen por sí solas. Los mensajes creados alrededor del uso de textos para probar algún punto, lo que logran es exactamente lo opuesto. Y mientras te estoy incomodando, ten cuidado con el griego. No socaves de manera accidental la seguridad de tus oyentes en cuanto a sus textos en español. Además, es probable que tú mismo solo sepas lo suficiente para resultar peligroso. Tal vez pienses que eso te hace parecer listo. Y tal vez sea cierto. Pero con el tiempo, hace que nuestras traducciones en español parezcan poco dignas de confianza. Sin embargo, no lo son. Así que ve despacio con el uso del griego.

Escoge un pasaje y mantente en él. Cinco pasajes no son mejores que uno solo. Cinco pasajes hacen una serie. Escoge uno y mantente en él, hasta que todo el mundo lo comprenda. Hazlo tan interesante, que tus oyentes sientan ganas de irse a casa para leerlo de nuevo por su cuenta. ¡Hazlo tan claro, que cuando lo lean, lo comprendan y sigan leyendo!

CUARTA DIRECTRIZ: DALES PERMISO PARA NO CREER...

...u obedecer

Las normas del Nuevo Testamento van dirigidas a los cristianos.

Como consecuencia, los cristianos son responsables entre sí con respecto a su manera de vivir. Pero por razones que desconozco, a los cristianos les encanta juzgar la conducta de los que no son cristianos.

Lo que me deja doblemente perplejo es que el apóstol Pablo habla de este asunto de manera directa. He aquí lo que dice:

> ¿Acaso me toca a mí juzgar a los de afuera? ¿No son ustedes los que deben juzgar a los de adentro? Dios juzgará a los de afuera. «Expulsen al malvado de entre ustedes». (1 Corintios 5.12–13)

Ahí lo tienes. Pero históricamente, la iglesia ha sido mucho mejor en cuanto a vigilar la conducta de los de fuera, que en cuanto a vigilar la conducta de los de dentro. Es lamentable. E innecesario. Hay pocas cosas que desacrediten más a la iglesia en la mente de los no creyentes, que cuando los hace responsables por el cumplimiento de unas normas que, para comenzar, ellos nunca han reconocido. Nada dice la palabra *hipócrita* con mayor velocidad, que el que los cristianos esperen de los no cristianos que se comporten como cristianos, cuando la mitad de los cristianos no actúan de esa manera la mitad de las veces. Ciertamente, los cristianos del siglo primero no juzgaban a los no cristianos por comportarse como no cristianos. Lo que sí esperaban era que los cristianos se comportaran como cristianos. De nuevo, es el apóstol Pablo el que escribe:

> Andad sabiamente para con los de afuera, redimiendo el tiempo. Sea vuestra palabra siempre con *gracia*, sazonada con *sal*, para que sepáis cómo debéis responder a cada uno. (Colosenses 4.5–6, RVR1960, énfasis del autor)

Al igual que tú, yo he escuchado demasiados mensajes dirigidos *a* los no creyentes que estaban llenos de sal y sazonados con gracia. En parte, esa es la razón por la cual muchas personas sin iglesia siguen siendo eso mismo: personas sin iglesia. Me parece que sería sabio que lleváramos el consejo de Pablo a nuestra predicación. Cuando nos dirijamos a los no creyentes, debemos hacerlo de una manera llena de gracia, con solo una pizca de sal. Para hacer algo así, debemos distinguir entre lo que los autores bíblicos esperaban de los creyentes, y lo que se esperaba de los no creyentes. En resumen, darles una salida a los no creyentes.

Yo actúo en esto de una manera muy deliberada cuando predico. Digo cosas como estas: «Si no eres cristiano, hoy el anzuelo no es para ti», o bien, «Si no eres seguidor de Cristo, entonces no tienes que rendir cuentas por lo que estamos a punto de leer. Te puedes quedar tranquilo».

Hasta llego al punto de decir: «¡El texto de hoy va a hacer que se sientan alegres de no ser cristianos! Después de hoy, lo pueden posponer indefinidamente». En la mayoría de los fines de semana, los no cristianos no son el público principal al que nos dirigimos. Son visitantes bienvenidos. Así como no esperamos de los que nos visiten en nuestra casa que limpien la mesa después de la cena y sirvan el café, también hay cosas que no debemos esperar que los no creyentes hagan mientras visitan nuestras iglesias. Y es necesario que se lo digamos. Si lo haces; si los dejas en libertad, tal vez te sorprenderías ante su respuesta.

Te digo por experiencia propia que *cuando les damos una salida a los no cristianos, ellos responden tratando de quedarse dentro.* En especial si los *invitas*, en lugar de *esperar* que lo hagan. Hay una gran diferencia entre que se espere de uno que *haga* algo, y que se le invite a *probar* algo. Por naturaleza, cuando nos empujan devolvemos el empujón. Pero por lo general, cuando nos invitan no empujamos. Así que yo siempre invito a nuestros amigos que no son creyentes a tratar de vivir como cristianos, a llevar a la práctica los principios que hemos explicado, a adoptar la nueva manera de pensar que presentan las Escrituras. Y por lo general, les doy un tiempo determinado. Tal vez una semana, o un día.

Un ejemplo te podría ayudar.

En el sermón inaugural de nuestra serie *The New Rules for Love, Sex, and Dating* [Las nuevas reglas para el amor, el sexo y el noviazgo], les pregunté a los solteros que había en el auditorio: «¿Eres la persona que anda buscando la persona que tú andas buscando?». Enseñé el texto de 1 Corintios 13, explicando los distintos términos que usa Pablo para definir el amor. Luego concluí con la lectura del versículo 11:

> Cuando yo era niño, hablaba como niño, pensaba como niño, razonaba como niño; cuando llegué a ser adulto, dejé atrás las cosas de niño.

Les recordé que los cuentos para niños siempre TERMINAN con las palabras *y fueron felices para siempre*, porque siempre TERMINAN en que por fin se unen el príncipe y la princesa. Lo que se da por supuesto es que una vez que se reúnen el príncipe y la princesa, ¡el resto es fácil! «Así es como piensan los niños», les dije. «Y entre ustedes hay algunos que aún piensan así». A partir de ese punto, pasé a retar a los solteros de nuestras iglesias para que alejaran de sí sus conceptos infantiles sobre el amor, el sexo y los noviazgos, y llegaran a la edad adulta. Les dije que había llegado el momento de que comenzaran a enfocarse en aquello en lo que se estaban convirtiendo, y no en aquello que estaban tratando de *cazar*. Sugestivo, ¿verdad? Después les dije que encontrar a la persona correcta, sin convertirse ellos antes en la persona correcta, es la receta para un final eternamente infeliz.

¡Ah! Pero eso es cierto para todo el mundo, ¿no es así? De manera que me dirigí a los no cristianos que había entre los asistentes: «Es posible que no seas una persona particularmente religiosa. Ciertamente, no eres seguidor de Cristo. Pero en tu corazón sabes que es cierto lo que has oído aquí esta noche. Has tenido las suficientes relaciones que han terminado mal, para ver el *mito de la persona correcta* tal como es en realidad. Un mito. Has encontrado a la persona correcta. ¡Varias veces! Así que durante esta serie, te invito a batallar tú también con esta pregunta: *¿Eres la persona que anda buscando la persona que tú andas buscando?* Si no lo eres, te queremos ayudar a convertirte en esa persona. Y, más importante aun, creemos que tienes un Padre celestial que también te quiere ayudar».

Esto me lleva de vuelta a una afirmación que hice antes, y sobre la cual te prometí que volveríamos a hablar: *Cuando las personas están convencidas de que tú quieres algo PARA ellas, en lugar de querer algo DE ellas, es menos probable que se sientan ofendidas cuando tú las retes.* ¿Y sabes una cosa? Yo quiero realmente algo PARA los solteros de mi ciudad, tanto los cristianos *como* los no cristianos. Y hemos preparado a nuestra iglesia para ayudar a ambos grupos.

Si me dices que tengo que hacer algo, yo doy por sentado que quieres obtener algo de mí. Si me ofreces una oportunidad para algo, me sentiré más inclinado a creer que te preocupa aquello que es lo mejor para mí. Invitar a la gente sin iglesia a dar pequeños pasos, es lo mismo que invitarla a dar sus primeros pasos. Todos hemos visto que Dios honra los primeros pasos. Hemos visto cómo Dios honra una fe semejante a la de los niños. Aprende a crear espacio en tu predicación para los que se sienten inseguros, escépticos o incrédulos. Dales una salida. Pero después hazles una invitación.

QUINTA DIRECTRIZ: EVITA ESE «LA BIBLIA DICE»...

...porque no lo dice

Muy bien, este próximo punto es un campo minado. Así que voy a tratar de caminar de puntillas y con todo cuidado.

Desde el punto de vista técnico, es incorrecto decir: «La Biblia dice...» o «La Biblia enseña...». La *Biblia* en sí, en realidad ni dice ni enseña nada. En un instante te voy a explicar lo que quiero decir, pero esa frase no solo es técnicamente incorrecta, sino que crea un obstáculo innecesario para la fe; esto es, la fe en la infalibilidad o inerrancia de las Escrituras, cualquiera que sea el término que prefieras. Yo creo que las Escrituras son inspiradas por Dios[55]. Tú lo crees. Sin embargo, la mayoría de la gente no lo cree. La mayoría da por seguro que al haber sido escrita por hombres, la Biblia tiene que estar repleta de errores. En realidad, no los puedes culpar por creer esto. Basta que leas tu periódico local. Si esperas que los no creyentes de tu congregación superen ese obstáculo ANTES de poner su fe en Cristo... bueno, que tengas suerte. Eso no va a suceder. Al menos, no va a suceder con la gente sinceramente secular. Y no es necesario que suceda. Una persona no tiene que creer que las Escrituras son inspiradas por Dios para convertirse en seguidora de Cristo.

Espera... Todavía no enciendas esa tea. Piénsalo un poco.

Durante los trescientos primeros años del cristianismo, no había una Biblia tal como la conocemos hoy. Las personas se estaban convirtiendo en seguidoras de Cristo aun antes de que se escribieran los Evangelios. ¿Recuerdas nuestro recorrido por Hechos 15 unos cuantos capítulos atrás? ¿Recuerdas algo acerca de que los gentiles tendrían que aceptar las Escrituras judías? Yo tampoco. No solo no se les exigía a los gentiles del siglo primero que aceptaran como infalible el Antiguo Testamento, sino que ni siquiera se les exigía que lo leyeran. No se les obligaba a seguir sus enseñanzas. Recuerda también que el apóstol Pablo se convirtió en seguidor de Cristo antes de que fuera escrito *ninguno* de los documentos que forman el Nuevo Testamento. Así que seamos sinceros. Hay espacio para moverse. Y si vas en serio en cuanto a la creación de un ambiente libre de obstáculos innecesarios para la fe, es posible que necesites hacer algunos ajustes en la forma en que te refieres a las Escrituras. No estoy sugiriendo que cambies tus puntos de vista, sino solamente... tu enfoque. Así que aquí tienes algunas sugerencias sobre la manera de hablar acerca del texto, de una forma que no ponga unos obstáculos innecesarios en el camino de alguien que está viniendo a la iglesia por primera vez, o de alguien que está batallando sinceramente con la personalidad de Jesús.

No es un libro

La mayor parte de la gente, incluso la mayoría de los cristianos, no comprende lo que la Biblia es en realidad. Si haces unos pocos ajustes en tu manera de referirte a la Biblia, y también a ciertos textos concretos, estarás ayudando a todas las personas de tu congregación a adquirir una comprensión y un aprecio mayores por nuestras Escrituras. Si eres constante en tu terminología, con el tiempo estarás ayudando a los escépticos a desmantelar su resistencia. Esa resistencia se suele basar en suposiciones falsas, que muchas veces son reforzadas por la forma en que hablan los cristianos acerca de las Escrituras. Con hacer unos pocos ajustes de menor cuantía, estarás ayudando a toda la gente de tu iglesia a comprender mejor lo realmente asombrosa que es la Biblia. Al fin y al cabo, si alguien va a rechazar el mensaje del cristianismo, asegurémonos de que esté rechazando el verdadero mensaje y no una pobre caricatura de él.

Para comenzar, no te refieras a la Biblia diciendo que es un *libro*. Eso es una injusticia. La Biblia no es un libro. Es mucho mejor que un libro. Como tú sabes, pero ellos no, la Biblia es una colección de manuscritos antiguos escritos a lo largo de un período de unos mil quinientos años por más de cuarenta autores, y sin embargo, relata una sola historia. Por eso, es técnicamente incorrecto decir: «La Biblia dice...». En la Biblia hay autores concretos que dicen cosas. Cuando decimos: «La Biblia dice», la tratamos como si fuera un simple libro. Pero los libros tienen autores. Pregúntales a los cristianos promedio quién es el autor de la Biblia, y te dirán que es Dios. Dile eso a un escéptico promedio, y se echará a reír. Y así debería ser. Seamos sinceros. Dios no *escribió la Biblia* de la manera en que la gente escribe los libros. Así que, aunque esa clase de terminología funciona con los que ya están convencidos, es un obstáculo para quienes no lo están. La buena noticia es que sabemos quiénes escribieron la mayor parte de los textos recogidos en nuestra Biblia. Deberíamos aprovechar todas las oportunidades para señalar esto. Lo sorprendente de la Biblia no es que Dios la haya escrito. Lo sorprendente es lo que mencionamos antes: Que los textos que componen la Biblia fueron escritos por más de cuarenta personas durante un período de alrededor de mil quinientos años, y sin embargo, todos relatan una sola historia. ¡Eso es lo asombroso! Y a diferencia de la afirmación sobre la autoría divina, es algo indiscutible. ¿No me crees? Léela.

En ciertos sentidos, la Biblia *es* un milagro. Deberíamos desarrollar una terminología que se refiriera a ella de esa forma. Estoy seguro de que tú te sientes tan ofendido como yo cuando oyes que la gente desecha la Biblia porque supuestamente está llena de contradicciones, no es digna de crédito, es un mito, etc., etc. Con sinceridad, una gran parte de la confusión que sufre la cultura es culpa de la iglesia. No le hemos enseñado a la gente lo que la Biblia es en realidad. La mayoría de las veces, lo que hemos comunicado es: «¡Oigan! ¡Es la Palabra de Dios! ¡Dejen de discutir y obedézcanla!». Como consecuencia, hemos creado un argumento con una lógica muy débil que es difícil, si no imposible, de defender. A mí me agradaría formar parte de la generación que cambiara esa situación. Y me gustaría que te me unieras. Nosotros podemos cambiar las conversaciones acerca de la Biblia, si cambiamos nuestra terminología. Por tanto, no hables acerca de ella como si fuera un libro divinamente inspirado. No lo es. Es una colección de manuscritos divinamente inspirados.

Cita a los autores, y no a «la Biblia»

Cuando decimos: «La Biblia dice», en realidad nos estamos refiriendo a uno o dos de sus autores. Cita los autores. Esto tiene mayor peso y refuerza la realidad de que la Biblia es una colección de escritos procedentes de muchos autores. Por ejemplo, ¿cuál argumento consideraría más sustancial para probar la resurrección de nuestro Salvador desde la perspectiva de un escéptico?

Prueba A: La Biblia dice que Jesús resucitó de entre los muertos después de estar tres días en la tumba.

Prueba B: Mateo, un antiguo recaudador de impuestos que se convirtió en uno de los seguidores de Jesús, escribió que Jesús resucitó de entre los muertos y afirmó haberlo visto. No solo eso, sino que Lucas, un médico que entrevistó a diversos testigos presenciales, llegó a la conclusión de que Jesús había resucitado de entre los muertos. Estaba tan convencido, que abandonó su profesión y se convirtió en fundador de iglesias. Marcos, amigo del apóstol Pedro, creía que Jesús había resucitado de entre los muertos, basándose en lo que le había relatado Pedro. Pedro, el hombre que había negado incluso conocer a Jesús, afirmó haber visto al Cristo resucitado. Más tarde fue crucificado no por lo que creía, sino por lo que decía haber visto: a un Jesús resucitado. Jacobo o Santiago, el medio hermano de Jesús, creía que su hermano había resucitado de entre los muertos. El apóstol Pablo, basándose en parte en el tiempo que estuvo con testigos presenciales, llegó a la conclusión de que era cierto que Jesús había resucitado de entre los muertos.

Y así podríamos seguir y seguir. Con seguridad verás cuál es mi idea. Un argumento se apoya en un supuesto acerca de un «libro» que no es un libro. El otro argumento se apoya en una multitud de relatos de testigos presenciales. Todos ellos tomados de las Escrituras. No deberíamos esperar que una gente racional creyera que Jesús resucitó de entre los muertos «porque eso es lo que dice la Biblia». Ese argumento tiene muy poca fuerza. En cambio, a mí me encanta desafiar a la gente a reflexionar en la autenticidad histórica de la resurrección, a partir de los testimonios de Mateo, Pedro, Juan, Jacobo,

Lucas, el apóstol Pablo y una docena de personas menos conocidas que son mencionadas a lo largo de todo el Nuevo Testamento.

Nuestra cultura necesita comprender que el fundamento de la fe cristiana no es una Biblia infalible. El fundamento de nuestra fe es un suceso único en la historia, del cual dieron testimonio unas personas que vivieron y escribieron durante los días en los que tuvo lugar ese suceso. Porque era conveniente, se reunieron sus escritos y se publicaron en lo que llamamos «Nuevo Testamento», frase que fue usada por vez primera a fines del siglo segundo. Lo mejor que podemos hacer a favor de los no creyentes que tenemos en nuestras congregaciones es llevarlos continuamente de vuelta a *la* cuestión que prevalece para todo aquel que se encuentre en su etapa del camino: *¿Quién era Jesús?* E inmediatamente después se encuentra esta otra pregunta: *¿Qué vas a hacer con las abrumadoras evidencias de que él resucitó de entre los muertos?* La manera en que tú cites las Escrituras es una apologética constante a favor de su fiabilidad y su veracidad.

No des por sentado que ellos saben las cosas

Nuestra cultura es bíblicamente analfabeta. Estoy seguro de que ya lo sabías. Tal vez los cristianos de tu iglesia no lo sean, pero la sociedad en general sí lo es. Lo cual significa que tienes una decisión que tomar. Si quieres interesar a la gente secular en tu predicación, tienes que dejar de dar por sentado que tus oyentes lo saben todo acerca de la Biblia. Nosotros invitamos hace varios años a nuestro grupo pequeño a un matrimonio que nunca había estado en nuestra iglesia. Los conocimos por medio del equipo de béisbol de nuestro hijo. Ellos sabían que yo era predicador, y eso era todo. Ambos habían asistido a la iglesia católica cuando eran niños, pero las familias de los dos dejaron de ir antes de llegar ellos a la escuela media. La primera noche que se reunió nuestro grupo, el líder pensó que sería entretenido dividirnos en grupos de tres y hacer que llenáramos un examen relámpago sobre conocimientos bíblicos. Gran error. En serio: no sabían nada. Ambos eran profesionales exitosos en el campo del cuidado de la salud. Jay, el esposo, terminó dirigiendo uno de los conglomerados de hospitales más grandes de nuestro estado.

La primera pregunta tenía algo que ver con David y Goliat. Jay se volvió hacia mí, y me dijo: «Andy, me avergüenza decirte esto, pero yo no sabía que eso estaba en la Biblia. Pensaba que era una especie de figura literaria. ¿Sabes? Como cuando una compañía pequeña se enfrenta con una compañía grande en el mismo espacio de ventas o de tecnología». Entonces, ¿qué te parece que piensa alguien como Jay cuando se sienta a escuchar uno de tus sermones? ¿Que es tonto? ¿Que es un extraño? ¿Que es alguien que no conoce el apretón de manos secreto?

Bob, uno de mis mejores amigos, no era creyente cuando nos conocimos. Como Jay, no conocía prácticamente nada acerca de la Biblia. Pero aunque Jay tenía respeto por aquel extraño libro que él nunca había leído, Bob ni siquiera tenía eso a su favor. Para él, la Biblia era simplemente uno entre los varios libros religiosos escritos por hombres para controlar a la gente. Después de habernos conocido durante un par de años, él comenzó a venir a la iglesia de vez en cuando. Una noche, durante esos años de formación, me llamó para decirme: «Oye, Andy, acabo de ver en el Canal de Historia un programa acerca de José». Aquello era alentador. Entonces me dijo: «Pero me dejó muy confundido. Recorrieron toda la cosa sin mencionar nunca a María, a Jesús ni ninguna de esas cosas. Todo el asunto tenía que ver con sus hermanos». ¡Hum!

Así que, la última vez que predicaste un mensaje sobre la historia de José y su túnica de muchos colores, ¿pensaste en decirle a tu congregación que hubo dos hombres famosos en la Biblia que llevaban el nombre de José? Si no, la gente que fuera como mi amigo Bob habría salido de allí preguntándose por qué Jesús nació en un establo, ¡cuando su padre era el primer ministro de Egipto!

No des nada por sentado. Empieza siempre desde el primer escalón de abajo. Ve ayudando a la gente a subir contigo. Define la palabra *epístola*. Cuando te refieras al libro de Marcos, asegúrate de decirles a tus oyentes que Marcos escribió uno de los cuatro relatos sobre la vida de Jesús. Pon las galletas en el estante de abajo. Eso no es ser superficial. Es asegurarte de que todos tus oyentes te puedan seguir por el camino.

SEXTA DIRECTRIZ: RECONOCE LAS COSAS RARAS...

...sería muy raro que no lo hicieras

La Biblia dice algunas cosas realmente extrañas, ¿no es cierto? En realidad, no es cierto. Algunos de los *escritores bíblicos* hacen ciertas declaraciones realmente extrañas y relatan algunas historias realmente raras, ¿no es así? Los que crecimos en la iglesia nos limitamos a seguir adelante con esos relatos que ya conocemos: una cabeza de hacha que flota; unos animales salvajes que aparecen por parejas para abordar un arca; la sombra de un hombre pasa sobre un extraño y este queda curado de una enfermedad; un mar se abre por el medio y toda una nación lo atraviesa sobre tierra seca. ¿Tierra seca? ¿En serio? Para ti y para mí, solo es un día más en la iglesia. Hemos escuchado esas historias tantas veces, que salimos inmediatamente en busca de aplicaciones y de principios transferibles. Mientras tanto, en nuestras iglesias hay gente que está pensando: *¿Qué? ¿Para ser cristiano tengo que creer que todo eso pasó de verdad?* Nos hacemos un mal servicio a nosotros mismos y a los no creyentes que estén en nuestras congregaciones cuando nos olvidamos de hacer una pausa para pensar en lo extrañas que les deben parecer algunas de las cosas que hay en la Biblia a las personas que no han crecido en una iglesia.

Cuando llegues a esos versículos y esas narraciones tan poco usuales, reconócelos tal como son: poco usuales. Difíciles de creer. Como regla general, *di lo que sospechas que los no creyentes están pensando*. Cuando lo hagas, eso te dará credibilidad. Y a ellos les dará su espacio. Les dice que tú eres un ser racional, como lo son ellos; que no dejaste el cerebro junto a la puerta de la iglesia, y que no esperas que ellos lo hagan tampoco. Lo otro que esto les comunica es que leer la Biblia con un cierto espíritu crítico es algo permisible. Está bien que la *lean* antes de que la *crean*.

Lo natural frente a lo sobrenatural

La mayor parte de los no creyentes dan por sentado que existe un conflicto entre la ciencia y la religión. Todo lo que puedas hacer para apoyar su naturaleza escéptica e inquisitiva es una ventaja. ¡Lo último que querrías hacer es dar la impresión de que adoptas una actitud crítica con respecto a la gente que no se limita a «recibirlo por fe y creerlo»! Al fin y al cabo, queremos que la gente inteligente de nuestro mundo esté buscando constantemente las causas naturales de las cosas. Tú no volverías a la consulta de un médico que mirara una placa de tu riñón y te dijera: «Bueno, al parecer, Dios ha permitido que se desarrolle una mancha. ¿Por qué no se va a su casa a orar. Dentro de dos semanas, regrese y le sacaremos otra placa para ver si algo ha cambiado». No. Tú quieres un médico que comprenda el mundo natural de las causas y sus efectos. Quieres un médico cuyos conocimientos sobre las funciones naturales del cuerpo humano le permita suponer con fundamentos lógicos qué es lo que ha causado esa mancha. Quieres un médico que conozca la manera de averiguar con exactitud de qué se trata. Y lo más importante de todo es que quieres un médico que conozca la manera de eliminarla. Quieres un médico que comprenda las causas naturales y las soluciones. Si es un médico cristiano, mejor todavía. Quieres una buena respuesta. Así que, si eso es lo que tú y yo esperamos que suceda en la clínica del médico, ¿por qué habríamos de esperar que la gente abandone esa misma manera de pensar cuando entre a nuestras iglesias?

Entre la fe cristiana y la ciencia no existen un conflicto ni una contradicción verdaderos. La ciencia sigue descubriendo cómo Dios unió todas las cosas, y cómo las mantiene unidas. Si yo desarmo la computadora portátil en la que estoy trabajando y le pido a uno de mis inteligentes amigos expertos en tecnología de la información que venga y me explique con exactitud cómo funciona, yo no llegaría a la conclusión de que no existe un fabricante de computadoras portátiles. Al contrario; es probable que me sintiera más impresionado que nunca. No necesitamos desalentar a los que buscan causas y soluciones naturales. Para algunos de ellos, ese es el camino que terminará llevándolos a su Creador.

Mi médico es también uno de mis mejores amigos. No es cristiano. Sin embargo, por falta de conversar no será. En algunos aspectos, es mejor «cristiano» que un buen montón de cristianos que conozco. Cierra su clínica todos los jueves para trabajar de voluntario en un hospicio local. Les sostiene las manos a los moribundos, hace cuanto puede por lograr que se sientan cómodos, y habla con los miembros de las familias sobre sus preocupaciones y expectativas. Básicamente, los jueves se convierte en pastor. Pero no se lo digas.

Cuando me reúno con él para revisar los resultados de mi reconocimiento anual, sale a flote el maestro que lleva dentro. En una ocasión, estaba haciendo un complicado dibujo sobre la forma en que las diferentes drogas interactúan con ciertas enzimas específicas, y cómo una determinada prueba de sangre puede predecir el impacto que tendrán ciertas interacciones. Estaba bien metido en su explicación. Yo iba siguiendo más o menos la mitad de lo que él estaba diciendo, cuando se detuvo de repente. Entonces, con una gran sonrisa en el rostro, me dijo: «Yo no sé cómo es que hay quienes no creen en Dios. ¿Lo sabes tú?». Yo me reí en voz alta. Tenía ante mí a un hombre al que le cuesta mucho trabajo creer los milagros que aparecen escritos en el Nuevo Testamento, pero que encuentra las huellas dactilares de Dios por todas partes en la anatomía del ser humano. Su observación sobre la forma en que Dios nos formó alimenta mi fe. Su búsqueda de las causas naturales lo ha llevado hasta el Creador. Todo esto para decirte que no tenemos por qué temer a los que andan buscando las causas naturales de las cosas. En última instancia, ese camino lleva directamente hasta el Creador. Así que no temas. Y más importante aun, haz espacio en tu predicación para aquellos que, sencillamente, no pueden aceptar las cosas que son... difíciles de aceptar.

Cuando hables de milagros, de Satanás, el infierno e incluso ciertos aspectos del cielo, reconoce que son cosas difíciles de aceptar para la mente moderna. Aquí tienes uno de mis guiones. Siéntete en libertad de plagiarme, o de adaptarlo:

A los que crecimos en una iglesia nos es fácil creer que estas cosas sucedieron. Pero si eres nuevo en el estudio de la Biblia, comprendo por qué es muy posible que tengas preguntas, o incluso dudas. Tal vez estés interesado en saber que a algunos de los propios seguidores de Jesús les costaba trabajo creer algunas de estas cosas. Tal vez hayas oído hablar de Tomás, el que no quería creer si no veía. Tomás era uno de los seguidores de Jesús que no creían que Jesús hubiera resucitado de entre los muertos. De aquí lo que se dice de él. Al parecer, Jacobo o Santiago, quien era medio hermano del propio Jesús, no creyó tampoco durante largo tiempo. Así que estás bien acompañado. No te sientas presionado.

Como dije antes, la primera afirmación con la que se tiene que enfrentar un no creyente no tiene nada que ver con la larga lista de milagros esparcidos a lo largo de todo el Antiguo y el Nuevo Testamentos. Esa cuestión primordial es lo que cree la persona acerca de Jesús. Por eso, yo siempre ando buscando oportunidades de dirigir los comentarios hacia ese tema. Cada vez que estoy enseñando un pasaje que les parezca objetable a los no creyentes porque consideran que es imposible de creer, me tomo un minuto para reconocer sus dudas y después ofrecerles un sencillo razonamiento sobre el motivo por el cual tal vez podrían pensar de nuevo la situación. Mi sencillo razonamiento es este: Jesús creyó que este incidente había sucedido en realidad. Cada vez que menciono a Adán y Eva, digo algo como lo que sigue:

Les voy a decir por qué yo creo que Adán y Eva fueron personas reales. Jesús así lo creía. Yo soy un simple ser humano. Si alguien predice su propia muerte y resurrección, y después cumple lo que había predicho, yo estoy con él. En realidad, no me importa lo que diga, porque estoy con el hombre que resucitó de entre los muertos. Me gustaría hacer eso yo mismo algún día. Y él dijo que aquellos que crean, aunque mueran, vivirán. Así que yo me quedo con lo que dijo Jesús.

Esta misma lógica la aplico cada vez que se me presenta la oportunidad. Al hacerlo, logro tres cosas. Les estoy señalando a los no creyentes cuál es *la* verdadera cuestión. En segundo lugar, les estoy dando a los creyentes unas ideas que van a fortalecer su fe. Y por último, les estoy dando a los asistentes un argumento apologético que pueden usar en sus conversaciones con sus amigos escépticos. Cuando esparcimos afirmaciones similares por toda nuestra predicación, podemos admitir las dificultades que todos tenemos con ciertos pasajes, al mismo tiempo que proporcionamos una manera de avanzar para aquellos que estén batallando genuinamente con las cuestiones de fe.

SÉPTIMA DIRECTRIZ: NO TE PONGAS MÍSTICO...
...a menos que quieras un auto nuevo

Si te tomas con seriedad la utilización de tu culto del fin de semana como puente para aquellos que están regresando a la fe, o explorando la fe por vez primera, aléjate de los misticismos. Aunque tu iglesia sea fuertemente carismática, mantente alejado de los misticismos. Tú mismo no vives de esa manera. Los no creyentes no viven de esa manera. Entonces, no prediques de esa manera. El misticismo todo lo que hace es poner distancia entre tus oyentes y tú.

Ahora bien, por otra parte, si te has dedicado a buscar que te identifiquen como «el hombre de Dios», o «el vocero ungido de Dios», o algún absurdo parecido, entonces sí tienes que meterte en el misticismo. El misticismo comunica que tú tienes un camino especial; que estás más cerca de Dios de lo que tus oyentes podrán tener la esperanza de llegar a estar jamás. Lo místico crea... ¡misterio! ¡Y con el misterio viene el temor! Y eso te pone a *ti* al timón de la nave. Una vez que logres que tus oyentes piensen que eres alguien especial, te tratarán de una manera especial. Mezcla todo eso con un poco de teología de la prosperidad y en muy poco tiempo estarás conduciendo un auto de último modelo, vistiéndote a la última moda y además, la gente que esté cerca de ti nunca pondrá en tela de juicio tus decisiones. ¿Cómo habrían de poder? Tú eres el hombre de Dios. Va a ser estupendo.

Ahora bien, tu cónyuge y tus hijos van a saber que eres un pretencioso y un hipócrita. Pero al final, tu cónyuge se acostumbrará tanto a la fortuna y a la fama, que no dirá nada. En cambio, tus hijos... bueno, van a ser un desastre. Pero tú tendrás los recursos necesarios para asegurarte de que reciban los mejores tratamientos disponibles. Usa lentes de contacto. Evita los lentes para leer. Rodéate de un séquito, consíguete un Cadillac de lujo y unos cuantos escuderos, y estarás listo para todo. Ah, una cosa más. Mantente alejado de los Evangelios. A los personajes así que aparecen en ellos las cosas no les fueron bien. No te salgas del Antiguo Testamento. ¡Los Evangelios podrían ser un peligro para tu farsa!

MUY PRONTO, EN UN CINE CERCANO A USTED

Si te pareció que este capítulo fue particularmente negativo y perturbador, yo te puedo comprender. Solo espero que una vez que hayas terminado tu conversación imaginaria conmigo, te detengas a meditar exactamente en lo que te molestó tanto de él. No sé lo que tú esperas lograr por medio de tu predicación, pero espero que lo *logres*. No sé cuál es el aspecto que tiene tu manera de predicar, pero espero que te detengas a definirlo. Y lo más importante de todo, espero que el enfoque que tomes todos los fines de semana esté perfectamente diseñado para ayudarte a lograr lo que estés tratando de hacer. Y si no, espero que tengas la valentía y la humildad necesarias para hacer algunos cambios.

Obviamente, creo que todos deberíamos predicar teniendo en mente a la gente sin iglesia. Estoy convencido de que deberíamos permitir que su presencia le diera forma a nuestro enfoque. Pienso que el hermano de Jesús estaría de acuerdo. Pienso que él nos sugeriría que no hagamos en nuestra predicación nada que les cree dificultades a los que estén acercándose a Dios. Pero ese soy yo. Tal vez tú no tengas deseos de modificar tu estilo de comunicación de manera que sea más atractivo para los que no tienen iglesia y son bíblicamente analfabetos en tu comunidad. Está bien. Hay una gran cantidad de nosotros que están dedicados a hacer eso precisamente. Y por último, lograremos fundar una iglesia en tu comunidad. Y si tú eres como la mayoría de los líderes de las iglesias, manifestarás una mala actitud. Y a nosotros no nos preocupa eso. Pensamos que

esa trilogía de parábolas que hablan de cosas perdidas refleja lo que
hay en el corazón de Dios. Y creemos que Jesús vino para buscar y
salvar aquello que se había perdido. Creemos que la iglesia es el cuerpo de Cristo, y que el cuerpo de Cristo debe dedicarse a la actividad
de Cristo. Es curioso, pero estoy seguro de que tú también crees eso.
Entonces, ¿qué vas a hacer al respecto? ¿Qué has estado haciendo?
¿En serio?

¿Todavía estás enojado?

Muy bien, tal vez debamos terminar con algo sobre lo cual
podamos estar de acuerdo. En estos momentos, tengo dos hijos en
el colegio universitario y una que está a punto de terminar la escuela
secundaria. A los tres les encanta la iglesia local. Si por una de esas
casualidades terminaran viviendo en tu ciudad y asistiendo a tu iglesia, te ruego que no se la eches a perder. Por favor, no te escondas
detrás de tu tradición y tus hábitos de «así es como hacemos aquí las
cosas», ni les prediques a mis hijos mensajes recalentados. Te ruego
que no les robes la pasión que tienen por la iglesia por ser demasiado
perezoso para aprender. Por estar demasiado cómodo para intentar
algo nuevo. Por tenerles demasiado miedo a los que firman el cheque
de tu sueldo.

Está bien; tal vez mis hijos no asistan a tu iglesia. Pero a tu iglesia
ya están asistiendo los hijos de otras personas. Si tú tienes hijos, ellos
están asistiendo a tu iglesia. Cada domingo, o bien les estás infun-
diendo un amor y un aprecio más profundo por la iglesia, o estás
haciendo lo que hacen la mayoría de los pastores, y proporcionándoles una razón más para no asistir cuando ya no tengan la obligación
de hacerlo. Esto es algo muy importante. No quiero que prediques
como yo, pero sí quiero que formes parte de la solución. Quiero que
el hecho de que los jóvenes de veintitantos años se estén marchando
de las iglesias sin siquiera volver a mirar atrás te siga molestando. Y
mucho. A mí me molesta. Y pienso que también le molesta a nuestro
Padre celestial. ¿Te molesta a ti?

Entonces, si no podemos estar de acuerdo en cuanto a lo importante que es predicarle a la gente sin iglesia, con seguridad podremos
hallar algún punto en común alrededor de nuestra pasión por volver

a captar la atención y la imaginación de una generación joven que está creciendo en las iglesias, pero que apenas puede esperar para marcharse. *¿Qué te está impidiendo a ti que hagas los ajustes necesarios en tu predicación para captar ese segmento de nuestra población?* En realidad, solo hay una respuesta a esa pregunta.

Está comprendida en la pregunta misma:

El que lo impides eres *tú mismo*.

VOLVIÉNDONOS PROFUNDOS Y AMPLIOS

La transición de una iglesia local

Tengo la esperanza de que el tiempo que hemos pasado juntos te haya comunicado una o dos ideas. Lo ideal sería que te nos unieras en nuestra campaña para crear más iglesias a las que les encante asistir a las personas sin iglesia, lo cual me gustaría mucho. De cualquier manera, es probable que estés haciendo planes y soñando. Pero los planes y los sueños terminan exigiendo cambios. Y como sabes, tomar la iniciativa de un cambio en una iglesia local, y llevarlo a cabo, es... bueno, me vienen a la mente una gran cantidad de adjetivos: arduo, espinoso, frustrante, suicida. No me cabe duda alguna de que tú podrías añadir unas cuantas descripciones más por tu propia cuenta.

A pesar de eso, los líderes de las iglesias lo intentan todo el tiempo. Yo lo intenté. Y estoy seguro de que tú también lo has intentado. El hecho de que te hayas quedado conmigo hasta llegar a este punto significa que es muy probable que todavía seas capaz de soportar uno o dos rounds más. Dando por seguro que este es el caso, en esta sección final te voy a decir todo lo que he aprendido acerca de la puesta en marcha de los cambios en las iglesias locales. De manera más específica, te quiero enseñar lo que he aprendido en cuanto a crear una cultura de ministerio que abraza el cambio, en lugar de resistirse ante él.

Como sabes por mi historia, yo no llevé a una iglesia a una transición de un modelo a otro. Cuando comencé el segundo lugar de reunión para mi padre, las dependencias nos forzaron a enmendar nuestro modelo. Las circunstancias causaron que adoptáramos un enfoque diferente con respecto a casi todo. Cierto: en mi equipo nadie se quejó. Nos encantaba la falta de refinación de nuestro ambiente de almacén destartalado, con problemas para controlar la temperatura y luces muy pobres. Nuestro ambiente físico nos daba el permiso que necesitábamos para adoptar un enfoque distinto del ministerio. Pero eso es diferente a hacer una transición en una iglesia establecida que no tiene intenciones de cambiar de edificios o de ubicación.

En el aspecto que puedo hablar con alguna autoridad es en el de llevar a la *gente* a través de la transición. He tenido una gran cantidad de experiencia en cuanto a ayudar a la gente de iglesia a adoptar una manera diferente de pensar con respecto al ministerio de la iglesia local. Como muchas iglesias que comienzan, North Point comenzó con un núcleo de personas que habían venido de iglesias tradicionales. Y por mucho que valoraban nuestra *visión*, seguía existiendo escepticismo en cuanto a nuestro *enfoque*. No nos fue fácil convencerlos. Por el camino, aprendí algunas lecciones importantes en cuanto a guiar a la gente a través de los cambios. Y sí, mucho de lo que aprendí, lo aprendí a base de cometer errores.

Capítulo doce

A GOLPES CON EL STATU QUO

Todas las innovaciones tienen su fecha de expiración. En algún momento, lo *nuevo* deja de ser *nuevo*, diga lo que diga el paquete. Al final, las ideas nuevas se nos parecen a las noticias de ayer. El pan no es lo único que se vuelve rancio con el tiempo. Todos los enfoques nuevos e innovadores al ministerio tienen también una fecha de expiración. Todos y cada uno de ellos. No hay nada que sea irresistible ni relevante para siempre. Esto tal vez te desconcierte un poco. Como me ha pasado a mí, tú habrás visitado iglesias (o tal vez habrás trabajado en ellas) donde da la impresión de que no han visto una idea nueva en décadas. Lo extraño de todo esto es que esas suelen ser las iglesias más resistentes ante los cambios. Imagínatelo.

Como me pasa a mí, tu reacción inicial ante todo esto es: «Eso no va a pasar mientras yo esté al frente. Eso nunca va a pasar en mi iglesia». A lo cual yo te contestaría: «¿De veras? ¿Qué hace que te sientas tan seguro?». ¿Se te ha ocurrido que de vez en cuando, las ideas y los enfoques del ministerio que ahora parecen tan rancios fueron realmente frescos y novedosos? Todo lo que se está haciendo en la actualidad, fue considerado originalmente como una buena idea. De lo contrario, nunca se habría llevado a la práctica siquiera. Todo lo que se hace en el presente fue adoptado como una mejora con respecto a un enfoque pasado de moda que en sus tiempos había sido una idea revolucionaria. Y así van las cosas. Todo lo que se hace en la actualidad comenzó como un reto al statu quo en una generación anterior a la nuestra. La gente peleaba por los colores de la pintura, por los muebles, por el diseño arquitectónico de ese... edificio tan feo. Sí, es difícil imaginárselo. Pero es cierto. Lo que es feo ahora, fue hermoso entonces. Lo que nos parece irrelevante en el presente, fue lo último de lo último en tiempos pasados.

Y hablando de tiempos pasados, hace mucho tiempo los únicos instrumentos musicales que eran considerados como adecuados en las iglesias eran el piano y el órgano. Me imagino que ya lo sabías. Entonces, algunos directores de música y pastores radicales comenzaron a experimentar con orquestas. Imagínate eso: orquestas en el santuario. Mi padre fue uno de esos paganos irredentos. Yo estaba en la segunda fila el primer domingo que nuestro director de música se subió a su banquillo de la cocina, levantó su vara de fibra de vidrio y le dio vida a la orquesta. Fue algo mágico. Poderoso. Mayormente, fue muy ruidoso. Aunque a la mayoría de la gente le agradó la adición de la orquesta, hubo una facción que se sintió muy incómoda ante la idea de entrar tambores en el santuario. No una batería, por supuesto. Los timbales. ¿Los recuerdas? Los tambores eran «mundanos». A que eso no lo sabías. Al parecer, mi padre tampoco lo sabía. Los tambores en el santuario eran evidencia de que nos estábamos volviendo mundanos. Así que unas cuantas semanas después del debut de la orquesta, mi padre predicó un sermón sobre la razón por la que era correcto usar tambores en la adoración.

No pasó mucho tiempo antes de que predicara un mensaje entero sobre la razón por la que era correcto batir palmas en la iglesia. En serio. Batir palmas era un asunto tan serio que, durante un año más o menos, nuestra iglesia tuvo realmente unas normas en cuanto a la manera de hacerlo. Se permitía batir palmas durante el culto del domingo por la noche, pero no en el culto de la mañana. En lugar de batir palmas, a los hombres se les permitía que gruñeran un *amén*

cuando sucedía algo bueno. Aún puedo recordar a los hombres gru-
ñendo su *amén* durante el sermón sobre batir palmas.

Entonces, en algún punto del camino, comenzamos a sentir
que los coros grandes y las orquestas eran noticias viejas de ayer.
Según la edad que tengas, tal vez nunca hayas asistido a una iglesia
con orquesta. Tal vez des por sentado que las guitarras eléctricas siempre han formado parte de la experiencia del domingo por
la mañana. No es así. Muchos pastores perdieron su trabajo y su
religión a causa de la introducción del instrumento de Satanás en
la adoración del fin de semana. Mientras que los tambores eran
mundanos, las guitarras eléctricas eran del diablo. Entonces vino
el uso de los dramas. Seguido por la danza interpretativa. Creo que
ya captas lo que te quiero decir. Las nuevas ideas eran consideradas
por lo general como malas ideas. Luego se convertían en la norma.
Y después, finalmente, se convertían en noticias atrasadas. No hay
nada que sea nuevo ni innovador para siempre. Tu mejor idea, la
que otras iglesias imitan y por la que se atribuyen el mérito, terminará yendo por el mismo camino que las campanas de mano y los
ministerios con autobuses. Es ingenuo y arrogante pensar de otra
manera. Tal vez la única excepción sea predicar desde un banquillo, junto a un televisor de plasma.

Es absurdo que pensemos que nuestras ideas pueden pasar de
una generación a la siguiente. Es igualmente necio dar por sentado
que nosotros vamos a ser capaces de descubrir de manera intuitiva
la necesidad de cambio en nuestras propias organizaciones. Si las
cosas fueran tan fáciles, todo el mundo habría hecho las transiciones
adecuadas en el momento debido. Lo cierto es que el reloj sigue
caminando con respecto a nuestras buenas ideas. Está caminando
hacia atrás. Y lo está haciendo más rápido de lo que nosotros nos
imaginamos.

LA RESISTENCIA ANTE EL MOVIMIENTO DE RESISTENCIA

Es posible que James M. Kouzes y Barry Z. Posner sean los que
mejor han resumido lo que es la resistencia ante el cambio que

experimentan los líderes en todas las disciplinas cuando escribieron: «Todos los sistemas conspiran inconscientemente por mantener el statu quo y evitar los cambios»[56].

Aunque los líderes suelen culpar de inmediato a la gente por su obstinada oposición a los cambios, Kouzes y Posner señalan, y con razón, que el problema es mucho más profundo y complejo que la inflexibilidad o la obstinación. Es un problema de sistemas. Toda iglesia local es una compleja colección de sistemas. Toda iglesia tiene su manera de hacer las cosas. Y por lo general, funciona. Por consiguiente, raras veces se piensa en el cambio como una solución. En la mayoría de los casos, los cambios son percibidos como interrupciones. Costosas interrupciones en algo que funciona bien de la manera en que está pensado. Interrupciones sin garantía final alguna. Solo promesas e ilusiones. Por eso, tu iglesia «conspira inconscientemente por mantener el statu quo y evitar los cambios». *La forma en que se hacen las cosas* en tu iglesia está tan profundamente arraigada, que a cada paso vas a encontrar resistencia. Y a pesar de lo que te sentirías tentado a pensar, esto no es culpa de nadie.

Piénsalo de esta manera: Las dependencias que hay en tu iglesia fueron diseñadas alrededor de *la forma en que se hacen las cosas*. El presupuesto está organizado alrededor de *la forma en que se hacen las cosas*. El personal ha sido contratado y entrenado para llevar a la práctica *la forma en que se hacen las cosas*. Casi todos en la audiencia esperan la habitual forma en que se hacen las cosas. Si estás en una iglesia que tiene docenas de aulas para la Escuela Dominical de adultos, te va a ser un poco difícil convencer a la gente para que acepte un modelo que no necesite de esa clase de dependencias. ¡Las dependencias conspiran en tu contra! Si los ingresos de tu iglesia se consumen totalmente en el modelo actual, te va a ser difícil introducir algo nuevo. Lo primero que te preguntarán es: «¿Cómo piensa usted pagar por eso?». Si la seguridad de los miembros de tu personal en su empleo está atada a la conservación de *la forma en que se hacen las cosas*, se te van a oponer a cada paso que des. Y si la gente de tu iglesia no se siente particularmente incómoda con *la forma en que se hacen las cosas*, no tendrá incentivo para unirse a ti en tu grandiosa aventura. De manera que prácticamente todo lo que forma tu «sistema» actual está conspirando contra ti. No es de extrañarse que la mayoría de los pastores, predicadores y maestros se contenten con darle algún pequeño giro al modelo que han heredado, en lugar de introducir algo nuevo. Es demasiado difícil. Demasiado costoso. Demasiado perturbador. Demasiado riesgoso.

EN AQUELLOS TIEMPOS

Cuando inauguramos North Point en 1995, nuestro enfoque significaba un notable cambio de paradigmas para las personas que asistían a la iglesia en nuestra ciudad, y en nuestra región del país. El sureste es la hebilla del Cinturón Bíblico de los Estados Unidos. Es una de las regiones con mayor número de iglesias en nuestra nación. En 1995, en Atlanta no había nadie clamando por una nueva iglesia, o una nueva clase de iglesia. Las iglesias eran iglesias, tanto si uno iba como si no. Y si querías ir, era fácil encontrar una. Y en cuanto a los que no asistían, sabían qué esperar en esas raras ocasiones en las que no lo podían evitar.

Casi todo lo que nosotros hicimos constituía un desafío al statu quo. Y no me estoy refiriendo solamente al estilo de música. Edificamos unas dependencias que no tenían aspecto de iglesia. Introdujimos los grupos de hogar en una cultura que había crecido con la Escuela Dominical. No teníamos diáconos. Permitíamos que las mujeres sirvieran la comunión. Bueno, permitíamos que las mujeres hicieran prácticamente de todo. La estructura de nuestro personal era diferente. Le pusimos un margen a nuestro presupuesto. No teníamos ministerios para hombres y para mujeres. No había clases para nuevos miembros. Le poníamos etiquetas y nombres a todas las cosas. Llevábamos a la gente con rapidez hacia el liderazgo.

Al contrario de lo que piensan algunos, no lanzamos North Point respaldados por una pandilla de gente de veintitantos años que no conocía nada mejor y que estaba buscando algo nuevo.

Yo tenía treinta y ocho años. Los miembros originales de nuestro personal estaban todos llegando a los cuarenta. Yo era la persona más joven de nuestra junta. Todos los demás tenían más de cincuenta años. Una buena cantidad de gente madura. No recuerdo que se sintieran insatisfechos con el *modelo* que habían dejado atrás al venir a formar parte de North Point. De hecho, si yo hubiera introducido el modelo con el que había crecido, estoy seguro de que la mayoría de ellos lo habrían seguido sin problemas. Lo familiar es... familiar. Es cómodo. Uno sabe cómo comportarse, qué hacer y qué esperar. El problema estaba en que el modelo del que habíamos venido nosotros estaba perfectamente diseñado para gente como nosotros. Gente de iglesia. Por tanto, el statu quo tenía que desaparecer.

Es más fácil decirlo que hacerlo.

Pero se puede hacer.

Aquí tienes la manera de hacerlo.

Allí, no aquí

La frase que sigue a esta es tan importante, que decidí escribir una frase antes de *la frase* para asegurarme de que no te perdieras la idea de la próxima frase. *El catalizador para la introducción y la facilitación del cambio en la iglesia local es una visión que honre a Dios, que sea sumamente atractiva y que esté totalmente clara, sin ambigüedades.* Tal vez estés cansado de oír hablar de la visión y de leer acerca de ella. En especial, estarás cansado de mí. Pero después de veinticinco años de liderazgo en la iglesia, estoy más convencido que nunca de que compartir la visión es la clave para producir el cambio. Y una vez que se hayan hecho los cambios iniciales, la visión es la clave para mantener el enfoque y el impulso debidos en la organización. Compartir la visión es crítico para que puedas llevar a tu iglesia hacia el camino correcto, y la mantengas en él[57]. Aunque se podría hablar mucho acerca de la visión, lo más relevante de lo que estamos hablando es el hecho de que *la visión es el lugar por donde debe comenzar toda discusión relacionada con el cambio*. Comienza la discusión por cualquier otro punto, y experimentarás resistencia.

Cuando oigo a los líderes de las iglesias quejarse de que su gente no quiere cambiar, siempre digo: «Antes de que hablemos de tu "gente", hablemos de tu visión. Dime en una sola frase dónde quieres llevar a tu iglesia. Describe el futuro. Píntamelo con una imagen verbal». *En el ciento por ciento de los casos, los líderes que no pueden lograr que su gente cambie, tampoco son capaces de expresar de una manera bien articulada cuál es su visión.* Así que, ¿dónde supones que comienzan sus conversaciones acerca del cambio, con una gente que no quiere cambiar? Comienzan con las cosas que se necesitan cambiar. ¿Y qué experimentan? Resistencia.

La forma más ineficaz de comenzar una conversación acerca del cambio es hablar acerca de lo que se necesita cambiar. Nunca debes comenzar una conversación acerca del cambio a base de hablar sobre dónde están en estos momentos. Siempre debes comenzar por el lugar donde quieres que lleguen a estar. Cuando comienzas una conversación acerca del cambio a base de discutir sobre lo que se necesita cambiar, por lo general comienzas con algo en lo cual alguien ha hecho su propia inversión emocional. Y eso es una receta para el fracaso. O la liquidación. Durante mis dos primeros años en el colegio universitario, yo sabía que necesitaba *cambiar* mis hábitos de estudio. En realidad, no era que necesitara cambiarlos; era que necesitaba tener alguno. En fin, que nada *cambió* hasta que me decidí a ir a la escuela universitaria de estudios superiores. Una vez que obtuve una imagen clara sobre un futuro preferido, mi conducta cambió. Eso es lo que hace la visión. Me permite ver dónde estoy en relación con el lugar donde necesito llegar a estar. Recordarme dónde estoy y después decirme que tengo que cambiar, no me impulsa a nada, ni me inspira a nada. En cambio, señalarme un futuro preferido y ayudarme a descubrir lo que necesito hacer ahora con el propósito de llegar a ese futuro... eso es diferente. Así que el mejor punto donde comenzar cualquier conversación acerca del cambio, es el futuro. Lo que podría llegar a ser. Lo que debería ser. ¡Tal vez, lo que debe ser!

Como líder, tu responsabilidad consiste en hacer que la gente de tu iglesia se sienta descontenta con respecto al lugar donde está, a base de pintarle una atrayente imagen del lugar donde podría estar. Lo primero que tuvo que suceder fue que nuestro núcleo de personas abrazara la visión de una iglesia a la cual le encantara asistir a la gente sin iglesia, para que ellos estuvieran dispuestos a dejar ir sus ideas cómodas sobre qué hacer en la iglesia, basadas en «la manera en que siempre hemos hecho las cosas». Cuando comparaban sus prejuicios emocionalmente cargados acerca de la iglesia, con la descripción de nuestro futuro preferido, terminaban comprendiendo que ambas cosas eran incompatibles.

Algo *tenía* que cambiar.

En realidad, no fue tanto que escogieran el cambio, como que se decidieran a buscar algo diferente. Nuestras viejas maneras de hacer las cosas no eran incorrectas; solo eran incompatibles con el futuro que habíamos escogido. Nuestro núcleo inicial de personas terminó comprendiendo que sus ideas preconcebidas acerca de la iglesia no iban a facilitar el que se diera nuestra visión. Si haces que la gente se sienta descontenta con el punto en el que se encuentra, hay mucha más posibilidad de que dejen de aferrarse a su forma actual de hacer las cosas. Pero si tratas de irles desprendiendo los dedos uno a uno para que dejen de aferrarse, te recomiendo que prepares cuanto antes tu currículum vítae.

EL CAMBIO NO ES UNA VISIÓN

Entonces, ¿cuál es tu visión para tu iglesia? En una o dos frases, ¿qué aspecto quieres que tenga el futuro? ¿Cómo quieres que se sienta ese futuro? Dicho sea de paso, el *cambio* no es una visión. Tampoco es *relevante* ni *contemporáneo*. Si lo primero que te incomoda acerca de tu iglesia es la falta de ese *factor genial*, y por esa razón las familias jóvenes no permanecen en tu iglesia, tienes que hacer un poco de trabajo. Si tu afán repentino de que se produzca un cambio es alimentado por la observación que hizo la junta de que la gente se está marchando de tu iglesia para asistir a la iglesia contemporánea que está al otro lado de la calle, con esto no basta. Si tu carga no es más profunda que un simple deseo de ponerte al día y mejorar para que la gente no se vaya, lo mejor que puedes hacer es seguir protegiendo el modelo de la generación anterior a la tuya. No necesitas agitar las cosas para el rebaño satisfecho que estás guiando en estos momentos. Tal vez debas orar para que Dios envíe a tu iglesia un líder que en verdad se sienta consumido por una carga genuina a favor de la gente que está alejada de Dios. Si tienes suerte, tal vez ese líder te deje quedarte para observar lo que sucede cuando un líder que es lo suficientemente ingenuo como para creer que Jesús aún está edificando su iglesia, se pone en pie y lanza una visión tan atrayente que enciende la imaginación de aquellas personas que han estado anhelando en secreto el poder entregar su vida a algo mayor que ellas mismas.

Eso no fue muy delicado, ¿no es cierto?

Así que dime: ¿qué querrías ver hacer a Dios en tu expresión local de la *ekklesía* de Jesús? ¿Te molesta alguna otra cosa que no sea únicamente la asistencia? ¿Tu estilo de música? ¿La categoría con la que haces las cosas? Por los capítulos anteriores, ya sabes que yo considero que esas cosas son importantes. Pero si quieres convertir en realidad unos cambios significativos en tu iglesia local, necesitas que Dios te dé una carga tal, que te mantenga despierto durante la noche. Tomando prestada una frase de Bill Hybels, necesitas una embriagante dosis de «santo descontento». ¿Quieres ver un cambio? Pídele a Dios que comience por ti mismo. Pídele que te ponga una carga por algo que valga el riesgo de poner en peligro tu carrera. Y no, no se trata de una hipérbole. Esa es la naturaleza de una visión dispuesta por Dios. No es simplemente algo que podría suceder. Es algo que tú estás convencido de que *debe* ser. Cuando tengas eso claro, y cuando pienses que estás listo para comenzar a hablar de ese tema en unos términos que la gente pueda entender y respaldar, entonces y solo entonces estarás listo para hablar de las cosas que es necesario cambiar.

MANTENERLO SOBRE LOS RAÍLES

La visión, además de ser el punto de partida de toda conversación acerca del cambio, es la que alimenta el enfoque y el impulso de la organización para marchar hacia delante. He aquí por qué. Hay un enlace inexorable entre la visión de una organización y su apetito de mejoras. La visión pone al descubierto lo que aún es necesario realizar. De esta manera, la visión tiene el poder de crear una saludable sensación de descontento en la organización. El líder que mantiene continuamente la visión frente a sí, o frente a su personal, crea una sed de mejoras que a su vez produce apetito por el cambio. De esta manera, la visión contribuye al desarrollo de una cultura que se sienta cómoda con el cambio. Las iglesias centradas en la visión esperan los cambios. Esos cambios son medios para llegar a un fin. El cambio es crítico para hacer aquello que podría y debería ser una realidad. En resumen, que no hay manera de valorar en exceso la importancia de una visión clara y atrayente, si sientes que las cosas necesitan cambiar.

Desde el primer día, hemos sido un poco paranoicos en cuanto a alejarnos de nuestra visión. Nosotros no estamos inmunes. La visión no es muy adhesiva. Hace falta un esfuerzo constante para asegurarse de que permanece. En cierta forma, nuestro éxito en cuanto a los números funciona en nuestra contra. Si comenzamos a alejarnos, aún seremos una iglesia grande. Tal vez hasta estén repletos nuestros locales. Pero *grande* y *repleto* no son las cosas que nos lanzamos a hacer. *Grande* y *repleto* se podrían convertir fácilmente en una distracción. Mantenernos *grandes* y *repletos* podría convertirse de manera accidental en nuestra misión. De hecho, lo es para una gran cantidad de iglesias. Por eso estamos buscando constantemente la manera de mantener nuestra sencilla visión al frente y al centro en todos los niveles de nuestra organización.

Así que, una vez más, ¿cuál es la visión de tu iglesia?

¿Qué tienes la esperanza de lograr?

¿Qué se podría y debería hacer en tu comunidad?

Mientras no lo sepas, es inútil que trates de cambiar algo.

Capítulo trece

Misión y modelo

Es muy probable que si el próximo fin de semana te pones de pie y presentas una nueva visión para tu iglesia, no sientas mucha resistencia. De hecho, tal vez descubras que la gente se interesa en lo que dices más que de costumbre. Las ideas nuevas suelen picar la curiosidad de la gente. A aquellos que han estado orando para que suceda algo nuevo, tu nueva visión les podrá parecer como una respuesta a su oración. Si estás al frente de una iglesia evangélica, y tu visión incluye el propósito de alcanzar a las personas no alcanzadas, hasta es posible que consigas un *amén* o dos. Si eres en verdad bueno en tu presentación, hasta es posible que les arranques unos pocos aplausos. Mientras lo mantengas bíblico e intangible, todo marchará bien. Pero cuando Nelly McCloud descubra que tu nueva visión exige que ella renuncie a su aula de la Escuela Dominical... bueno, entonces es cuando comienza la diversión, ¿no es cierto?

¿Cómo lo supe?

Cuando tenía veintiséis años, convencí a los diáconos de la iglesia de mi padre para que me dejaran hacer una reunión evangelística de toda la ciudad para los adolescentes. Estaban sentados en el borde de sus sillas mientras yo les explicaba mis planes. Les expliqué mi meta de lograr que nuestro predicador invitado

275

entrara en las escuelas secundarias locales para hacer asambleas. Les encantó mi idea de pedirles a otras iglesias de la zona que trajeran a los muchachos de sus ministerios con los estudiantes para nuestra reunión de una sola noche. Todo el mundo en aquella sala de reuniones pensaba que aquello era una gran idea... hasta que lo experimentaron.

Lamentablemente para ellos, cuando comenzó la campaña era demasiado tarde para detenerla. Por fortuna para mí, cuando comenzó la campaña era demasiado tarde para detenerla. Y por fortuna para mí, yo era el hijo del pastor. Ellos se quedaron de pie en el fondo del santuario mientras dos mil adolescentes un tanto alborotadores se entretenían, pero *no con el coro y la orquesta*. Lo que ellos se estaban imaginando después de mi visión tan excelentemente presentada, era muy distinto a lo que estaba sucediendo en realidad. Como lo describieron más tarde, «era irreverente y desordenado». Les perturbó lo que vieron que sucedía «en el mismo lugar donde se predica la Palabra de Dios todos los domingos». Como lo expresó un caballero: «Eso no es lo que nosotros somos».

Yo me quedé sin habla. Miré al caballero que hizo ese comentario y le pregunté: «¿Se quedó usted hasta el final? ¿Escuchó el mensaje? ¿Vio que hubo cerca de doscientos jovencitos que pasaron al frente para orar con un consejero y entregarle su vida a Cristo?». Nunca olvidaré su respuesta: «Eso lo podrían haber hecho sin utilizar esa música». Y eso fue todo. Nadie expresó gratitud alguna por todo el trabajo tan duro que se había hecho. Nadie pareció conmoverse por la respuesta que hubo al final. Yo estaba devastado. Pero no fue un incidente aislado. Y sirve para ilustrar una dinámica que todo líder de iglesia que tenga una visión experimentará en algún momento a lo largo del camino: *Que las nuevas ideas son buenas, mientras no exijan que nadie haga realmente nada nuevo.*

MODELO CONTRA MISIÓN

Los cambios a los que se resiste la gente son cambios asociados con la forma en que se *realiza* el ministerio; el modelo que la iglesia ha adoptado. El modelo define a la iglesia y así, más que nada, es el que determina el statu quo. *Así es como hacemos las cosas aquí. Esto es lo que somos nosotros.* Con el tiempo, las iglesias se enamoran de sus modelos. Sin embargo, es de suponer que los modelos sean un medio para lograr un fin. Los modelos son creados para apoyar la misión de la iglesia. En el pasado, todos los modelos de iglesia existentes apoyaban la misión de su iglesia. Pero entonces, una generación se enamoró del modelo, a expensas de la misión. Lo cierto es que, en el caso de la mayoría de las iglesias, el sostenimiento del modelo actual *es* la misión de la iglesia. El personal es entrenado con ese modelo particular en mente. La gente llega a esperar los programas asociados con un modelo en particular. Los presupuestos son creados alrededor del modelo.

Es un poco como ese viejo sofá con el cual tus padres siguen cargando de casa en casa cada vez que se mudan. Al inicio compraron el sofá porque necesitaban un lugar donde sentarse. Lo escogieron basándose en el tamaño y la decoración de una habitación determinada. En su conjunto original, era perfecto. Sin embargo, con el tiempo se volvió algo más que un simple lugar donde sentarse. Entró a formar parte de la familia. Y finalmente terminó asociado con los recuerdos. Había una historia asociada con cada una de sus manchas. En aquel sofá habían alimentado a los bebés. Bueno, hasta es posible que los bebés hicieran... nada, dejémoslo así. Lo que te quiero hacer ver es que se apegaron emocionalmente... ¡a un mueble! Y cuando llegó el momento de mudarse, a pesar del hecho de que en realidad no se veía bien en la nueva casa y con la nueva decoración, lo pusieron en un camión y se lo llevaron con ellos. Y unos cuantos años más tarde, lo volvieron a empacar y se mudaron con él de nuevo. Y ahora está descolorido y lleno de rotos. No tiene nada de atractivo. Pero sencillamente, ellos no se pueden desprender de él.

Lo que comenzó como una solución a un problema —esto es: *¿Dónde nos vamos a sentar?*— se convirtió en una mascota. Y esto no tiene nada de malo. No se le ha hecho daño a nadie. Tú sabes que un día terminará en la calle, o en el Goodwill. Caramba, si quieren conservar ese desastre de sofá, que Dios los bendiga.

Pero lleva esa misma dinámica a la vida de una organización, y se vuelve devastadora. Esto explica en parte por qué la participación en las denominaciones principales sigue declinando. Se enamoraron del modelo y descuidaron la misión. Y con el tiempo llegó una generación que dijo: «Yo no me voy a sentar en sus sofás». Entonces se marcharon para ir a sentarse en algún otro lugar. ¿Y cómo respondieron los líderes de las denominaciones? ¡Comenzaron campañas publicitarias! *¡Oigan, muchachos, regresen! No, no hemos reemplazado nuestros sofás. ¡Pero tenemos una nueva campaña de anuncios!* No comprenden por qué la siguiente generación no quiere regresar a lo mismo que dejó atrás. No pueden comprender por qué los de veintitantos y treinta y tantos años no quieren regresar a sentarse en sus sofás feos y anticuados. No les cabe en la cabeza por qué razón «los jóvenes» no quieren valorar las historias asociadas con todas las manchas. Entonces, cuando alguien echa a andar una iglesia con sofás nuevos, ¡los sofás escogidos pensando en la próxima generación son críticos! Cuando un modelo ya no es un verdadero medio, o el mejor de los medios, para llegar a un fin, es necesario ajustar o incluso abandonar el modelo. Si no, bueno, echa una mirada a tu alrededor.

Los modelos de ministerio que no sostienen la misión de la iglesia, terminan impidiendo esa misión, o convirtiéndose ellos en la misión. ¿Te dije ya que después de mi éxito con la campaña evangelística para los estudiantes, se me dijo que nunca más volviera a programar una reunión de ese tipo? Estamos hablando de una iglesia que tenía un llamado al altar después de cada sermón. Era una iglesia con una declaración de misión que había sido tomada directamente de Mateo 28. Aunque amo mucho a la iglesia en la cual crecí, esa iglesia estaba casada con un modelo, y no con su misión.

Una de las razones primarias por las que hay iglesias que están vacías, es que los líderes de la iglesia aman más a sus modelos que a su gente. Escribiendo para líderes de negocios, el autor Seth Godin se refiere a una tensión paralela en la vida de los negocios cuando dice: «No te enamores de una táctica ni la defiendas para siempre. En lugar de hacer esto, decide de una vez para siempre si estás en un mercado, o no»[58]. Me temo que sean demasiados los líderes de iglesias que están enamorados de sus tácticas, de su manera de enfocar la actividad de la iglesia. Jesús nos llamó a estar en un mercado. Una de las razones por las cuales nuestra iglesia creció con tanta rapidez fue, por girar alrededor de la cita de Seth, que todas las demás iglesias de Atlanta estaban compitiendo por el mercado de la gente de iglesia. Nosotros decidimos entrar al mercado de la gente sin iglesia. Es un mercado mucho mayor, y en aquellos momentos no teníamos competencia alguna. Nuestro reto consiste en asegurarnos de permanecer en ese mercado. Para lograr esto, no nos atrevemos a enamorarnos de nuestra manera de hacer las cosas.

Un secretito sucio

Antes de que dejemos este tema, hay una realidad embarazosa más en la iglesia de los Estados Unidos que necesito señalar. La misión real de muchas iglesias consiste en *pagar las cuentas*. No; eso no lo vas a encontrar escrito en ningún lugar. Pero seamos sinceros; la mayoría de las iglesias locales no sienten urgencia alguna con respecto a nada, hasta que el dinero comienza a escasear. Entonces, de repente se sienten preocupados por «alcanzar gente». Ese es el momento en que comienzan a hablar acerca de la manera de atraer a los matrimonios jóvenes. Una iglesia puede pasar años sin bautizar a nadie más que a algunos niños, y a nadie le va a preocupar el que esto suceda. Una iglesia se puede pasar una década sin una sola profesión de fe, y nadie convocar a ninguna reunión especial. En cambio, que no llegue a cubrir el presupuesto durante tres o cuatro meses seguidos. De repente, todo el mundo está preocupado. Empiezan a hablar de cambios. Pero no porque hayan tenido un encuentro con Dios. No, no. Lo que los hizo caer de rodillas fue un encuentro con una hoja de cálculos de Excel. Entonces, para añadir al daño un insulto a Dios, una vez que pasa la crisis financiera, todo vuelve a ser como era antes. La trágica realidad es que la mayoría de las iglesias de los Estados Unidos no están dispuestas a cambiar, mientras las finanzas no las obliguen a hacerlo.

Jesús y los fabricantes de modelos

Jesús se tuvo que enfrentar con esta misma dinámica. A los fariseos les encantaba su modelo. Por supuesto, alegaban que era el modelo de Moisés. Pero cuando llegó el siglo primero, se le habían añadido y adaptado tantas cosas, que el sistema de aquellos tiempos era una simple sombra de lo que Dios había querido en un principio. La cuestión a causa de la cual Jesús se halló en un conflicto continuo era el sábado. ¡Qué poco inteligente era Jesús, que seguía sanando en sábado! Habría debido saber mejor cómo eran las cosas. No importaba que fuera permitido sacar en sábado una cabra que se les hubiera caído en un pozo. ¿Pero sanar a una criatura hecha a imagen de Dios? Eso estaba prohibido.

Al final de uno de tantos debates sobre *cuál era la conducta correcta en sábado*, Jesús hizo la siguiente observación: «El sábado se hizo para la gente, y no la gente para el sábado»[59]. Los fariseos tenían las cosas al revés. Pensaban que el modelo era el que tenía la prioridad. Jesús les dijo que no, que es la *gente* la que tiene la prioridad. El sábado, y con él toda la ley, había sido promulgado para beneficio de la nación de Israel. Dios nunca tuvo la intención de que los judíos sirvieran a la ley. Lo que quería era que lo sirvieran a él. La ley era un medio para llegar a un fin. Dios quería que los judíos amaran a su prójimo[60]. La ley era también un medio para llegar a ese fin. Jesús murió a manos de unos hombres que estaban convencidos de estar cumpliendo con la voluntad de Dios; unos hombres que estaban dedicados a la protección y defensa de la ley. Lo trágico es que la protegían y defendían, pero dejaban fuera la razón misma de su existencia.

Me imagino que no necesito hacer mucha aplicación aquí. Tanto la historia moderna como la historia antigua de la iglesia están llenas de trágicos ejemplos de lo que sucede cuando la gente de iglesia se enamora de un modelo o un enfoque de esta, y pierde de vista la razón por la cual la iglesia fue instituida. La iglesia en la que crecí tiene una historia terrible en cuanto a los derechos civiles. Hubo una temporada en la cual a las personas de la raza negra se les pedía directamente que se marcharan del santuario. Yo conozco a una señora que estaba entre la gente blanca que se había reunido en el vestíbulo un domingo por la mañana, contemplando el santuario donde una sola mujer de la raza negra estaba sentada esperando a que comenzara el culto. No estaban seguros de «qué debían hacer». ¿Te lo puedes imaginar? Tal vez no tengas que hacerlo. A lo mejor, tú también tienes tu propia historia.

De acuerdo, esos son ejemplos extremos. Pero no quiero que subestimes lo poderosa e insidiosa que puede ser esta dinámica. Es esta dinámica la que mantiene actualmente a miles de iglesias dentro de un patrón que las controla. No pueden avanzar. No pueden recuperar su misión. Están atados a un modelo que ya no sirve a su propósito original. Y si estás en una de *esas iglesias*, conocerás la grave frustración que significa verla convertirse en cada vez menos atrayente mientras que los miembros le dan la espalda al mercado y maldicen a nuestra cultura tan irreligiosa. Si estás en una de *esas iglesias*, esta cita de Jim Collins tal vez te haga preguntarte si él ha estado mirando por encima de tu hombro:

> Cuando las instituciones no saben distinguir entre las prácticas del presente y los principios perdurables de su éxito, y se fosilizan erróneamente alrededor de sus prácticas, se han puesto ellas mismas en el camino de la decadencia[61].

¿Cómo lo supo? Dudo seriamente que necesites ayuda para contextualizar esta idea de Jim. Pero por detenernos aquí un momento, lo voy a expresar de nuevo con nuestros términos:

Cuando una *iglesia* no sabe distinguir entre su *modelo* del presente y la *misión* a la cual fue llamada, y se fosiliza erróneamente alrededor de su *modelo*, esa iglesia se pone ella misma en el camino a la decadencia.

Tal vez deberías imprimir esas palabras en una tarjeta para cada uno de tus ancianos o miembros de la junta, distribuírsela la próxima vez que se reúnan y hablar sobre ella durante una hora más o menos. O tal vez no.

Aunque no estés en una de *esas iglesias*, estás en una iglesia que corre el riesgo de enamorarse tanto de un modelo, que abandone accidentalmente su misión. Todos vivimos y dirigimos al borde de esa posibilidad. Es la naturaleza misma de lo que hacemos. Así que permíteme que sea muy directo. Y puedes estar seguro de que no estoy apuntando hacia nadie. Esto es algo acerca de lo cual hablamos todo el tiempo en North Point.

Cásate con tu misión.

Ten citas con tu modelo.

Enamórate de tu visión.

Mantente ligeramente enamorado de tu enfoque.

SIN EXCEPCIONES

Cada vez que reto a los líderes de la iglesia a tener *citas con su modelo* y *casarse con su misión*, me encuentro haciendo mi propio inventario personal. ¿Con qué es con lo que estoy más comprometido... en realidad? ¿Sobre qué se siente más apasionado nuestro equipo... en realidad? ¿La perpetuación del modelo que creó nuestro equipo, o la creación de iglesias a las que les encante asistir a las personas sin iglesia? Podría llegar un día en el cual nuestro modelo actual entre en conflicto con la misión que hemos proclamado tener. Cuando llegue ese día, nos sentiremos peligrosamente cómodos con *la forma en que hacemos las cosas aquí.*

De manera que hablamos todo el tiempo acerca de esta dinámica. No queremos pasar ni un solo día manteniendo un modelo que ya no esté funcionando. No queremos convertirnos en guardianes del enfoque de una generación anterior con respecto al ministerio, ni siquiera si somos *nosotros mismos* esa generación anterior que lo creó. Sabemos que llega un momento en el cual todas nuestras ideas nuevas e innovadoras se convertirán en institucionalizadas. Muchas de ellas ya lo han hecho. Al final, ya no seguirán reflejando *la mejor manera* de llevar adelante el ministerio. Sencillamente serán *nuestra manera.* Cuando llegue ese día, nos tocará a nosotros decidir: ¿Queremos ser los guardianes de un modelo, o queremos ser una iglesia a la que le encante asistir a la gente que no tiene iglesia?

David McDaniel, director de Strategic Partner Churches, es nuestro experto en los lugares para los vídeos en nuestros multisitios. Yo estaba en una sesión de preguntas y respuestas con David cuando alguien preguntó lo siguiente: «¿Por cuánto tiempo puede sobrevivir una iglesia a base de predicar con vídeos? ¿Hay un plan para llevar a nuestras iglesias a la predicación en vivo?». El caballero que hacía la pregunta estaba buscando un marco de tiempo, lo cual era perfectamente comprensible. Nunca olvidaré la respuesta de David. Esto fue lo que dijo: «Cuando sintamos que la enseñanza por medio de vídeos ya no es un medio efectivo de *guiar a la gente a una relación creciente con Jesucristo* en esa iglesia en particular, haremos la transición hacia un comunicador en vivo».

Era la respuesta correcta.

Era la respuesta correcta, porque David le dio prioridad a la misión por encima del método. Cuando la predicación por medio de vídeos ya no sirva a la misión de nuestra iglesia, tendrá que desaparecer. Solo será otro sofá viejo y feo que alguien tendrá que sacar a la calle.

No obstante, estoy seguro de que podría hallar lugar para uno o dos proyectores en mi sótano.

Uniendo los puntos

En el mundo de la iglesia, la resistencia ante los cambios se produce sobre todo alrededor de cualquier intento por modificar o eliminar la programación. Como sabes, es en la programación donde las iglesias se quedan atrapadas en una época y van languideciendo hasta que se acaba el dinero. Así que en algún momento, te vas a ver forzado a enfrentarte a la necesidad de hacer cambios en la programación de tu iglesia. Durante el resto de este capítulo, te voy a proporcionar terminología y una sola pregunta catalizadora para facilitar tu presentación de los mensajes.

La programación en sí no es una isla. Así que para comenzar nuestra explicación, y para armarte de manera que comiences tu propia explicación, veamos cuatro componentes del ministerio de las iglesias, y específicamente la relación que hay entre ellos.

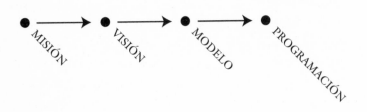

Hay docenas de maneras de definir y explicar la misión y la visión. Ya hemos hablado brevemente de ambas. Para nuestros propósitos, piensa en la **Misión** como el conjunto de imperativos no negociables relacionados con *la iglesia*, la iglesia en general. Para nosotros, es hacer discípulos. O en nuestra terminología, *guiar a la gente a una relación creciente con Jesucristo*. Tal vez tu tribu vea la misión de la iglesia de una manera diferente o más amplia.

Considera la **Visión** como la contribución de tu iglesia local, o tal vez institución paraeclesiástica, a la misión general de *la iglesia*. Las organizaciones como Compassion International, Fellowship of Christian Athletes y Samaritan's Purse, contribuyen a la misión de *la iglesia*. Pero no de la misma manera; no dirigidas a la misma audiencia, y no de igual forma que una iglesia local. Los seminarios y las casas editoras también contribuyen. Sin embargo, su visión es diferente a la de una iglesia local. Nuestra contribución a la misión de *la iglesia* es crear iglesias a las que les encante asistir a los que no tienen iglesia. Estoy totalmente seguro de que ya sabes eso a estas horas.

El **Modelo** de una iglesia es esencialmente el marco que escoge o crea una iglesia o denominación para hacer avanzar su visión específica. El modelo es el principio organizativo o el tema general bajo el cual opera la programación. Un modelo abarca todos los programas de una iglesia. Cada iglesia tiene un modelo, pero no todas las iglesias saben cuál es su modelo. Muchas iglesias han aceptado sin saberlo el modelo de *Mientras más, mejor*. Ese es el modelo en el que se añaden continuamente más programas, con la esperanza de que haya algo que funcione. Otras iglesias usan el modelo de *¿Qué está haciendo la iglesia grande que hay al final de la calle?*, el cual no necesita explicación. Son demasiadas las iglesias que utilizan el modelo del *Sabor de la semana*. Ese es el modelo en el cual el pastor asiste a una conferencia, escucha hablar de una moda nueva que está funcionando en otro lugar del país, y entonces vuelve a casa y lo atornilla en todas las demás cosas que la iglesia ya está haciendo. Está el modelo de la *Adoración*, en el cual la mayor parte de los recursos y la energía están dedicados a las reuniones de fin de semana. Cada iglesia importante tiene su propio modelo, y la ventaja es que cuando las personas se mudan, pueden hallar una iglesia parecida a la iglesia que dejaron atrás. Desde el principio, nosotros aceptamos un modelo de *Grupos*. Todo lo que hacemos está pensado para insertar a la gente en grupos pequeños.

Y esto nos lleva finalmente a la programación.

La **Programación** es escogida o creada para facilitar un modelo concreto, lo cual a su vez facilita la visión de la iglesia. O al menos, así es como deberían funcionar las cosas. Toda programación es creada originalmente como un medio para obtener un fin. El problema, tal como ya hemos visto, es que con el tiempo los líderes se olvidan del fin, porque se han enamorado del medio. Pero si guías a aquellos de tu iglesia que influyen sobre los demás, de manera que adopten la perspectiva que estoy a punto de explicarte, les vas a hacer más fácil romper su enamoramiento con un enfoque específico del ministerio.

La mejor manera de pensar acerca de la programación, y tal vez el mejor contexto para hablar de ella con tus líderes, consiste en pensar en cada programa como la respuesta a una pregunta que comience con estas palabras: «*¿Cuál es la mejor manera de* _____?». Prácticamente toda la programación de las iglesias fue introducida originalmente para responder esa pregunta sobre *cuál es la mejor manera*. Este concepto es en extremo importante, y lo debes mantener al frente y en el centro de todo cuando desarrolles tu estrategia para el cambio.

Enfocar la programación desde este ángulo es una de las mejores formas de asegurarse de que haya un alineamiento entre la *visión* y la *actividad*. ¿Por qué? Porque las preguntas, a diferencia de las declaraciones de misión o las proposiciones sobre valores, exigen una respuesta. Las preguntas tienen el potencial de despertar las emociones. Las preguntas ponen al descubierto las debilidades y las fallas en cualquier modelo de ministerio o enfoque de la programación. Conversa con tus líderes acerca de una lista de preguntas sobre *cuál es la mejor manera de hacer algo*, y hay una alta probabilidad de que ellos mismos vean las debilidades y los puntos fuertes de tu programación presente sin que tú los tengas que señalar.

Por ejemplo, nuestro modelo de los *Grupos* exige que luchemos constantemente con preguntas como estas:

- ¿Cuál es la mejor manera de asimilar a los adultos en los grupos pequeños?
- ¿Cuál es la mejor manera de hallar y entrenar a los líderes de grupos?
- ¿Cuál es la mejor manera de asimilar a los niños y a los adolescentes en los grupos?
- ¿Cuál es la mejor manera de presentarles a los recién llegados lo que es la vida de grupo?
- ¿Cuál es la mejor manera de presentarles la vida de grupo a los que andan buscando y a los que regresan?

Nosotros evaluamos la programación sobre la base de lo bien que sirva a nuestra meta de involucrar a los miembros y asistentes en la vida de los grupos. Un programa debe ser un grupo, preparar a la gente para la vida de grupo, o servir como un paso *fácil*, *obvio* y *estratégico* para entrar al grupo.

Después de esto están las preguntas más amplias a las que se deben enfrentar todas las iglesias.

Preguntas como estas:

- ¿Cuál es la mejor manera de presentarles el evangelio a los niños?
- ¿Cuál es la mejor manera de darles a los adolescentes una cosmovisión bíblica?
- ¿Cuál es la mejor manera de equipar a las parejas para que tengan un matrimonio saludable?
- ¿Cuál es la mejor manera de hacer que los que solo asisten a la iglesia participen en la comunidad?
- ¿Cuál es la mejor manera de motivar y entrenar a los padres para que se responsabilicen con el desarrollo espiritual de sus hijos?
- ¿Cuál es la mejor manera de preparar a las parejas de prometidos para el matrimonio?
- ¿Cuál es la mejor manera de reclutar y entrenar voluntarios?
- ¿Cuál es la mejor manera de ayudar a los que asisten a los cultos a entender su responsabilidad global?

Una vez que los líderes de la iglesia sean capaces de ver cada programa de tu iglesia como una respuesta a una pregunta concreta sobre *cuál es la mejor manera de lograr algo*, les será más fácil desprenderse de la forma en la que se han hecho siempre las cosas. ¿Por qué? Porque aunque las preguntas son transgeneracionales, las respuestas no lo son. Las preguntas siguen siendo las mismas; en cambio, las respuestas cambian. Poner al descubierto el conflicto entre estas preguntas críticas y tu programación actual es una manera poderosa de preparar a tu gente para un cambio.

La institucionalización de las respuestas

Todas las iglesias gravitan hacia la institucionalización de sus respuestas a estas preguntas. Una programación que es introducida en un inicio como una respuesta culturalmente relevante a una pregunta perpetua, a la larga termina definiendo a la iglesia. Se convierte en parte del *esto es lo que nosotros somos*. Explicarles esta dinámica a tus líderes y proporcionarles un contexto útil en el cual batallar con estas cuestiones es algo que va a ser de gran ayuda para que ellos piensen fuera los límites actuales de tu programación. Insistir en que tus líderes y las personas de influencia de la iglesia continúen enfrentándose a preguntas como estas, asegurará que tu iglesia se resista a la atracción de la gravedad hacia la institucionalización de tus respuestas.

Es natural dar por sentado que aquello que funcionó en el pasado seguirá funcionando para siempre. No obstante, por supuesto, esa manera de pensar es mortal. Y mientras más tiempo pase sin que nadie se le enfrente, más difícil de identificar y erradicar será.

Richard J. Harrington y Anthony K. Tjan escriben lo que sigue:

Los supuestos que un equipo ha sostenido durante más tiempo, o con mayor profundidad, son los que con mayor seguridad se convertirán en su desgracia. Algunas creencias han llegado a parecer tan evidentes, que se encuentran fuera de los límites de todo debate[62].

¿Captaste esas últimas palabras? En nuestro menú de programas, nada debería hallarse jamás exento de toda posibilidad de debate. ¿Por qué? Como dijimos antes: «Toda innovación tiene una fecha de expiración. En algún punto, lo *nuevo* ya ha dejado de ser *nuevo*». Junto con una visión claramente expresada, es crítico que ayudes a tu equipo a comprender la relación dinámica existente entre misión, visión, modelo y programación para poder introducir cambios. Estas relaciones sirven como contexto en tus discusiones. Por supuesto, tu meta debería ser la creación de una cultura de iglesia que esté tan centrada en su visión, que haya mayor ansiedad en cuanto a la posibilidad de perder el enfoque, que en cuanto a hacer cambios. Pero para ser una organización centrada en su visión, se requiere *más* que la visión. Y ese *más* es el que me ha hecho perder más partidarios entre los pastores, predicadores y maestros, que ninguna otra cosa.

Por eso lo dejé para lo último.

Capítulo catorce

DIRIGIDO A DIRIGIR

Si has estado trabajando en la iglesia durante cinco años o más, dudo seriamente que haya algo del capítulo anterior que te haya tomado por sorpresa o te haya causado una sacudida. Creo que la mayoría de los líderes de las iglesias estarían de acuerdo con mi premisa. Nunca he conocido a un líder de iglesia que se haya sentido llamado a mantener un modelo que funcionaba bien hace veinte años, pero que ha dejado de causar un impacto hoy. Nadie quiere trabajar en una iglesia que se aferre a un enfoque que en realidad, no haga progresar su misión o su visión. La mayoría de los líderes de las iglesias son lo suficiente intuitivos como para saber cuándo algo está funcionando y cuándo no. Y eso nos lleva a una pregunta que hay necesidad de hacerse: ¿Por qué no hemos hecho algo todavía al respecto?

¿Por qué no hay más pastores que sean más intolerantes con lo que no funciona? ¿Por qué son tantas las iglesias que carecen de visión? ¿Por qué el Gran Mandamiento y la Gran Comisión no les dan forma a todas las decisiones de programación que tomemos y a cuanto dólar gastemos? ¿Por qué las iglesias esperan hasta que se produzca una crisis financiera para comenzar a hablar de hacer cambios?

Hablar en tercera persona es formidable, ¿no es cierto?

¿Por qué permites *tú* que sean una programación estancada y unos modelos pasados de moda los que definan a tu iglesia? ¿Por qué *tú* esperas hasta que se presente un problema en las finanzas antes de sugerir que se hagan cambios? ¿Hay alguien de tu iglesia que esté leyendo este capítulo y preguntándose por qué tú no intervienes y haces algo?

Son muchas las dinámicas que contribuyen a esta epidemia que aflige a la generación presente. Quiero llamar tu atención hacia aquello que estoy convencido que es el principal culpable. Si durante los próximos párrafos descubres que estás discutiendo conmigo, lo entiendo. Cada vez que enseño este material, recibo rechazos. Todo lo que te pido es que prestes suma atención a aquello que es exactamente lo que te molesta de entre lo que te voy a sugerir. Porque mientras tú estás discutiendo conmigo en tu mente, otro grupo tiene que hacer una pausa cada vez que acaba de leer varias frases para dar saltos mortales por toda la habitación. Mientras tú estás pensando: *¡No puedo creer que él esté diciendo esto!*, el otro grupo está pensado: *¡Por fin alguien lo está diciendo!*

Así que allá vamos.

La razón primaria por la cual las iglesias se aferran a modelos y programas pasados de moda es que les falta liderazgo. Para que una organización se mantenga centrada en su visión, es necesario que la guíen un líder o unos líderes que estén centrados en esa visión. El problema está en que las juntas de las iglesias raras veces reclutan y contratan líderes. Reclutan y contratan pastores, predicadores y maestros para que sean sus líderes. Pero los pastores, los predicadores y los maestros están entrenados y dotados para... ya lo adivinaste... pastorear, predicar y enseñar. En la mayoría de las iglesias se espera del hombre o la mujer que tiene la responsabilidad de predicar que lleve sobre sí también el mando del liderazgo. Esto es cierto, tanto si esta persona está dotada y ha sido entrenada para guiar, como si no.

Yo asistí a un seminario altamente respetado durante cuatro años. ¿Sabes cuántas asignaturas sobre liderazgo me exigía el seminario que estudiara? Me imagino que ya lo sabes. Ninguna. Ni una sola. Y mi título era *el* título destinado a los que se sentían llamados a guiar una iglesia local. Peor que el hecho de que no se enseñaba liderazgo era el mensaje que esto llevaba implícito: *El liderazgo no es importante. Si conoces la Biblia, ya conoces todo lo que necesitas conocer para guiar a una iglesia local.* Pero conocer la Biblia no convierte a nadie en líder. Varios años después de mi graduación, el seminario añadió un conjunto de asignaturas relacionadas con el liderazgo. Y yo aplaudí esa mejora. Pero he aquí el reto: Enseñarles liderazgo a los líderes da por resultado unos líderes mejores. Enseñarles liderazgo a los pastores, predicadores y maestros tiene por resultado unos pastores, predicadores y maestros que han estudiado un curso de liderazgo. Ese curso de liderazgo los podrá hacer mejores, pero no los convierte en líderes.

Los pastores, predicadores y maestros que no están bien dotados en el aspecto del liderazgo ponen el liderazgo en manos de la *administración*. En el mejor de los casos, toman lo que se les ha entregado y lo cultivan, lo protegen, lo defienden y, en algunos casos, lo mejoran. En el peor de los casos, se centran en las labores de pastorear, predicar y enseñar, y delegan las decisiones clave del liderazgo a los comités. Sienten reticencia en cuanto a salirse de las líneas para las cuales fueron contratados. Para ellos no es intuitivo ni cómodo abandonar el enfoque que heredaron, a fin de guiar hacia una nueva dirección. Por consiguiente, terminan casados con el modelo dentro del cual fueron contratados.

¡Espera un poco!

El rechazo que por lo general recibo cuando enseño acerca de este tema suele ser algo como esto: «Los autores del Nuevo Testamento usan los términos *pastor, anciano* y *obispo* para describir a los que supervisan a la iglesia. Se mencionan muy pocas veces los términos *líder* y *liderazgo* en el Nuevo Testamento». Además de esto, es frecuente que me recuerden los problemas y los abusos asociados al liderazgo pionero.

Aquí es importante recordar algo que ya dije antes: Si quieres saber lo que la gente quiere decir con lo que dice, observa lo que hace. Las acciones no solo hablan más alto que las palabras, sino que también interpretan las palabras de la persona. Si queremos saber lo que nuestros modelos del siglo primero querían decir con lo que dijeron, debemos prestar suma atención a lo que hicieron. En la arena de la iglesia, Jesús y el apóstol Pablo son aquellos que nunca podemos perder de vista.

Pablo, por medio de Lucas, instruyó a los ancianos de Éfeso diciéndoles:

> Tengan cuidado de sí mismos y de todo el *rebaño* sobre el cual el Espíritu Santo los ha puesto como obispos para *pastorear* la iglesia de Dios, que él adquirió con su propia sangre. (Hechos 20.28, énfasis del autor)

Si quieres saber lo que quiso decir Pablo cuando habló de funcionar como pastor de la iglesia de Dios, síguelo a lo largo del libro de los Hechos y toma nota de lo que *hizo*. ¿Hay algo en el enfoque del apóstol Pablo acerca del ministerio que te recuerde nuestra versión del siglo veintiuno sobre lo que es un pastor? Cuando lees las epístolas de Pablo, ¿qué te viene a la mente? ¿El pastor promedio? Tal vez seamos culpables de definir la terminología de Pablo a partir de nuestro enfoque del ministerio correspondiente a los siglos veinte y veintiuno, en lugar de compararla con lo que él hizo en realidad.

En una ocasión, después de haber enseñado acerca de este tema, un pastor que estaba en el público levantó la mano y me preguntó: «Andy, si Dios hubiera querido que la iglesia fuera dirigida por líderes, de la manera en que tú defines el *liderazgo*, ¿por qué escogió Jesús pescadores sin estudios, recaudadores de impuestos y gente obrera común y corriente para que guiaran a la iglesia en sus primeros tiempos? ¿Por qué no escogió personajes con estudios y sofisticados como los fariseos?».

Buena pregunta.

Yo sonreí y le dije: «En realidad, él *sí* escogió a un fariseo. Y ese fariseo realizó la mayor parte del trabajo. A cambio de esto, pudo escribir la mayor parte del Nuevo Testamento».

¿Alguna vez habías pensado en esto?

He aquí lo que sucedió, lo mejor que yo me lo puedo imaginar. Después que Jesús ascendió a los cielos, el Padre le dijo: «Esos hombres que tú escogiste son gente realmente estupenda. Pero no van a hacer gran cosa. En verdad, no van a "ir al mundo entero". Lo más probable es que se queden en Jerusalén y le enseñen a todo el que esté interesado. Así que quiero que regreses y encuentres a alguien que tenga capacidades de líder, y pueda equipar a hombres y mujeres que a su vez guíen y equipen a otros hombres y mujeres. De lo contrario, esta cosa no va a sobrevivir al siglo primero. Necesitamos alguien con pedigrí. Alguien al que la gente tome en serio. Necesitamos alguien que no tenga miedo de correr grandes riesgos».

Así que Jesús regresó y le siguió el rastro al fariseo con mayores estudios, más conexiones políticas, de pedigrí, celoso y de los que no aceptan un no por respuesta en todo el país. Y como si eso fuera poco, ¡era ciudadano romano! Entonces lo reunió con un médico, no un pescador sin estudios, y juntos visitaron todos los puertos principales en el borde del Mediterráneo. Tras sí, fueron dejando toda una sarta de pequeñas *ekklesías* formadas por creyentes, tanto gentiles como judíos. Estos creyentes se convirtieron en el núcleo de la iglesia.

Eso sí que es *pastorear* en serio.

Es algo muy extraño. Cuando del liderazgo en la iglesia se trata, muchas veces le restamos enseguida su importancia a cosas como los estudios y los dones personales. A los evangélicos en particular les encanta hablar de «llamado» y «unción». ¿Te has detenido alguna vez a pensar en el hecho de que el apóstol Pablo tenía todas esas cosas que nosotros le aseguramos a la gente que no necesita para que Dios la use? Decimos cosas tan absurdas como: «¡Lo que importa no es tu capacidad, sino tu disposición!». ¿De veras? Tú no escogerías a un cirujano a partir de esos criterios, ¿no es cierto? «¡Oiga! ¿Puede dedicarme unos minutos para quitarme el apéndice?».

Sí, Dios usa a los que no tienen estudios para confundir a los sabios. Pero eso no convierte a la ignorancia en una virtud. Sí, en el momento en que necesites saber qué debes decir, el Espíritu de Dios te puede traer a la mente las palabras correctas. Pero eso no es un argumento contra la preparación. ¿O sí?

Sostener las excepciones como si fueran la regla no solo es una necedad, sino que es contrario a las Escrituras. ¿Puede usar Dios a cualquiera que él decida usar? Por supuesto. Pero cuando estamos pensando en nuestras responsabilidades, nos vendría bien buscar los textos de las Escrituras que hablan de las reglas, y no de las excepciones a las reglas. Y Pablo no lo habría podido decir con mayor claridad. He aquí su manera de pensar en cuanto a quién debe hacer qué:

> Tenemos dones diferentes, según la gracia que se nos ha dado. Si el don de alguien es el de profecía, que lo use en proporción con su fe; si es el de prestar un servicio, que lo preste; si es el de enseñar, que enseñe; si es el de animar a otros, que los anime; si es el de socorrer a los necesitados, que dé con generosidad; si es el de dirigir[63], que dirija con esmero; si es el de mostrar compasión, que lo haga con alegría. (Romanos 12.6–8)

La versión corta de todo esto: *En la iglesia, haz aquello para lo cual Dios te ha dotado*. En la iglesia, no gastes una gran cantidad de tiempo y de energía tratando de hacer algo para lo cual Dios no te ha dotado. No lo vas a hacer bien. Si has sido dotado para dirigir, ¡dirige! Diligentemente. ¡Con esmero! Pablo creía que la iglesia necesitaba que la dirigieran. Él tenía motivos para saberlo. ¿Y captaste lo que dijo acerca del *llamado* y de la *unción*? Sí, yo tampoco lo encuentro aquí.

Al parecer, debemos funcionar de acuerdo con nuestros dones.

Pablo era líder. Era líder incluso antes de convertirse en seguidor de Cristo. La capacidad es importante. Los dones son importantes. Jesús escogió un líder bien dotado para que guiara a la iglesia hacia fuera del mundo predecible, y por un tiempo cómodo, del judaísmo.

EL BUEN PASTOR

Si quieres saber lo que Jesús quería decir con lo que dijo, presta atención a lo que hizo. Si quieres saber lo que Jesús quería decir cuando habló acerca de ser el buen pastor, basta que lo sigas a lo largo de los

Evangelios. Amárrate el cinturón de tu asiento. Un día, Jesús invitó a un hombre a unírsele, y aquel caballero le contestó: «Señor [...] primero déjame ir a enterrar a mi padre»[64]. ¿Recuerdas la respuesta del buen pastor? No fue muy pastoral, de acuerdo con nuestra manera típica de definir lo que es *pastoral*, ¿no es cierto?

Jesús le dijo: «Deja que los muertos entierren a sus propios muertos, pero tú ve y proclama el reino de Dios»[65].

Entonces otro caballero, que al parecer no estaba prestando atención a la conversación, comentó: «Te seguiré, Señor; pero primero déjame despedirme de mi familia»[66]. Jesús, el buen pastor, le contestó: «Nadie que mire atrás después de poner la mano en el arado es apto para el reino de Dios»[67]. Traducido sería: *No estás preparado para ser seguidor mío*. Está claro que Jesús necesitaba un poco más de entrenamiento pastoral. O tal vez nosotros hayamos entendido mal lo que significa pastorear la iglesia. Si los Evangelios son un registro fiable de lo que Jesús dijo e hizo, me siento tentado a llegar a la conclusión de que el buen pastor era un gran líder. No se contentó con reorganizar y mejorar lo que ya existía, sino que introdujo algo nuevo y estableció líderes para que terminaran lo que él había comenzado.

HAZ UN INVENTARIO

Ahora, lo que estoy a punto de decir es duro. Pero estoy convencido de que es cierto. Si nadie te está siguiendo, si te sientes incómodo cuando le dices a la gente que te siga, si la única gente que te sigue es aquella que tú desearías secretamente que siguieran a otro, no deberías ser tú quien introdujera y llevara a cabo los cambios en tu congregación local. Los cambios exigen visión. La visión sostenida exige liderazgo. El liderazgo es un don. ¿Te puedes volver un líder mejor? Sí. Todos podemos mejorar prácticamente en todo. Pero eso en realidad no es relevante para lo que estamos hablando ahora. Los cambios exigen visión. La visión sostenida exige liderazgo. El liderazgo es un don. Si tú lo tienes, Pablo te diría que *dirigieras con esmero*. Si no lo tienes, descubre los dones con los que Dios te ha bendecido y apóyate en ellos con todo el corazón. Encuentra una posición dentro del personal que te permita operar a partir de tus puntos fuertes. Ese es el modelo bíblico. A las iglesias y a los líderes de iglesias que organizan y operan alrededor de esa premisa, les va bien. A los que no, no.

Así que, mientras analizas los cambios que sientes que se necesitan hacer en tu contexto actual, decide primero si eres tú o no quien debe dirigir esos cambios. Haz un inventario personal. Un inventario sincero. Tengo la corazonada de que eso es lo que has estado haciendo a lo largo de todo este capítulo. Si has estado discutiendo conmigo en tu mente, y escribiendo objeciones en el margen del libro, tal vez no seas el que debe dirigir los cambios. Si te sientes más cómodo resolviendo problemas que lanzando una visión, vas a pasar tiempos difíciles. Si basta el pensamiento de fijar una reunión con las personas influyentes clave de tu iglesia para evaluar tu modelo y tu programa para que se te revuelva el estómago, no lo hagas. Si eres contrario a los conflictos o a los riesgos, no hay necesidad de que comiences un proceso que tal vez no vayas a terminar. Te va a ir mejor administrando lo que se te ha entregado y orando para que Dios levante un líder que desafíe al statu quo e introduzca los cambios. Tus observaciones acerca de lo que hace falta cambiar podrían ser muy acertadas. Sin embargo, es posible que no debas ser tú quien guíe el proceso.

NUESTRA FORMA

Lo que estamos hablando me recuerda una conversación que tuve con un pastor de nuestra comunidad. Su iglesia estaba buscando un pastor estudiante. Él comenzó la conversación quejándose de la persona que había estado antes en ese puesto. Se sentía frustrado porque su ex empleado había sido incapaz de atraer a los estudiantes de secundaria de nuestra comunidad. Yo le pedí que describiera el enfoque que tenía su iglesia en cuanto al ministerio con los estudiantes. Cuando le sugerí que el problema podría ser un *algo*, más que un *alguien*, sentí que se me resistía. Le sugerí que su iglesia volviera a pensar su modelo para el ministerio con los estudiantes antes de contratar a otro pastor estudiante. Además, le recomendé que se sentara con uno de nuestros directores del ministerio con los estudiantes para que este le hiciera algunas sugerencias sobre la forma en que su iglesia podía modificar o reestructurar su modelo a fin de hacerlo más favorable para la cultura de los estudiantes.

En sus propias palabras me dijo: *No tiene sentido que analicemos la forma en que enfocamos el ministerio con los estudiantes. Esta es la manera en que nosotros lo hacemos en la iglesia* _____.
No alegó que su enfoque fuera el mejor. Ese no era el problema. Era evidente que no tenía la energía o el interés que se necesitaban para repensar su enfoque. Era demasiado complicado. En su denominación, los cambios de programa exigían que se presentara ante un comité y defendiera su posición. Sencillamente, no tenía deseos de hacerlo. Demasiada burocracia. Él quería alguien que hiciera funcionar el enfoque de *ellos* lo mejor posible. Lo que yo entendí que decía era: *Conservar nuestro modelo es más importante que alcanzar a los estudiantes de nuestra comunidad.* Fue cortés, pero directo. «¿Por qué le habría yo de recomendar a alguien a quien respeto que se una a un personal de iglesia que se ha casado con un modelo que incluso el personal mismo sabe que no es el mejor enfoque?». Él lo sabía. Pero no estaba dispuesto a tratar de *guiar* a su iglesia en una dirección distinta. Se contentaba con *administrar* lo que había heredado.

Por fortuna, hay excepciones.

Muchas.

Si te sientes aliviado, como que tal vez al fin y al cabo no estás tan loco, entonces es probable que seas una de esas excepciones.

Tal vez lo mejor que tenga la explosión actual en la fundación de iglesias sea que está atrayendo a más líderes al campo del liderazgo en la iglesia. A los líderes no les importa despertarse todos los días con sus propios problemas. Tienen poca paciencia en cuanto a mantener problemas que ha dejado atrás una generación anterior. La fundación de iglesias les proporciona a los líderes oportunidades para crear sus propios desafíos. Les proporciona oportunidades para dirigir. No todo el mundo tiene la oportunidad de crearse sus propios problemas. La mayoría de nosotros somos llamados a meternos en un lugar donde tenemos que arreglar los problemas de otros. Si ese eres tú, la mejor manera de adquirir influencia como líder consiste en comenzar a hacer preguntas tácticas. La gente te va a odiar cuando lo hagas.

UNA CULTURA DE PREGUNTAS

Hacer las preguntas correctas (y volverlas a hacer una y otra vez) asegurará el que la visión de tu iglesia se mantenga en el lugar más prominente, mientras que tu programación se mantiene en función de servicio con respecto a ella. Así que, al terminar este capítulo, te voy a dejar siete preguntas que hacen que los administradores huyan a la montaña y los líderes se lancen al combate. Estas son preguntas alrededor de las cuales gira nuestro equipo año tras año en casi todos los niveles de nuestra organización. Nos provocan. Nos irritan. Nos obligan a enfrentarnos a cosas que habría sido más fácil ignorar. Pero al final, nos hacen mejores. Siéntete en libertad para expresarlas de otra manera, para mejorarlas, y después presentarlas como tuyas propias. O bien preséntalas tal como están, y échame a mí la culpa del caos que las va a seguir.

1. **¿Tenemos una declaración de misión o visión que sea transferible?**
   - ¿Saben nuestros miembros y los que asisten a los cultos por qué existimos?
   - ¿Cuál es la norma por la que medimos nuestro éxito como iglesia... realmente?
   - ¿Cuál de estas tres cosas guía la mayoría de nuestras decisiones: alcanzar a la gente, conservar a la gente o pagar las cuentas?

2. **¿De qué nos hemos enamorado que no es tan eficaz como solía serlo?**
   - ¿Qué es lo que nos encanta hacer, pero que en realidad no está funcionando?
   - ¿Qué es lo que no se permite que comentemos?
   - ¿Tenemos algún «sofá viejo» que necesitamos tirar a la basura?

3. **¿Dónde estamos fabricando nuestra energía?**
- ¿Qué estamos promoviendo a lo cual querríamos secretamente no tener que asistir?
- ¿Qué nos encantaría dejar de hacer, pero seguimos haciendo porque tememos las consecuencias del cambio?
- En cuanto a programas, ¿qué estamos haciendo que nunca soñaríamos siquiera en invitar a un amigo a asistir?

4. **Si nos sacaran a todos del grupo de personal y de la junta, y un grupo de fuera (un grupo de líderes que estén comprometidos sin temor alguno con la misión de esta iglesia) ocupara nuestro lugar, ¿cuáles serían los cambios que ellos introducirían?[68]**
- ¿Qué es lo primero que harían?
- ¿A quiénes reemplazarían?
- ¿En qué se negarían a usar el dinero?

5. **¿Qué medimos?**
- ¿Hay una relación natural entre lo que medimos y nuestra misión?
- ¿Hay cosas que deberíamos estar midiendo, que nos dieran una lectura más precisa sobre lo bien que estamos realizando nuestra misión?
- ¿Qué tenemos miedo de medir?

6. **¿Qué celebramos?**
- ¿Hay una relación natural entre lo que celebramos y nuestra misión?
- ¿Hay cosas que deberíamos estar celebrando que ayudarían a reforzar nuestra misión?
- ¿Celebramos algo que refuerza una forma de conducta que no se debería reforzar?

7. **Si de repente nuestra iglesia dejara de existir, ¿nos echaría de menos nuestra comunidad?**

- De ser así, ¿por qué?
- ¿Qué valor es el que traemos nosotros a nuestra comunidad?
- ¿Qué opinión tiene sobre nuestra iglesia la gente ajena a ella?

Así que aquí las tienes: unas preguntas a discutir para tus próximas siete reuniones con tu personal. ¿Hay alguna de ellas que te haga sentir un poco incómodo? Así me hacen sentir a mí. Me hacen sentir incómodo porque me obligan a echar una mirada sincera sobre la realidad presente. Esas preguntas son las que impiden que me mienta a mí mismo. Me obligan a dirigir con la mano abierta. Me recuerdan que no hay piloto automático ni control de velocidad para aquellos que se han comprometido a guiar a una iglesia local. Esas siete preguntas me llevan de vuelta a algo que escribí hace años, y que tiendo a olvidar: *Escribe tu visión con tinta; todo lo demás, escríbelo con lápiz. Los planes cambian. La visión sigue siendo la misma.*

Así que, líder de iglesia, seamos la generación que hace las preguntas difíciles y las responde con sinceridad. Seamos la generación modelo para la próxima generación de lo que significa casarse con una misión que honra a Dios, al mismo tiempo que nos mantenemos ligeramente enamorados de nuestros métodos y modelos. Me encanta lo que dice mi amigo Craig Groeschel: «Para alcanzar a la gente que nadie más está alcanzando, tenemos que hacer cosas que nadie más esté haciendo». Suena bien. Pero es necesario que sepas esto: Nunca vas a administrar, supervisar ni pastorear a tu congregación para que adquiera esa mentalidad. Vas a tener que *guiarlos* hasta ella. ¡Y el hecho de que te hayas quedado conmigo hasta este punto es un buen indicio de que tú eres el indicado para hacerlo!

¿Y SI?

Es domingo por la tarde. Estoy exhausto. Todos los comunicadores de fines de semana conocen esa sensación. Fue un buen día. Bautizamos en todas nuestras iglesias de la zona de Atlanta. El bautismo siempre es algo emocionante para mí. Las historias son inspiradoras. Escuchar mientras nuestra congregación anima a los que proclaman en público su fe es algo irresistible. Y entonces está también esa mirada que me da Sandra. Es una mirada que me comunica algo que ella solo ha expresado con palabras una vez. Ahora, sus ojos lo dicen todo.

Esta comunicación sin palabras comenzó hace años, después de una historia de bautismo particularmente conmovedora. Barry tenía más de treinta años. Había tenido que salir adelante a través de las complejidades que trae consigo el crecer sin un padre. Dejó de asistir a la iglesia siendo adolescente, cuando su madre ya no lo pudo seguir obligando a ir. Se dedicó prácticamente a casi todos los vicios imaginables. Se casó temprano. Tuvo un par de hijos. Estaba a punto de destruir su familia, cuando alguien de su vecindario los invitó a asistir a North Point. Él no estaba interesado en absoluto. Pero su esposa sí. Así que ella asistió. Y le encantó. Y a sus dos hijos les encantó también. Fueron ellos los que terminaron convenciendo a Barry para

que le diera una oportunidad a nuestra iglesia. Aun entonces, insistió en que vinieran en autos separados, en caso de que él decidiera
marcharse temprano. El resultado fue que llegó tarde. No trató de
encontrar a su esposa. Estaba allí solamente para cumplir lo que
había prometido. Así que se fue directamente a nuestro centro de
adoración en busca de un asiento en una de las filas del fondo, tan
cerca de la puerta como le fuera posible. Pero lo que Barry no sabía
era que nosotros lo estábamos esperando.

No; nadie nos llamó para decirnos que él vendría. Nosotros
somos una iglesia para gente sin iglesia. Damos por sentado que
cada semana se nos aparecen personas como Barry. En realidad,
habíamos diseñado el lugar para los Barrys de este mundo. Siempre estábamos alertas esperándolos. Así que cuando uno de los
miembros de nuestro equipo de anfitriones vio a un caballero que
estaba solo y se veía un poco perdido, incómodo y manifestando
una actitud que decía: *No me hablen; en realidad, yo no quiero estar
aquí*, hizo lo que nuestro equipo de anfitriones sabe hacer mejor.
Se le presentó y lo llevó hasta la segunda fila. Nosotros siempre
guardamos unos cincuenta asientos en el frente para gente como
Barry. Hace mucho tiempo que aprendimos que la gente que se
presenta temprano para conseguir los mejores asientos es la gente
que menos los necesita. Así que les guardamos asientos a los que
llegan tarde. Como ya dije antes, no es justo con la gente que llega
temprano el que nosotros les guardemos asientos a los que llegan
tarde. Pero la gente de nuestras iglesias que ha abrazado nuestra
visión se alegra de que nosotros les guardemos asientos a las personas que más los necesitan.

El domingo que asistió Barry, estábamos en medio de una serie
llamada *Fight Club* [El club de las peleas]. Estábamos hablando de lo
importante que era pelear por las relaciones que son las más valiosas
en nuestra vida. Como explicaba Barry en el vídeo de su bautismo: «Fue como si una luz se hubiera encendido dentro de mí». De
manera que una decisión al azar de asistir a la iglesia para quitarse
de encima a su esposa y a sus hijos, se convirtió en una cita divina.
Seis meses más tarde, Barry y su esposa fueron bautizados. Cuando

Barry salía del agua y nuestra congregación comenzaba a gritar aclamaciones, Sandra se volvió a mí con lágrimas en los ojos y me susurró: «¿Y si nunca nos hubiéramos marchado?».

Había muchas cosas dentro de aquella pregunta. ¿Y si nunca hubiéramos dejado la seguridad de una iglesia bien establecida, con un futuro repleto de posibilidades? ¿Y si no hubiéramos dicho que sí al impulso que sentimos los dos en el Café Silver Spoon después de salir de la clínica de un neurólogo hace ya tantos años? ¿Y si nos hubiéramos limitado a aceptar la primera oferta de un buen trabajo que se nos presentara? ¿Y si hubiéramos tomado el camino más fácil de crear una iglesia parecida a las iglesias donde habíamos crecido? ¿Y si, y si, y si? Es una pregunta inefable, porque nos trae a la mente de inmediato todo lo que nos habríamos perdido, si hubiéramos escogido quedarnos en lugar de marcharnos. Pero lo más importante de todo, es que nos hace preguntarnos qué se habrían perdido esos miles de hombres, mujeres y niños que han sido conectados, o vueltos a conectar, con su Padre celestial por medio de nuestras iglesias. ¿Habría invitado alguien a la familia de Barry a una iglesia? ¿Habría existido alguna iglesia a la cual se le pudiera invitar? Nadie conoce la respuesta a estas preguntas. Pero por haber formado parte del grupo en el que decidimos que íbamos a hacer todo lo que estuviera a nuestro alcance para crear una iglesia pensada para gente como Barry, no podemos menos que hacernos esa pregunta. Así que hoy, durante los bautismos, cuando Jake, un jovencito de décimo grado de la escuela secundaria de Alpharetta, describió cómo su fe en Dios y los miembros de su pequeño grupo le habían dado la fortaleza que necesitaba para salir adelante después del suicidio de un amigo muy querido, Sandra me volvió a mirar de esa manera. ¿Y si?

BRIANNA

Algo más sucedió hoy. Una niña de siete años llamada Brianna se presentó en UpStreet, el ministerio que tenemos los domingos para los niños, y estaba a punto de llorar. Brooke, la líder de su grupo pequeño, notó que algo no andaba bien, y le preguntó si la podía ayudar.

Brianna comenzó a asistir a UpStreet hace unos cuatro meses, invitada por una amiga. Ahora su mamá también está asistiendo a North Point. De hecho, se suele sentar con Sandra y conmigo en la fila del frente durante el culto de las once de la mañana. El padre de Brianna es alcohólico funcional. Ha estado ebrio y ausente durante semanas seguidas. Cuando por fin llega a casa, es indiferente con ellas y en ocasiones las maltrata verbalmente. Tanto la mamá de Brianna, como su papá, quieren liquidar su matrimonio. Solo es cuestión de quién va a presentar primero la demanda de divorcio.

Esta mañana Brianna estaba tan sentida porque una vez más, su padre había roto su promesa de recogerla para llevarla a un lugar especial. Y como era de esperar, ni siquiera llamó para darle una explicación. Y ella sabe que la próxima vez que lo vea, él ni siquiera va a mencionar el tema. Esta fue la historia que le logró contar la pequeña Brianna a Brooke, su líder de grupo.

Brooke tiene su propia historia. De hecho, es una historia idéntica. Hace más de un año que no sabe nada del paradero de su padre. Ya tiene dieciséis años. Forma parte de nuestro programa de estudiantes voluntarios, que recluta y entrena a estudiantes de secundaria para que dirijan grupos pequeños de estudiantes de la escuela primaria y media. Brianna le ha dicho a su mamá en varias ocasiones que Brooke es la persona más maravillosa que ella ha conocido.

Así que, hace unos minutos, mientras yo estaba aquí sentado tratando de pensar en la manera de concluir el tiempo que pasamos juntos, Sandra se me acercó para contarme lo que te acabo de relatar con respecto a la conversación de esta mañana entre Brooke y Brianna. Entonces me dijo que buscara un pañuelo de papel antes que ella me contara el resto de la historia.

Esta mañana, después que terminó el grupo pequeño, Brooke buscó la forma de hablar con la mamá de Brianna. Les dio a las dos el número de su teléfono móvil y las animó a usarlo. Mientras volvían a casa desde la iglesia, la pequeña de siete años le envió un mensaje de texto a Brooke desde el teléfono de su mamá, dándole las gracias por haberla escuchado. Pocos segundos más tarde, Brooke le respondió con otro mensaje de texto. Brooke, la estudiante de secundaria de dieciséis años, que probablemente solo esté unos pocos pasos por delante de Brianna en su propio caminar con Cristo. Brooke, que no sabe nada mejor que pensar que ella tiene lo que hace falta para dirigir un grupo pequeño. Brooke, a quien se le ofreció una oportunidad para servir de una manera significativa, y la aprovechó. He aquí su mensaje de texto:

> ¡Hola, cariño! Fue un gran gusto poderte ayudar. Yo sé lo difícil que es todo esto, pero te ASEGURO que Dios es el mejor de todos los padres, y que él sí que nunca va a cancelar planes ni a dejar de dedicarte tiempo para ti, ¿de acuerdo? Eres una niña maravillosa, y hace falta que sigas siendo así, porque hay muchas personas que te aman.

Sandra tenía razón. Me hizo falta el pañuelo de papel. Bueno, en realidad tuve que usar dos. ¡Vaya! Amo a mi iglesia.

AHORA TE TOCA A TI

Y entonces, ¿quieres hacer esto, o no?

¿Quieres crear o formar parte de un equipo que cree una iglesia a la que le encante asistir a la gente sin iglesia? ¿Estás listo para intentar unas cuantas cosas? ¿Posiblemente, a fallar en algunas cosas? ¿Hay algo en ti que tiene el deseo de apartarse de lo familiar y predecible para abrazar algo nuevo?

¿Estás realmente satisfecho con la idea de pasarte el resto de tu vida haciendo las cosas de la iglesia de la manera en que siempre las has hecho? ¿Con la forma en la que tu tradición espera de ti que lo hagas? ¿En verdad quieres seguir diseñando los cultos y los programas para la gente de iglesia? ¿Te quieres pasar otra temporada más de tu ministerio haciendo cosas que hacen sentirse innecesariamente incómodos a los no creyentes, solo porque son cómodas para ti? Yo sé que tu enfoque actual es más fácil y barato, y no es ni con mucho tan enredado como lo que te estoy sugiriendo. Pero tengo la esperanza de que el tiempo que hemos pasado juntos haya despertado, o vuelto a despertar en ti, algo que esté dispuesto a intentar cosas más *difíciles, costosas y enredadas.* Algo que no puedas administrar. Algo que te obligue a orar como nunca antes has orado.

Hablando de oración, ¿qué pide tu iglesia en sus oraciones? ¿Qué pide el personal? ¿Qué piden tus ancianos o diáconos? ¿La bendición de Dios? ¿La presencia de Dios? ¿Un derramamiento del Espíritu Santo? ¿Seguridad? En cuanto a la «presencia de Dios» y a «un derramamiento del Espíritu Santo», estás un poco atrasado. Ambas cosas quedaron cubiertas en el día de Pentecostés[69]. Y en cuanto a la presencia de Dios, Jesús prometió estar *con* aquellos que estuvieran *haciendo discípulos*, no *reuniéndose para adorar*. Así que además de *ti*, y de lo que *tú* y *tu* congregación quieren que Dios haga por *ustedes*, ¿qué pide tu iglesia en sus oraciones?

Ahora bien, titubeo un poco hasta ante la posibilidad de hablar de esto. ¿Recuerdas qué pedía la iglesia del siglo primero en sus oraciones? ¿Ya sabes, la que operó bajo la amenaza de extinción durante la primera o las dos primeras décadas? Habrían debido orar para pedir protección. Como lo hacen los cristianos de los Estados Unidos. Yo le dije a la gente de mi iglesia que dejara de orar para pedir protección. Es vergonzoso. En especial cuando nos visita gente de otros países. ¿Protección contra qué?

La primera reunión de oración de la iglesia de la cual sabemos algo, se produjo inmediatamente después que Pedro y Juan fueron liberados de la cárcel con la orden de que dejaran de hablar en ese «nombre», o se atuvieran a las consecuencias. Ellos se reunieron con los líderes de la iglesia, les informaron lo sucedido, y tuvieron una reunión de oración. Según Lucas, solo le pidieron dos cosas a Dios. No le pidieron protección. Ni una bendición. Ni un derramamiento del Espíritu Santo. Te voy a dejar que lo leas por ti mismo.

«Ahora, Señor, toma en cuenta sus amenazas y concede a tus siervos el proclamar tu palabra *sin temor alguno*». (Hechos 4.29, énfasis del autor)

¿En serio? Sin temor alguno. Pedro y Juan todavía olían a cárcel, y le estaban pidiendo a Dios más valentía. La valentía había sido la que los había llevado antes a la cárcel. Habrían debido pedir *discernimiento*. Pero no fue eso todo lo que pidieron.

«Por eso, extiende tu mano para sanar y hacer señales y prodigios mediante el nombre de tu santo siervo Jesús». (v. 30)

En otras palabras, haz cosas que atraigan hacia nosotros la atención de la gente que no haya creído, para que nosotros les podamos señalar hacia ti. Oraron para pedir sanidad, pero no la de ellos. Le pidieron a Dios que hiciera algo poderoso por medio de ellos, pero no a favor de ellos. Estaban totalmente enfocados en aquellos que se hallaban fuera de las paredes del lugar donde estaban reunidos. Esa fue una de las lecciones que aprendieron desde el primer día. ¿Recuerdas el día de la inauguración de la iglesia en el siglo primero? Lucas nos dice que en el día de la inauguración, todos los seguidores de Jesús estaban reunidos en un lugar cuando de repente, el Espíritu descendió sobre ellos. ¿Recuerdas lo que sucedió a continuación? ¿Que hicieron un estudio bíblico? No. ¿Un culto de adoración? No. ¿Una reunión de oración? No. Todas esas cosas las estaban haciendo antes que llegara el Espíritu Santo. ¡Hmmm! Una vez que él se presentó, *la iglesia salió del edificio*. Con los sucesos de ese día de inauguración aún frescos en su mente, una o dos noches en la cárcel no los iban a detener. Así que oraron para pedir valentía. No estaban dispuestos a quedarse quietos. No estaban dispuestos a guardar las buenas nuevas dentro de aquel edificio.

Así que vuelvo ahora a mi pregunta original. ¿Qué pide tu iglesia cuando ora? Si tu iglesia no está orando para pedir valentía, yo te puedo decir por qué. No la necesitan. ¿Cómo sé que no la necesitan? Porque uno ora por lo que le hace falta. Que aparezca un lugar donde estacionarnos. Paciencia con nuestros hijos. Un trabajo. Pero... ¿valentía? ¿A quién le hace falta?

Sin embargo, en el mismo minuto en que decidas regresar a la actividad que le fue encomendada a la iglesia en primer lugar, vas a orar para pedir valentía. No porque debas hacerlo. Vas a orar para pedir valentía porque la vas a necesitar. Si decides entrar en el mercado de la gente sin iglesia; si decides seguir el consejo de Jacobo y quitar de en medio cuanto obstáculo haya en el camino de los que se están acercando a Dios, vas a necesitar hasta el último gramo de valentía que puedas conseguir. Vas a tener que lanzar una visión valiente. Vas a necesitar hacer cambios valientes. Vas a batallar con preguntas que exigen respuestas valientes. Tu nueva dirección va a exigir un liderazgo valiente. Tus categorías van a quedar en desorden. La coherencia va a salir volando por la ventana. Les vas a guardar asientos a los que lleguen tarde. Vas a dejar ir a tiempo a la gente. Vas a comenzar a evaluarlo todo a través de los ojos y los oídos de los que no tienen iglesia. Las cosas se van a volver un poco alocadas. Y a ti te va a encantar. Nunca te volverás a contentar con menos que eso.

¿Todavía no estás convencido?

Bueno, siempre queda esto.

LA PARÁBOLA DE LA TARJETA DE CRÉDITO

Supongamos que tú tengas siete tarjetas de crédito en tu bolso o en tu billetera, y pierdas una. ¿Acaso no dejarías las otras seis para ir a buscar la tarjeta perdida hasta encontrarla? ¿Hace poco a mí se me perdió una tarjeta de crédito y ni una sola vez saqué la que no había perdido para obsesionarme con ella. No sentí urgencia de ninguna clase con respecto a mi tarjeta de crédito que no se me había perdido. No llamé a una sola persona para decirle que todavía tenía mi tarjeta de American Express. Pero sí comencé a llamar a todas partes, a ver si alguien había visto mi tarjeta de MasterCard que se me había perdido. Cuando perdemos algo importante, nos obsesionamos con lo que hemos perdido; nos preocupamos por esa cosa perdida. Mayormente, es en eso en lo que pensamos. ¿Recuerdas la última vez que no podías encontrar tu teléfono móvil? ¿Recuerdas el embarazoso pánico que te avergonzaba admitirlo, pensando en la clase de estadounidense que eres, y que se te comenzó a filtrar más allá de tu sentido común? No te consolaban todos los demás aparatos electrónicos que no habías perdido y tenías regados por toda la casa, ¿no es así? Estabas entregado a una misión. ¿Por qué? Porque habías perdido algo importante.

¿Cuál es la obsesión de tu iglesia?

¿Qué es lo que preocupa a tu iglesia?

Las iglesias para la gente de iglesia se obsesionan con las cosas más frívolas y carentes de importancia. Por eso les tienes temor a las reuniones de tu junta, a las de tus ancianos y a las de tus comités. Son raras las veces que hablan de algo importante. Estás administrando a una gente que no está perdida. Ya sé que te preocupa la gente perdida en el fondo de tu corazón. Pero, ¿te preocupa también en tu agenda, en tu programación, en tu estilo al predicar, o en tu presupuesto? ¿Sabes cuánta es la diferencia que marca ese interés que siente tu corazón en la vida de alguien que se halla lejos de Dios? *Ninguna*. Ninguna diferencia. Tu padre te amaba en su corazón. Pero el amor que ponía en su agenda era el que cambiaba las cosas, ¿no es cierto? ¿De veras te quieres pasar el resto de tus años en el ministerio sintiendo algo sobre lo cual no sabes nada?

Espero que no.

¿Sabes lo que yo hice cuando por fin encontré mi tarjeta de crédito perdida? Llamé a mi esposa y le dije: «Regocíjate conmigo: acabo de encontrar la tarjeta de crédito que se me había perdido». No tengo necesidad de decirte de qué forma concluyó Jesús cada una de sus tres parábolas acerca de cosas perdidas. Eso ya lo hemos hablado. Tú sabes lo que él dijo. ¡Hasta lo has enseñado! De hecho, estás pensando ya en usar esta ilustración de la tarjeta de crédito en un mensaje ahora mismo, ¿no es cierto?

Jesús dijo que había más regocijo en el cielo por la gente acabada de encontrar, que por la gente que no se ha perdido durante largo tiempo. ¿Te agradaría saber por qué no hay tanto regocijo en tu iglesia? Porque es una iglesia repleta de gente encontrada.

Vamos. ¿En verdad te quieres pasar la vida administrando lo que *estaba* perdido, y descuidando lo que *aún* sigue perdido?

Así que, con respecto a mi ilustración de la tarjeta de crédito, tienes mi permiso para usarla. Pero bajo una condición valiente. Al final del mensaje, le tienes que decir a tu iglesia que vas a comenzar de inmediato a evaluar todo lo que se hace en la iglesia, y cuanto dólar se gaste en ella, pensando en la persona perdida, en lugar de pensar en las noventa y nueve halladas. Entonces, te tienes que sentar con los que influyen sobre el resto de la iglesia para crear un plan de transición. Si no estás dispuesto a hacer eso, entonces te vas a tener que buscar tu propia ilustración.

Me he pasado toda la vida en la iglesia. Así que sé que aunque no estés dispuesto a reorganizar a tu iglesia alrededor de la Gran Comisión, seguirás viendo que algunas personas vengan a la fe. Los padres insistirán en que se bautice a sus hijos. Tu santuario se seguirá llenando el domingo de Pascua. Pero no fue para eso para lo que te metiste en esto, ¿no es cierto? ¿Recuerdas cuando le dijiste que sí a Dios? ¿Recuerdas cuando él interrumpió tu vida y te llamó cuando eras adolescente, estudiante en el colegio universitario o líder en el mundo de los negocios? Tenías sueños. Querías dejar tu huella en el mundo. Tal vez haya llegado el momento de soltar lo que estás haciendo en estos momentos para abrazar lo que fuiste llamado a hacer originalmente. Y en cuanto a esa excusa que acaba de aparecer en tu mente, ignórala por el momento. Limítate a soñar un poco. No te va a costar nada. Piensa en aquellos tiempos en los que luchaste con Dios sobre si era cierto que el ministerio era tu futuro. ¿Los recuerdas?

MI DESEO

Si pudiera formular un deseo para tu iglesia, que yo supiera que se convertiría en realidad, quisiera que las celebraciones más ruidosas, alborotosas y cargadas de emoción de tus reuniones se produjeran en respuesta a la gente que presenta en público su fe por medio del bautismo. Quiero que seas capaz de volverte a tu cónyuge, o a alguien de tu equipo que ha compartido contigo el camino, para decirle: «¿Y si?». ¿Y si nos hubiéramos negado a actuar con valentía? ¿Y si nos hubiéramos negado a cambiar? ¿Y si nos hubiéramos negado a dirigir? ¿Y si no hubiéramos permitido que Dios nos quebrantara el corazón? ¿Y si nos hubiéramos resistido ante sus insinuaciones? ¿Y si hubiéramos ignorado su susurro?

Mira lo que nos habríamos perdido.

¡Mira lo que *ellos* se habrían perdido!

Así que vamos.

Unamos nuestros brazos con los valientes líderes del Concilio de Jerusalén. Decidamos no hacer nada que haga las cosas innecesariamente difíciles para aquellos que se estén acercando a Dios[70].

Vayamos a lo profundo.

Pero seamos amplios.

Seamos tan amplios, que el mundo entero sepa que la iglesia no es para la gente de iglesia.

Es para la gente, para la gente.

¡Es para todos!

Tarjetas de sondeo de North Point y ejemplos de los resultados

Contexto

El 22 de enero de 2012, hicimos un sondeo entre los asistentes al culto de adoración en cuatro de nuestras cinco iglesias locales: Browns Bridge Community Church, Buckhead Church, North Point Community Church y Watermarke Church. Los asistentes se clasificaron a sí mismos como «nuevas visitas» (los que habían asistido cinco veces o menos) o «asistentes regulares» (todos los demás). En las páginas 314 y 315 aparecen copias de los sondeos, seguidas a continuación por los resultados clave y datos detallados.

SONDEO DE LAS NUEVAS VISITAS
(Han asistido un máximo de 5 veces)

1. ¿Cuántas veces has asistido a North Point?

1 ☐   2 ☐   3 ☐   4 ☐   5 ☐

2. ¿Durante los cinco años pasados has asistido regularmente a alguna otra iglesia?

Sí ☐   No ☐

3. En general, ¿hasta qué punto estás satisfecho con el culto al que acabas de asistir en North Point?

Muy satisfecho ☐   Satisfecho ☐   Ni satisfecho ni insatisfecho ☐   Insatisfecho ☐   Muy insatisfecho ☐

4. Basado en tu experiencia, ¿piensas regresar?

Por supuesto ☐   Probablemente ☐   No estoy seguro ☐   Probablemente no ☐   Decididamente no ☐

5. Basado en tu experiencia, ¿le recomendarías North Point a un amigo que en estos momentos no asista a ninguna iglesia?

Por supuesto ☐   Probablemente ☐   No estoy seguro ☐   Probablemente no ☐   Decididamente no ☐

6. ¿Cuál de las siguientes afirmaciones describe mejor tu interés en dar el próximo paso para involucrarte en North Point?

☐ Estoy interesado y sé dar el próximo paso.

☐ Estoy interesado, pero no sé cómo dar el próximo paso.

☐ En el presente, no estoy interesado en dar otro paso.

7. Sexo:

Femenino ☐   Masculino ☐

8. Edad:

18-24 ☐   25-30 ☐   31-35 ☐   36-45 ☐   46-55 ☐   55-65 ☐   Más de 65 ☐

9. Etapa de la la vida:

Casado ☐   Soltero, nunca casado ☐   Divorciado ☐   Viudo ☐

SONDEO DE LOS ASISTENTES REGULARES
(Han asistido más de 5 veces)

1. ¿Cuánto tiempo has asistido a North Point?

Menos de 1 año ☐   De 1 a 3 años ☐   Entre 3 y 5 años ☐   Más de 5 años ☐

2. Durante los cinco años anteriores a tu asistencia a North Point, ¿asististe regularmente a alguna otra iglesia?

Sí ☐   No ☐

3. ¿Cuál de los pasos siguientes has dado?

☐ Orientación en Starting Point
☐ NEXT
☐ Fusion
☐ Grupo de Acceso
☐ Grupo Comunitario
☐ Servicio Estratégico
☐ Otro

4. Durante los doce meses pasados, ¿cuántas veces has invitado a North Point a alguien que no asiste a ninguna iglesia?

1 ☐   2 ☐   3 ☐   4 ☐   5 ☐

5. Sexo:

Femenino ☐   Masculino ☐

6. Edad:

18-24 ☐   25-30 ☐   31-35 ☐   36-45 ☐   46-55 ☐   55-65 ☐   Más de 65 ☐

7. Etapa de la la vida:

Casado ☐   Soltero, nunca casado ☐   Divorciado ☐   Viudo ☐

PUNTOS CLAVE

- En cualquier semana, aproximadamente el 10 por ciento de nuestros asistentes son nuevos en North Point Ministries.

- Los nuevos asistentes se sienten satisfechos o muy satisfechos en un 98 por ciento, un número sumamente elevado.

- Alrededor del 40 por ciento de los que asisten cada semana no tienen iglesia. (Nosotros definimos como *sin iglesia* a los que no han asistido regularmente a una iglesia durante los cinco años anteriores a su llegada a una iglesia de North Point Ministries).

- Con más del 50 por ciento de sus asistentes en los 35 años o menos, la demografía de la iglesia de Buckhead es significativamente más joven que la de las otras iglesias participantes. En las otras iglesias de North Point Ministries donde se llevó a cabo el sondeo, solo el 25 por ciento de los asistentes tenían 35 años de edad, o menos.

- El porcentaje de nuestros asistentes que son divorciados o solteros (nunca casados) tiene tendencia a aumentar. El 19 por ciento de los nuevos asistentes son divorciados (contra el 11 por ciento de los asistentes regulares); el 39 por ciento de los nuevos asistentes son solteros, nunca casados (contra el 22 por ciento entre los asistentes regulares).

- Tres de cada cuatro nuevos asistentes están interesados en dar otro paso más. No obstante, de entre esos tres, hay uno que no sabe aún cómo dar ese paso.

- El 80 por ciento de nuestros asistentes regulares han dado el paso siguiente.

CANTIDADES DE RESPUESTAS Y PROYECCIONES

Sondeos reales que fueron respondidos

	Todos
Asistentes regulares	5.610
Nuevos asistentes	550

Proyecciones para el domingo 22 de enero

	Todos
Total de asistencias	22.412
Asistentes regulares	20.396
Nuevos asistentes	2.016
% de nuevos asistentes	9%

Notas:

- Hubo una proporción de respuestas del 27 por ciento en conjunto en todas las iglesias de North Point Ministries.
- El culto de las 11:00 a.m. en la iglesia de Buckhead fue el que tuvo la proyección más elevada de nuevos asistentes: 443. (Aunque las respuestas de acuerdo a las horas de los cultos solo estuvieron disponibles para la iglesia de Buckhead y para la iglesia Browns Bridge Community, pudimos calcular las cifras por horas de los cultos también para nuestras demás iglesias).

DATOS
Gente de iglesia y gente sin iglesia
(Asistentes regulares y nuevos asistentes)

Durante los cinco años anteriores a su asistencia a una iglesia de
North Point Ministries, ¿asististe regularmente a alguna otra iglesia?

	Todos
Sí	62%
No	38%

Notas:

- El porcentaje de asistentes que no tienen iglesia es cercano al 40 por ciento.
- El porcentaje de personas sin iglesia es el mismo para los asistentes regulares y los nuevos asistentes.
- El culto de las 6:00 p.m. de la iglesia de Buckhead fue el que tuvo el porcentaje más elevado de asistentes sin iglesia: el 47 por ciento. (Aunque las respuestas de acuerdo a las horas de los cultos solo estuvieron disponibles para la iglesia de Buckhead y para la iglesia Browns Bridge Community, pudimos calcular las cifras por horas de los cultos también para nuestras demás iglesias).

Interés en dar el próximo paso (Solo para nuevos asistentes)

¿Cuál de las siguientes afirmaciones describe mejor tu interés en dar
el próximo paso para involucrarte en North Point?

	Todos
Estoy interesado y sé dar el próximo paso.	47%
Estoy interesado, pero no sé cómo dar el próximo paso.	26%
En el presente, no estoy interesado en dar otro paso.	26%

Nota:

El 64 por ciento de los que asistieron por primera vez están interesados en dar el próximo paso.

Satisfacción general (Solo para los nuevos asistentes)

En general, ¿hasta qué punto estás satisfecho con el culto al que acabas de asistir en North Point?

	Todos
Muy satisfechos	74%
Satisfechos	24%
Muy satisfechos + Satisfechos	98%

Notas:

- Estas cifras sobre satisfacción son sumamente elevadas.
- El porcentaje de asistentes muy satisfechos desciende del 82 por ciento para los cultos de las 9:00 a.m. al 71 por ciento para los cultos de las 11:00 a.m.

Invitaciones a otras personas (Solo para los asistentes regulares)

Durante los 12 meses pasados, ¿cuántas veces has invitado a North Point a alguien que no asiste a ninguna otra iglesia?

	Todos
0	17%
1–2	44%
Más de 39	39%

Notas:

- Más del 80 por ciento de nuestros asistentes regulares han invitado a la iglesia a una persona por lo menos durante el año pasado.

- Las diferencias entre las iglesias son de poca importancia, con la excepción de la iglesia de Watermarke, que tuvo el porcentaje más elevado (el 48 por ciento) de asistentes que han invitado a tres personas o más.

Dar el paso siguiente (Solo para los asistentes regulares)

¿Cuál de los pasos siguientes has dado? (Les proporcionamos a nuestros asistentes regulares las siguientes opciones para que escogieran entre ellas: Orientación en Starting Point, NEXT, Fusion, Grupo de Acceso, Grupo Comunitario y Servicio Estratégico [trabajar de voluntarios en los ambientes de los domingos]).

	Todos
Porcentaje de los que han dado el paso siguiente	80%

Notas:

- El culto de las 6:00 p.m. en la iglesia de Buckhead es el que tiene mayor cantidad de asistentes que indicaron que habían dado el paso siguiente: el 86 por ciento.
- El culto de las 11:00 a.m. en la iglesia Browns Bridge Community fue en el que hubo mayor cantidad de asistentes que informaron no haber dado el paso siguiente.

Descripción del Ministerio Starting Point

Sabíamos que para levantar una iglesia a la que le encantara asistir a la gente sin iglesia, teníamos que estar listos por si en verdad se nos presentaban. Parte de este estar listos consistía en crear un ambiente seguro para que ellos exploraran sus interrogantes acerca de la fe y de Dios. *Starting Point* es ese ambiente.

Casi todas las iglesias tienen algo para la gente nueva. La mayoría de ellas son para la gente que es nueva en *esa* iglesia, aunque no forzosamente nueva en la iglesia en general. Pero nosotros sabíamos que queríamos estar listos para la gente que no sabía qué esperar. O mejor aun, para la gente que le tenía temor a lo que esperaba.

La misión de nuestra iglesia consiste en guiar a la gente a una relación creciente con Jesucristo. La misión de Starting Point consiste en guiar a la gente a una relación creciente con Jesucristo a base de crear un ambiente de conversación en el cual puedan explorar la fe y experimentar lo que es una comunidad.

Todos los que llegan tienen la expectativa de explorar su fe, pero muchos se sienten sorprendidos cuando prueban por vez primera lo que es la comunidad. Por supuesto, en Starting Point no se forman plenamente unas relaciones a largo plazo. Pero a la luz de las conversaciones que se producen y del lazo común que comparten los que participan, esta experiencia los mueve con frecuencia a dar el próximo paso hacia un Grupo Comunitario.

El lazo común al que nos referimos es la relación del participante, o falta de ella, con la iglesia y con la fe. Nosotros nos dirigimos en especial a tres tipos distintos de personas:

- *Los que buscan*: los que sienten curiosidad acerca de Dios, de Jesús, de la Biblia o del cristianismo.
- *Los principiantes*: los que son nuevos en su relación con Jesucristo.
- *Los que regresan*: los que tienen alguna experiencia de iglesia, pero han estado alejados por un tiempo

Como habrás observado, no hay ninguna categoría que diga «Nuevos en North Point». Para la gente de iglesia que es nueva en nuestra iglesia, tenemos un ambiente llamado NEXT. Allí les explicamos lo que pretendemos y la forma en que es posible que seamos diferentes a sus experiencias anteriores en las iglesias. Puedes averiguar más acerca de *Next* acudiendo a www.indidenorthpoint.org/next/.

Nosotros queríamos que Starting Point estuviera más dedicado a dar el próximo paso hacia Dios, y menos a un próximo paso dentro de nuestra iglesia. Por eso, como es obvio, Starting Point no es para todo el mundo. Ni siquiera para todas las personas sin iglesia. Hay alguna gente que puede ser tan poco receptiva con respecto al cristianismo, que no se puede meter en conversaciones significativas acerca de la fe sin poner en peligro el ambiente. O bien, es posible que no estén dispuestas a comprometerse con los requisitos relacionados con la preparación y la asistencia.

Aunque se le exige cierta preparación al miembro del grupo, hemos tratado de enfatizar más la conversación que la enseñanza. No se trata de un curso de apologética, ni de una clase de teología cristiana. Naturalmente, esos elementos aparecen de vez en cuando; pero en su núcleo mismo, Starting Point es un ambiente de conversación.

Si deseas informarte con mayor profundidad acerca de Starting Point, te recomiendo que acudas a www.insidenorthpoint.org/groups/starting-point/.

Apéndice C

Éxitos susceptibles de medición en el ministerio

Hemos aclarado cuáles son los éxitos en cada uno de los aspectos de nuestro ministerio, desde los niños hasta los adultos. Además de mencionar el éxito primario en cada ministerio, también hemos definido varios éxitos medibles en todos los aspectos.

Waumba Land — Nuestro ministerio para los niños en edad preescolar

Éxito primario:
Causar una primera impresión sobre nuestro Padre celestial de tal forma que cause una impresión perdurable en el corazón del niño.

Éxitos susceptibles de medición:
1. Los niños asisten.
2. Los niños nuevos se conectan.
3. Los padres se asocian con nosotros.
4. Retenemos a los líderes voluntarios.

UpStreet — Nuestro ministerio para los niños en la edad de escuela primaria

Éxito primario:

Dirigir a los niños a que pongan su fe en Jesús y enseñarles quién es Dios, y cómo quiere él que vivan.

Éxitos susceptibles de medición:

1. Los niños asisten.
2. Los padres se asocian con nosotros.
3. Los niños dan un nuevo paso.
4. Retenemos a los líderes voluntarios.

KidStuf — Nuestro ambiente de recibidor para los niños en edad de escuela primaria y para sus padres

Éxito primario:

Inspirar y equipar eficazmente a los padres en el desarrollo espiritual de sus hijos a base de la aplicación del material de *Big Idea* en su hogar.

Éxitos susceptibles de medición:

1. Asisten los niños y sus padres.
2. Los padres se asocian con nosotros en el uso del Take–Out.
3. Las familias invitan a sus amigos.

Transit — Nuestro ministerio con los estudiantes de la escuela media

Éxito primario:

Inspirar y equipar con eficacia a los estudiantes de la escuela media para que desarrollen una fe propia.

Éxitos susceptibles de medición:

1. Los estudiantes asisten a Transit.
2. Los estudiantes asisten a un evento especial (campamento, retiro, etc.).

3. Los estudiantes dan el paso siguiente.
4. Retenemos a los líderes voluntarios.

InsideOut — Nuestro ministerio para los estudiantes de la escuela secundaria

Éxito primario:

Inspirar y equipar con eficacia a los estudiantes de la escuela superior para que desarrollen una fe propia.

Éxitos susceptibles de medición:

1. Los estudiantes asisten a InsideOut.
2. Los estudiantes asisten a un evento especial.
3. Los estudiantes dan el paso siguiente.
4. Los estudiantes se ofrecen como voluntarios en un ministerio personal.
5. Retenemos a los líderes voluntarios.

La programación de los cultos — Nuestra división responsable de la creación de ambientes de adoración para los adultos

Éxito primario:

Crear experiencias de adoración que hagan que la gente desee regresar y dar un paso más.

Éxitos susceptibles de medición:

1. La gente regresa.
2. La gente da el paso siguiente.
3. La gente invita a otras personas.

North Point Online — Nuestro ambiente de adoración en la Internet

Éxito primario:

Proporcionarles un ambiente alternativo de adoración a la gente de iglesia y un primer paso comprometedor a los que no tienen iglesia.

Éxitos susceptibles de medición:

1. La gente acude en busca de la experiencia.
2. Hay gente que sigue con entusiasmo la experiencia.
3. Hay gente que invita a otros a sintonizarse para tener la experiencia.

GroupLife — Nuestro ministerio de grupos pequeños para adultos

Éxito primario:

Formar ambientes de grupos pequeños en los cuales las personas creen relaciones entre sí y crezcan espiritualmente.

Éxitos susceptibles de medición:

1. La gente participa.
2. La gente desconectada se conecta.
3. Los líderes se reemplazan.
4. Retenemos a los líderes.

Starting Point — Nuestro ministerio de grupos pequeños para adultos sin iglesia y no creyentes

Éxito primario:

Crear un ambiente de conversación en el cual las personas puedan explorar la fe y experimentar lo que es la comunidad.

Éxitos susceptibles de medición:

1. La gente asiste a una orientación.
2. La gente participa en un grupo.
3. Los participantes dan un nuevo paso.
4. Los líderes se reemplazan.

Solteros — Nuestro ministerio para los adultos solteros

Éxito primario:

Guiar a los adultos solteros a una relación creciente con Jesucristo.

Éxitos susceptibles de medición:

1. La gente asiste a una reunión, una serie o un evento especial.
2. Los participantes que se reúnen dan un nuevo paso.
3. Retenemos a los líderes voluntarios.

MarriedLife — Nuestro ministerio para adultos casados

Éxito primario:

Ayudar a las parejas casadas a experimentar el crecimiento individual necesario para tener un matrimonio saludable.

Éxitos susceptibles de medición:

1. Las parejas invierten deliberadamente en su matrimonio.
2. Las parejas utilizan los recursos *Great Date*.
3. Las parejas invitan a otras parejas a una reunión de MarriedLife.
4. Las parejas se sienten satisfechas con su experiencia en MarriedLife.

Care Network — Nuestro ministerio de cuidado pastoral

Éxito primario:

Ayudar a las personas a crecer individualmente y proporcionarles ayuda en sus momentos de necesidad.

Éxitos susceptibles de medición:

1. Las personas encuentran el apoyo y el afecto que necesitan.
2. Las personas terminan sus programas.
3. Las personas dan un nuevo paso.
4. Retenemos a los líderes dedicados a cuidarlas.
5. Los que reciben sus cuidados regresan para dárselos ellos a otros.

La misión, la estrategia y las creencias de North Point

Nuestra misión
Guiar a las personas a una relación creciente con Jesucristo.

Nuestra estrategia
Crear iglesias donde se anime y equipe a la gente a buscar la intimidad con Dios, la comunidad con los de adentro y la influencia con los de fuera.

Lo que creemos
Acerca de las Escrituras: Creemos que toda la Biblia es la Palabra inspirada de Dios y que hubo hombres que fueron movidos por el Espíritu de Dios a escribir las palabras mismas de las Escrituras. Por tanto, creemos que la Biblia carece de errores.

Acerca de Dios: Creemos en un solo Dios, quien existe en tres personas distintas: Padre, Hijo y Espíritu Santo. Creemos que

Jesucristo es el segundo miembro de la Trinidad (el Hijo de Dios), quien se hizo carne para revelarle a Dios a la humanidad y convertirse en el Salvador del mundo perdido.

Acerca de la humanidad: Creemos que todos los seres humanos fueron creados a imagen de Dios para tener comunión con él, pero esa relación quedó rota debido a su desobediencia pecaminosa. Como consecuencia, los seres humanos son incapaces de recuperar una relación correcta con Dios por medio de sus propios esfuerzos.

Acerca de la salvación: Creemos que la sangre de Jesucristo, derramada en la cruz, proporciona la única base para el perdón de los pecados. Por consiguiente, Dios les ofrece de manera gratuita la salvación a aquellos que depositen su fe en la muerte y resurrección de Jesucristo como pago suficiente por su pecado.

Acerca de la vida cristiana: Creemos que todos los cristianos deben vivir para Cristo, y no para ellos mismos. Por medio de la obediencia a la Palabra de Dios y de un sometimiento diario al Espíritu de Dios, todo creyente debe madurar y ser conformado a la imagen de Cristo.

Acerca de la iglesia: Creemos que la iglesia es el cuerpo de Cristo, del cual Jesucristo es cabeza. Los miembros de la iglesia son aquellos que han confiado por fe en la obra terminada de Cristo. La razón de ser de la iglesia es glorificar a Dios a base de amarlo, y de darlo a conocer al mundo perdido.

Apéndice E

Miembros fundadores de la North Point Community Church

Brian «Keith» Adams
Christopher Adams
Cynthia Adams
David Adams
Jenni Adams
Jeremy Adams
Karen Adams
Roy «Tony» Adams
Peter Addona
Ciara Alley
Matt Alley
Tiffany Alley
Jennifer Allison
Patsy Allison
Wally Allison
Melanie Amos
Ginger Arias
Mitch Arias

Edsel Arnold
Julie Arnold
Matthew Arnold
Leon Askew
Cristy Atchley
Darrin Austin
Glenda Avery
Mike Avery
Bethany Bailey
Boyd Bailey
Douglas Bailey
Marianne Bailey
Rachel Bailey
Rebekah Bailey
Rita Bailey
Amy Balogh
Mary Bane
Warren Bane

Jan Baranak
Lawrence «Buck»
    Barber
George Barnes
H. «Carey» Barnes
Laura Barnes
Linda Barnes
Sheila Barnes
Hubert «Hugh»
    Barnhardt
Lou Barnhardt
Beth Batten
Tim Batten
Claude «Dan» Beeco
Cheryl Bell
David Bell
James «Frank» Bell
Maribeth Bell

Angela Bemiss
Kevin Bemiss
Jean «Beth» Bennett
Marielena Bernal
Sabrina Berry
Jeffrey Bertsch
Pamela Bertsch
Charles Bethel
Leanne Blakeslee
Cheryl Blanchard
Christian Borthayre
Michelle Borthayre
Anne Marie Boshoff
Donovan Boshoff
Eric Boshoff
Shelby Bose
Thomas Bose
Ann Botta
Vince Botta
Thomas Bound
Doris Bowen
Howard Bowen
Scott Bowen
James Braden
Victoria Braden
Gary Brazier
Deborah Bright
David «Ron» Brooks
Janelle Brooks
Eric Brown
Rodney Brown
Sharon Brown
Bruce Browning
Rita Browning
Alyson Brownlee

Betty Bryant
Bob Bryant
Brandi Bryant
Tim Bryant
Anna Bugg
Brenda Bugg
Katie Bugg
Randy Bugg
Cheryl Buhre
Richard Buhre
Bobby Burgner
Carrey Burgner
Elizabeth «Genie»
    Burnett
Jeffrey Burns
Deborah Burzotta
Jim Burzotta
Meredith «Becki»
    Byars
Terry Byars
Lisa Byrd
Jennifer Calbert
Jonathan Calbert
Laura Calbert
David Campbell
Miriam Campbell
Regi Campbell
Ken Cantrell
Lisa Cantrell
Pat Carithers
Thomas Carson
April Carter
David Carter
James Carter
Lillian Carter

Ron Cash
Chuck Catledge
Kaye Catledge
Kimberley Chapple
Robert Chapple
Nancy Charles
Andy Christiansen
Nikki Christiansen
David Christman
Meredith Cimmino
Amy Clark
Ashley Clark
Ben Clark
George Clark
Houston Clark
Houston
    «McClendon» Clark
Paula Clark
Randy Clark
Sherry Clark
William «Chadwick»
    Clark
George Clary
Phyllis Clary
Charles «Curt» Clause
Bunnie Claxton
Russell Claxton
Richard Clay
Kathleen Coder
Ron Coder
Kimberly Coe
Stuart Coe
Karen Cole
Mary Katherine Cole
Todd Cole

David Collins
Don Collins
Stacy Collins
Carol Colton
Lynn Conner
Michael Conner
Greg Cook
Jessica Cook
Amanda «Amy»
    Cooley
Tish Coppolino
Danielle Counts
Reynold Counts
Bob Cox
Lisa Cox
Mary Ann Cox
Michael Cox
Amy Craig
Dwayne Craig
Becky Crandall
Mike Crandall
Peter Crawford
Roxanne Crawford
Craig Cromwell
Melissa Cromwell
Carole «Missy»
    Crosson
Susan Csire
Carol Curtis
Jill Curtis
Leonard Curtis
Maurice Davis
Jeffrey Deaton
Sherry DeLoach
William DeLoach

Shirley Deupree
Dianne DeVore
Howard DeVore
Landon Donoho
Lanny Donoho
Peggy Donoho
Cynda Douglas
John «Fraser» Douglas
Justin Douglas
Ray Douglas
Diane Dover
Greg Dover
Erin Dudley
Robert Eagar
David Edwards
Julie Edwards
David Egan
Stuart Elder
Brenda Eller
Daniel Eller
Debbie Evans
Bill Fair
Rebecca Fancher
Timothy Fancher
Mike Faulkner
Rick Faulkner
Wayne Faulkner
Brad Fields
Deborah Fields
Sammy Fields
Haynes Finney
James Finney
Leah Finney
Vicki Finney
Lisa Foreman

Mark Foreman
Julia Francesconi
Kathi Francesconi
Michael Francesconi
Tom Francesconi
Eleanor Francine
Mary Francine
Morris Francine
Timothy Francine
Cathy French
David French
Babs Fry
Ron Fry
Suzanne Galloway
Dana Garrard
Rochelle Garrard
Ron Garrard
Gina Gay
Roger Gay
B. «Keith» Gentry
Vickie George
Louie Giglio
Shelley Giglio
Gina Gilmore
Thomas «Dewayne»
    Gilmore
Rebecca Givens
Michael Gladden
Laura Gondolfo
Jeff Goode
Patricia Gordon
Diane Grant
Keith Grant
Charles Gray
James Gray

Regina Grice

Stewart «Randy» Grice

Bonnie Griffith

Leslie Griffith

Matt Griffith

Gillian Grimsley

Amy Grisham

Thomas «Powell»
    Grisham

Betsy Griswold

Daryl Griswold

Elizabeth Guerrero

Lisa «Lynn» Hall

C. «Andrew» Harbour

Helen «Lisa»
    Hardeman

Jana Harmon

Stephen Harmon

Bradley Harris

James Harris

Judy Harris

Kathy Harris

Margaret Harris

Kerry Hawkins

Dianne Haygood

J. «Cliff» Haygood

Sandy Henderson

Carmen Hendricks

Robert Henry

Cindy Herceg

Richard Herceg

Jesse «Darren»
    Herringdine

Barry Hilliard

Bee Bee Hilliard

Elizabeth Hinson

John «Brady»
    Holcomb

Allison Holley

Rob Holley

Pamela Holliday

Rick Holliday

Anne Holtzclaw

Shawn Holtzclaw

Carole Hooks

Larry Hooks

Joe Houston

Lori Houston

Christopher Ingraham

Kimberly Ingraham

Lynn Jackson

Tom Jackson

Carolynn James

Holly James

Jesse James

Patti James

Renee James

Scott James

Carrie Johnson

Heidi Johnson

Jill Johnson

Kory Johnson

Norma Johnson

Susan Johnston

William Johnston

Debbie Joiner

Hannah Joiner

Jimmy Joiner

LaShelle Joiner

Reggie Joiner

Reggie Paul Joiner

Bill Jones

Caitlin Jones

Carla Jones

David Jones

Helen Jones

Holly Jones

Jared Jones

Jean Jones

Leslie Jones

Natalie Jones

Ronald «Lane» Jones

Shelton Jones

Traci Jones

Mark Jordan

Michelle Jordan

Lauren Karasek

Cathy Kelley

Jennifer Kelley

Robert Kelley

Lynne Kelly

Debbie Kennedy

Tammy Kennedy

Bill Kidd

Erika Kidd

Gloria Kim

Debbie Knight

Don Knight

James Knight

Penny Knight

Curtis Knorr

Nancy Knorr

Camille Lacy

Mary Ann Lacy

Melanie Lacy

Rusty Lacy
Karen Lauder
Bill Laux
Bryan LaVigne
Cheryal «Sherry» LaVigne
Adam Lawsky
Jenny Lawsky
Joseph Lawsky
Patrick Lechtenbergert
Connie LeHeup
Herb Lewis
Jodi Lewis
Joseph «Jody» Lewis
Kenton Lietzau
Amanda Lightfoot
Della Lightfoot
Erin Lightfoot
Gail Lightfoot
Gale Lightfoot
Gary Lightfoot
Lauren Lightfoot
Leigh Lightfoot
Rebecca Lightfoot
Jerry Lindaman
Katherine Lindaman
Mitchell Linnabary
Stephanie Linnabary
Doug Liptak
Laura Liptak
Barry Luff
Donna Luff
David Lundy
Donald Lundy
Douglas Lundy

Linda Ann Lundy
Peggy Lundy
Robert Lynch
Wendy Lynch
Carolyn Lyon
Jim Lyon
Mary Lyon
Gayle Mahon
Kevin Mahon
Leo Mallard
Lori Mallard
Becky Martin
Paul Martin
Jeff Mason
Karen Mason
Laura Mason
Thomas Mason
Catherine «Ashley» Mast
David Mast
Michael Masters
Melinda Mayton
Andrea McArthur
Dana McArthur
Jane McCall
Marcia McClure
Robb McClure
Caroline McCravy
Bob McDonald
Sabrina McDonald
Sheri McHugh
Jim McKeithen
Donna McMurry
Tom McMurry
Casandra McPeters

Marla McVinnie
Chris McWilliams
Jacqueline McWilliams
James «Thomas» McWilliams
Jeff McWilliams
Lee Ann Meadows
Donna Mechler
Elizabeth Mechler
Paul Mechler
Paul Mergenhagen
Kelly Merritt
Scott Merritt
Lynne Middleton
Mark Middleton
Beverly Miller
Charles Miller
Heather Miller
Sharlene Miller
Lori Milliman
Janet Milton
Renita Morgan
Mary Ann Nay
Robert Nay
Barbara «Babs» Neidlinger
Beth Neidlinger
Darryl Neidlinger
William Neidlinger
Cheryl Nelson
Eric Nelson
David Newcomb
Amanda Newton
Cindy Newton
Mark Newton

Jennifer Nichols

John «Pat» O'Quinn

Leah O'Quinn

Brian Odom

Howard Odom

Karen Odom

Sharon Odom

Susan Odom

T.C. Ong

Benjamin Ortlip

Lisa Ortlip

Harold Osmon

Kathleen Osmon

Stephen Ostrander

Mike Overstreet

Robert Pardee

Cynthia Parker

Paula Parker

Terry Parker

Susan Parris

Nancy Pashman

Rick Pashman

Rachel Payne

Steve Payne

Dario Perla

Ginger Peterson

Paul Peterson

Andrea Petkau

Gerald Petkau

Christy Pierce

Jim Pierce

Andrew Pinckney

Fred Pinckney

Rebecca Pinckney

Steven Pinckney

Jan Piner

Mark Pinson

Jan Pix

Montague «Monte»
   Pix

Kim Poe

William «Monty» Poe

Cathy Powel

Geoff Powel

Jenny Powell

Joyce Powell

Jim Power

Adam Pozek

Julie Pozek

Steven Prescott

Paul Preston

James Price

Judi Quigley

Pat Quigley

Jacqueline Quinn

Thomas Quinn

Gina Ragsdale

Kevin Ragsdale

Christy Rahn

Robbie Rahn

Raymond Ramirez

Brian Ray

Chelsea Recicar

Deborah Reed

Jim Reinoehl

Louise Reinoehl

Colleen Reiter

Charlie Renfroe

Patty Renfroe

Dean Rice

Sharon Rice

Stefanie Roberts

Beth Ann Robinson

Cliff Robinson

Jacob Robinson

James Robinson

Leslie Robinson

Jan Rock

Robin «Rob» Rodgers

Katherine Roe

Julie Roller

Cyndi Rollins

J. «Kevin» Ross

Jaqueline Ross

Kathy Ross

Paul Ryden

Vicky Ryden

Nina Samples

Kimberly Scales

Vincent Scales

Alexander Schroer

Bethany Schroer

David Schroer

Debbie Schroer

Katy Schroer

Louis «Steve» Schroer

Rebekah Schroer

Tom Schroth

Al Scott

Dennis Scott

Elaine Scott

Jackie Scott

James Scott

Lois Scott

Beth Shaffner

Dick Shaffner
Stacey Sharpe
Wanda Sheets
Elizabeth Sherrill
Kristen Shipley
Randy Shipman
Christie Shipton
Andrea Shupert
Emily Shupert
Lauren Shupert
Richard Shupert
Liz Simpson
Nace Simpson
Don Simril
Gail Simril
Donald Smith
Harriett Smith
Jane Smith
Merrit Smith
Ronald «Rick» Smith
Troy Smurawa
Sheila Sommavilla
Elizabeth Spence
Randy Spence
Angela Spivey
Duane Spriggs
Barry St. Clair
Carol St. Clair
Jonathan «Jay» St. Clair
Katie St. Clair
Jill Stafford
Bobbi Jo Stanfill
Steven Stanfill
Charles «Andy» Stanley
Sandra Stanley

Kayron Stevens
Aaron Stoddard
Anne Stoddard
David Stoddard
Sarah Stoddard
Scott Storey
Margaret «Margo»
   Strasinger
Abbie Strickland
Bob Strickland
Gayle Strickland
Robert Strickland
Brent Stromwall
LeAnne Stromwall
Kim Strube
Ted Strube
Marcia Stuber
Paul Stuber
Jackie Stull
Jacob Stull
James Stull
John Stull
Katie Sulpy
Margie Sulpy
Megan Sulpy
Steven Sulpy
Aimee Suter
Joe Swafford
Laura Lynn Swafford
Melissa Swann
Lawrence Swicegood
Patricia Swicegood
Mary «Libby» Tappan
Jim Tart
Maria Tart

Phyllis Tatgenhorst
Richard Tatgenhorst
Robert Taylor
Carolyn Teeter
Jody Teeter
Karen Thomas
Keith Thomas
Amy Todd
Russell Todd
Elizabeth «Libby»
   Trest
Felicia Tucker
Brenda Tuminello
John Tuminello
J. «Tim» Turner
Elizabeth Underwood
James Underwood
James «Jim»
   Underwood
Kathryn Underwood
Kay Underwood
Walter Upton
Cara Van Norden
Carol Vann
Bill Vescovo
Kim Vescovo
Kathryn Vieh
John Vogt
Nancy Vogt
Jane Waddel
Gordon Wadsworth
Janet Wadsworth
Barbara Wagner
Scott Walker
Susan Walker

Lauren Walters
Mike Walters
Regina Walters
Trent Walters
Cheryl Watford
Mike Watford
Desiree Watkins
Gretchen Weigele
Daniel Wiggins
Sheila Wiggins
Lindsey Wilkins
Robert Wilkins
Sarah Wilkins
Camilla Williams
David «Michael»
    Williams

John Williams
James Williamson
Wendi Williamson
Bill Willits
Terry Willits
Stephen Wise
Tutu Wise
Bryana Witt
Janice Witt
Lindsay Witt
Chris Wooten
Stanley Word
Angela Wright
Diane Wright
Beverly Wylie
Jerry Wylie

James «Walker»
    Yarbrough
Luann Yarbrough
Joe Yeager
Pam Yeager
Debbie Yoshimura
Tracy «Ty» Yoshimura
Jason Young
Jenny Young
Julie Young
Ken Young
Brock Zauderer
James Zauderer
Karen Zauderer
Christian Ziegler

NOTAS

Introducción

1. El Premio Nacional a la Calidad Malcolm Baldrige reconoce a las organizaciones estadounidenses dedicadas a los negocios, el cuidado de la salud, la educación y los sectores sin intereses de lucro por una actuación sobresaliente.

Capítulo 1: No tan profundo

2. Andy Stanley, *Louder Than Words* (Portland, OR: Multnomah, 2004) [*Las acciones dicen más que las palabras* (Miami: Vida, 2006)].

Capítulo 2: Cuestiones de familia

3. Gene Edwards, *The Tale of Three Kings* (Carol Stream, IL: Tyndale, 1992) [*Perfil de tres monarcas* (Miami: Vida, 2004)].

Sección 2: Introducción

4. Lo más probable es que no regresarías a un médico que, después de examinarte, te informara que fue Dios quien te enfermó; tampoco se lo recomendarías a nadie. Lo que necesitas es hallar un médico que pueda diagnosticar la causa *natural* de tu enfermedad y recetarte un remedio. Nosotros esperamos eso incluso de los médicos cristianos.

Capítulo 3: Las palabras importan

5. Mateo 16.13; Marcos 8.27; Lucas 9.18.
6. Mateo 16.16.

7. Mateo 16.17–18, énfasis del autor.
8. Walter Bauer, *A Greek–English Lexicon of the New Testament and Other Early Christian Literature*, 2ª ed. (Chicago: University of Chicago Press, 1957, 1979), pp. 240–41.
9. www.aotfb.com/ekklesia/church.html.
10. Bruce L. Shelley, *Church History in Plain Language*, 2ª ed. actualizada (Dallas: Word, 1995), p. 268.
11. Geoffrey W. Bromiley, *The International Standard Bible Encyclopedia*, *Revised*, vol. 2 (Grand Rapids: Wm. B. Eerdmans, 1988, 2002), p. 85.

Capítulo 4: Tal como no soy

12. Corintios 6.9–11.
13. Charlotte Elliott, «Tal como soy», 1835. (Tr., T. M. Westrup, Himnario Bautista, Casa Bautista de publicaciones).
14. Lee Juan 8.10–11.
15. Juan 5.3.
16. Mateo 21.23–27.

Capítulo 5: Desafiar la gravedad

17. Hechos 11.26.
18. Hechos 15.5.
19. Hechos 15.9–10.
20. Hechos 15.11, énfasis del autor.
21. Consulta www.vimeo.com/northpointmedia, donde hallarás una muestra de nuestros vídeos de los bautismos, junto con otras muestras de vídeos de los domingos por la mañana.
22. En el Apéndice B encontrarás una descripción de nuestro ministerio Starting Point.
23. Gungor, «Beautiful Things», Copyright © 2009 worshiptogether.com Songs (ASCAP) (adm. Por EMICMGPublishing.com). Todos los derechos reservados. Usado con autorización.

Capítulo 6: Mi gran descubrimiento

24. En Mateo 8, Jesús se *asombra* ante la fe del centurión romano. Mateo escribe: «Al oír esto, Jesús se *asombró* y dijo a quienes lo seguían: —Les aseguro que no he encontrado en Israel a nadie que tenga tanta fe» (v. 10, énfasis del autor). En Marcos 6, vemos a Jesús *asombrado* ante la falta de fe que halló en su propio pueblo (v. 6).

25. Yo creé una serie de mensajes con este título, y prediqué acerca de los cinco catalizadores. Para ver gratuitamente los mensajes en la Internet, ve a http://www.fivethingsgoduses.com.

Capítulo 7: El desempeño de mi papel

26. *Makavrio~* se puede traducir como «favorecido», «bendecido», «afortunado» o «feliz». Bauer, A Greek–English Lexicon, p. 486.
27. Mateo 6.5–13.
28. Mateo 6.1–18.
29. Juan 6.6.

Capítulo 8: Lo inesperado

30. Andy Stanley y Bill Willits, *Creating Community: Five Keys to Building a Small Group Culture* (Portland, OR: Multnomah, 2004) [*Cinco llaves para construir grupos pequeños* (Buenos Aires: Peniel, 2007)].
31. Walter Isaacson, *Steve Jobs* (Nueva York: Simon and Schuster, 2001), p. 15.
32. Santiago 1.17.
33. 1 Corintios 10.26.
34. Romanos 8.28.
35. Eclesiastés 4.10.
36. Mateo 11.3.
37. Mateo 11.4–5.
38. Mateo 11.6.
39. Hallie pesaba 2,2 kilos cuando nació, y pudo salir del hospital, pero lamentablemente murió cinco días más tarde en los brazos de su madre.

Capítulo 9: La creación de ambientes irresistibles

40. La excepción sería que fueras nuevo en tu puesto actual, y estuvieras esperando a ganarte el derecho de hacer cambios.
41. La última frase es una cita del coro de la canción «The River», por Garth Brooks.
42. Mateo 7.28–29.
43. Juan 8.32.
44. Romanos 12.2.
45. Santiago 2.26.
46. Santiago 2.20.
47. Mateo 7.24, énfasis del autor.

48. Andy Stanley, Stuart Hall y Louie Giglio, *The Seven Checkpoints for Student Leaders*, ed. rev. (Brentwood, TN: Howard Books, 2011).

49. www.northpoint.org/theopraxis.

50. www.bibletraining.com.

Capítulo 10: Las reglas para crear interés

51. Andy Stanley, Lane Jones y Reggie Joiner, *The Seven Practices of Effective Ministry* (Portland, OR: Multnomah, 2004) [*Siete prácticas efectivas del liderazgo* (Buenos Aires: Peniel, 2006)].

52. Chip y Dan Heath, *Made to Stick* (Nueva York: Random House, 2007).

53. 1 Corintios 1.23–24.

Capítulo 11: Una predicación compuesta

54. Andy Stanley, *Communicating for a Change: Seven Keys to Irresistible Communication*, 1ª ed. (Portland, OR: Multnomah, 2006) [*Comunicación, la clave para lograr cambios* (Fairburn, GA: Peniel, 2008)].

55. 2 Timoteo 3.16.

Capítulo 12: A golpes con el statu quo

56. James M. Kouzes y Barry Z. Posner, *The Leadership Challenge*, 4ª ed. (San Francisco: Jossey–Bass, 2008), p. 48.

57. En mi libro *Making Vision Stick* (Grand Rapids: Zondervan, 2007) [*Una visión contagiosa* (Miami: Vida, 2009)], doy una detallada descripción de los componentes críticos en la formación de una visión efectiva.

Capítulo 13: Misión y modelo

58. Seth Godin, *The Dip* (Nueva York: Portfolio, 2007), p. 51.

59. Paráfrasis de Marcos 2.27 hecha por el autor.

60. Levítico 19.18.

61. Jim Collins, *How the Mighty Fall* (Boulder, CO: Jim Collins, 2009), p. 36.

62. Richard J. Harrington y Anthony K. Tjan, «Transforming Strategy One Customer at a Time», *Harvard Business Review*, marzo de 2008.

Capítulo 14: Dirigido a dirigir

63. *Proïstavmeo~*, de *proïsthmi*, significa «gobernar, dirigir, estar a la cabeza de». En otras palabras, ejercer una posición de liderazgo. Bauer, *A*

Greek–English Lexicon of the New Testament and Other Early Christian Literature, 2ª ed., University of Chicago Press, Chicago, p. 707.
64. Lucas 9.59.
65. Lucas 9.60.
66. Lucas 9.61.
67. Lucas 9.62.
68. Esta pregunta la tomé y contextualicé de Andy Grove. Su versión es: «Si a nosotros nos despidieran, y la junta trajera un nuevo funcionario ejecutivo, ¿qué piensas que él haría?». Después pregunta: «¿Por qué tú y yo no podríamos salir por la puerta, regresar y hacerlo nosotros mismos?». Consulta Andrew S. Grove, *Only the Paranoid Survive* ed. en rústica (Nueva York: Crown Business, 1999), p. 89.

Conclusión: ¿Y si?
69. Hechos 2.
70. Hechos 15.19.